丛书总序

从发展心理学到发展科学：延续或冲突？

我们正赶上人类发展研究面临范式转变(paradigm shift)的时期，是该感到庆幸，还是会感到懊恼？

二十多年前，涉及人类发展的研究者多将自己的研究领域称为发展心理学，或者将其视为一个由心理科学主导的关于人之生命全程的研究领域。但时至今日，无论是深度还是广度，这一研究领域均已超越原有的领域边界，变得越来越具有学科交叉性。与此不无关联，越来越多的人类发展研究者将此专业领域称为发展科学，而且领域内出现了众多冠以发展科学的学术期刊或书籍。例如，1998年Wiley出版集团开始出版重要期刊《发展科学》(*Developmental Science*)，1998年Taylor & Francis出版集团开始出版期刊《应用发展科学》(*Applied Developmental Science*)，领域内最负盛名的专业指南《儿童心理学手册》(*Handbook of Child Psychology*)更名为《儿童心理学和发展科学手册》(*Handbook of Child Psychology and Developmental Science*)，发展研究领域为众人熟知的一本重要的研究生教科书《发展心理学：高级教程》(*Developmental Psychology: An Advanced Textbook*，Marc H. Bornstein，Michael E. Lamb，1999)亦改名为《发展科学：高级教程》(*Developmental Science: An Advanced Textbook*，Marc H. Bornstein，Michael E. Lamb，2005，2010，2015)。

这一领域称谓的变化很大程度上反映了过去二十余年间人类发展领

域科学研究及应用的快速进展，这种变迁体现在元理论重构、方法范式转变、基础和应用研究融合等多个方面。譬如：不同于传统的发展心理学，发展科学致力于以各种发展系统理论为基础，构筑某种复杂而令人振奋的元理论范式，旨在系统考察多样化个体与情境之间的动态关系，探究和促进积极的人类发展；发展科学对科学研究方法持更开放的态度，在哲学上、概念上和方法上汲取了来自多个学科的有用信息，共同构成洞察人类发展中个体与情境之间动态关系的认识基础。正是源自发展系统观的科学研究及应用的丰富性，以及这些工作的内在效度和生态效度，成为发展科学的吸引力持续地、不可辩驳地增长的原因。

与领域称谓变迁如影相随，系统的和多学科性的思考方式，以及跨越并整合基础和应用研究的做法，已经成为发展科学领域的核心特征。具体而言，发展科学在理论认识基础、研究核心论题、方法范式构建及应用研究取向等方面，均有其独到诠释。

一、发展科学重构发展研究的元理论，拓展了理论视野

相较传统的人类发展理论认识，发展科学的核心理论表现出几个重要变化：（1）关于天性—教养的传统两分法概念，以及关于天性的理论表述（如社会生物学或行为遗传学）或教养的理论表述（如行为主义模型或功能分析法）的还原论，其主导地位已悄然淡化；（2）力图系统融合人类发展生态环境不同组织水平（从生物学和生理学到文化和历史）的发展系统模型、概念，逐渐处于支配地位；（3）强调不同系统组织水平之间的关系（而非任何单一水平本身的主效应），构成了发展分析的基本分析单位。这种发展系统思想成为发展领域诸多具体理论模型的元理论背景。

这种关系系统理论强调发展的个别化，强调应致力于揭示生命历程中所涉及的特异的规律，以及可能是个别化的规律，强调个体是其自身发展的积极推动者。类似地，该领域哲学基础的变化也将发展科学从一个似乎将时间和地点视为与行为发展规律的存在和作用无关的研究领域，转化为一个试图探求情境根植性和历时性在塑造多样化个体和群体之发展轨迹中的作用的研究领域。这种关系元理论对多样性、个体差异、发展轨迹等重

新进行概念化，为人类发展研究的诸多领域提供概念基础，囊括了传统领域及新出现的探究领域（传统领域如生物发展、知觉动作发展、情绪社会性发展、文化与发展、认知发展等，新出现的领域如精神发展、发展多样化、人类积极发展等），对发展科学产生深远影响。

二、发展科学调整发展研究的探索焦点，深化了发展的内涵

与聚焦发展常模或发展缺陷的传统研究不同，发展科学的研究视角从还原论的克分子转向发展系统论的个体与情境之间的关系。鉴于这种关系中所涉及的个体和情境变量之间具有某种实质上是开放性的组合可能（例如存在超过70万亿个可能的人类基因型，而一生中每个基因型有可能与数量更大的社会经历轨迹相结合），发展的多样性成为发展科学首先需要给予关注的焦点。这种多样性的个体成为发展科学探究的必然对象，而且研究者是以某种基于发展可能的观点来进行概念化（因为个体发展变化的潜在可塑性构成了所有人类某种根本的发展可能），并带着这样一种预期，即通过在人与情境之间建立健康的、支持性的联合从而促进所有多样性个体的积极变化，来着手开展这一探究。

从这个意义上说，发展科学将多样性视为人类发展的重要财富。多样性是人类生命历程所特有的某种特征，实际上也是某种界定性的特征。就某一个体而言，多样性是个体内系统变化的可能，代表某种毕生变化的可能性。因此，被刻画为个体内之可塑性的多样性，是发展势力的某种重要财富，可加以利用，以促进一个人积极、健康的发展变化。不同个体之间被刻画为个体间差异的多样性，代表界定人类生命最优化之潜在物质基础的变异范围。任何个体均可能具有某种变化范围很大的潜在发展轨迹，所有组群均将有大变化范围的发展轨迹，因为其中必然具有多样的发展路径。多样性，不管是被视为个体内的变化，还是被视为个体内变化的个体间差异，都是个体发展变化的可能，是一种用以计划和促进旨在提高人类条件之方法的财富。

这种包含着动态发展系统内的变化的个体与情境之关系的多样性，与认为因人具有相对可塑性从而可望促进人类生活这种乐观主义观点一道，

意味着有可能将发展科学应用于促进毕生的积极发展。也正源于此，基于发展系统理论的积极人类发展观的科学研究和应用快速兴起，成为应用发展科学研究的核心论题。

三、发展科学采纳某种更开放和包容的方法论，促进了　方法体系的重构

作为动态发展系统内个体发展变化的一个界定性特征，人类发展的潜在可塑性既为发展科学的应用，也为通过确证并联合有助于健康和积极成长的个体和情境中的资源，促进人类生命过程的积极发展，提供了某种基本准则。而强调个体如何作用于情境，从而促进存在于个体与适应性发展情境之间的可塑关系，这种关注推动了人类发展研究中以人为中心(person-centered)而不是以变量为中心（variable-centered）的研究方法的发展。

要探讨发展系统不同组织水平之间的关系，传统还原论的方法论显然是不合时宜的，因此，单纯源于生物、源于心理或源于社会的方法论均不够妥当，更需要的是具有整合性和关系性的模型、测量和设计。从过去二十余年的发展历程中，我们可以看到，发展科学的理论关注重点不仅与定量研究方法的巨大进展（例如纵向研究方法中用以评估发展系统中个人与情境之关系变化的统计方法的进展）很好地结合在一起，而且人们对质性方法重要性的认识也有提高，认识到它既是一种有价值的关于生命历程的分析工具，也是一种对人类发展进行定量评价的三角校正法(triangulation)。

发展系统取向的整合关系模型研究例子甚多，如发展阶段与环境吻合性模型、发展资源与积极发展的关系模型、家庭—学校—社区发展资源整合模型等。在个体与情境关系的整合研究中，三角校正法十分重要，它可对用以认识和集成发展系统不同组织水平上的变量，在理论上包括定量研究和质性研究的多重研究方法进行校正。这类研究需要对多样性的测量保持敏感，在对变化敏感因而采用纵向设计的情境中必须使用这类测量。为反映多样化人类所具有的丰富性和发展可能，测量体系必须对个体变量的

多样性保持敏感，诸如人种、民族、宗教、性偏好、生理状态和发展状态，还必须对情境变量的多样性保持敏感，诸如家庭类型、邻居、社区、文化、物理生态环境和历史时期。特别重要的是，研究设计和测量也要对时间的不同含义保持敏感，例如，应对年龄、家庭和历史时间进行评估，反映正常和非正常历史事件对发展轨迹的影响。

研究设计不仅要汲取多个学科中人类发展研究的专长学识，而且要汲取所研究的人和团体的学识。所研究的人和团体，他们也是发展方面的专家，例如基于社区的研究和应用中的参与者，他们毋庸置疑也是其家庭和邻居发展特征方面的专家。没能利用参与者智慧的研究，往往也缺乏真实性。

四、发展科学消融基础研究与应用研究的边界，催生了应用发展科学的兴起

诚如对人类发展领域的缔造和早期发展作出重要贡献的许多学者[如杜威（John Dewey）、勒温（Kurt Lewin）、华生（John Watson）等人]所主张的，应把儿童发展研究与应用和实践主张联系起来。发展科学的应用取向是上述主张的重现，它源自发展系统理论所强调的可塑性和时间根植性。这种潜在可塑性及其体现方式实质上蕴含着发展科学的应用主张，即应该乐观、主动地寻找可被合理部署的个体特征及其生态环境特征，促进人类积极发展。

为一个人毕生的相对可塑性提供可能的个体与情境的关系系统，构成了每个人的基本发展势力。这种发展势力在不同程度上出现在所有婴儿、儿童、青少年、成人及老年人身上。相对可塑性随个体年龄的增长而减小，但是，正如毕生发展研究所阐明的，人即使进入生命的第十个乃至第十一个十年，仍存在相对可塑性。发展系统不仅为人的变化提供可能，而且也为个体于其中成长的情境变化提供可能。这后一种可能意指家庭、社区和文化也具有相对可塑性，它们在任何时候所拥有的资源水平也可能随历史而改变。这些资源可通过增长、结合和重整，改善人类发展的环境。

在任何地点或任何时刻，个体和可塑的发展系统中的情境水平均可能

出现问题。出现可塑性并不意味着人们不缺乏促进发展所需的养分，但是发展系统的相对可塑性的确意味着所有人都拥有发展势力，当这些发展势力与系统发展资源整合在一起的时候，就可用来促进积极的变化。发展科学的作用就在于，确认个体的发展势力与家庭、社区、文化和环境中的情境资源之间的关系，并整合发展势力和资源，以促进积极的人类发展。一个系统可能向更好的方向变化，也可能向更坏的方向变化。发展科学的研究及应用便旨在提高个体与情境关系中健康、积极的发展变化结果。

因此，发展科学的科学议程不局限于描述和解释人的发展，还包括努力使发展最优化。旨在促进人类在其实际生态环境中的发展的做法，是一种关于系统关系如何联合塑造生活历程的理论观点的检验方法；同时，通过将发展科学研究应用于旨在促进人类发展轨迹之品质的实践（干预）计划（例如通过社会政策或基于社区的方案），通过联合发挥个体和情境的优势力量（体现为各种积极变化的潜势），可能会促进人类的积极发展。因此，发展科学研究极大地消融了传统的基础研究与应用研究的边界，融描述、解释和优化实践为一体，既是实证的科学，又是实践的科学。

由是观之，从发展心理学演进到发展科学，一方面，当代人类发展研究中有关发展系统理论的概念和模型，似乎与20世纪（甚或更早的19世纪）儿童发展研究感兴趣的或使用的不少概念颇有相似之处，甚至是某历史阶段提出的某一理论的重新发现或某种较新的表述，处处可能出现"似曾相识感"；另一方面，在经历心理学家和心理学理论（及还原论）支配该领域五十余年后，这种演进意在构筑一个真正跨学科的发展研究领域，这将面临诸多挑战，包括各种理论创新和方法创新。历经二十余年的阵痛和沉淀，尽管仍然面临重重挑战，但发展科学渐次厘清了人类发展研究的未来走向，基本构建出比较完整的学科新体系，走上了人类发展基本问题研究与人类发展现实问题解决的融合之道。

相较国际（尤其美国）发展研究的进展态势，我们在诸多方面的重视程度及推动工作仍十分不够。我们也清楚，发展科学意味着学科发展趋势，是发展研究与国际接轨的接口所在。因此，了解和理解学科国际发展趋势，对于我们如何定位国内发展研究具有重要的启示和指导意义；借鉴发展科学的应用取向，对于我们基于现实问题分析中国社会文化背景下的发展研究如何实现转型，无疑具有重要的现实意义。

作为接受过系统心理学训练的研究者，丛书作者在相关发展领域从事研究和教学工作的过程中，均经受过并仍在经受发展研究范式转型所带来的种种不适和挑战，诸如理论术语的变化，认识体系的重构，研究方法的革新，等等。鉴于此，丛书诸位作者萌生了合作撰写一套解读发展科学与应用发展科学丛书的想法。当然，丛书并非为分享心情而作，而是作者试图从各自相对熟悉的领域出发，从广义的发展科学的认识视角，与读者分享各自所学习和理解的学科领域进展。

解读之名，分享之意；忧言之扰扰，然于情切切。是为序！

邓赐平

2017年8月于上海

目录

CONTENTS

第一章

001　导　论

第一节　早期成长环境的重要性/003

一、生态系统观与儿童成长环境/003

二、家庭成长环境/005

三、早期成长经历对儿童毕生发展的影响/010

第二节　儿童对成长环境的主动选择和适应/014

一、儿童被动论的局限性/015

二、儿童主动论及其实证研究/017

第三节　全书概览/023

第二章

025　家庭与婴儿的社会性发展

第一节　婴儿情绪发展理论概述/027

一、情绪是什么/027

二、情绪与认知的密切关系/028

三、婴儿情绪发展的理论解释/030

第二节　婴儿期情绪发展的里程碑事件/033

一、婴儿期情绪表达的里程碑事件/033

二、婴儿期情绪认知的萌芽/038

三、婴儿期情绪发展的其他重要方面/041

第三节　家庭对婴儿社会性发展的影响及其机制
　　　　分析/050
　　一、父母的教养方式与婴儿的情绪表达/051
　　二、父母的教养方式与婴儿的情绪调节/053
　　三、父母的教养方式与依恋关系/054
本章小结/057

第三章
059　家庭与幼儿的社会性发展

第一节　幼儿期情绪发展的里程碑事件/061
　　一、复杂情绪的萌芽/061
　　二、情绪调节的进一步发展：语言的作用/063
　　三、自我概念的发展/065
　　四、自主意识的萌芽/067
　　五、共情的萌芽/068
第二节　家庭对幼儿社会性发展的影响及其机制
　　　　分析/070
　　一、父母的教养方式与幼儿复杂情绪的
　　　　发展/071
　　二、父母的教养方式与幼儿情绪调节的
　　　　发展/072
　　三、父母的教养方式与幼儿自我概念的发展
　　　　/073
　　四、父母的教养方式与幼儿共情的发展/075
本章小结/077

第四章
079 家庭与学龄前儿童的社会性发展

第一节 学龄前儿童社会性发展的里程碑事件
/081
一、自我调节能力进一步增强/081
二、自我同一性的萌芽/086
三、性别意识的萌芽/088
四、社会认知的发展/091
五、亲社会行为的发展/098
第二节 家庭对学龄前儿童社会性发展的影响及
其机制分析/101
一、家庭与儿童的自我调节/101
二、家庭与儿童的亲社会行为/103
三、母亲抑郁：学龄前儿童社会性发展的
危险因素/106
本章小结/110

第五章
113 交互发展理论及其应用

第一节 交互发展理论解析/115
一、交互发展理论的历史沿革/115
二、交互发展理论的核心理念/116
第二节 交互发展理论在儿童发展中的应用：研
究案例剖析/119
一、研究案例1：儿童自我调节和亲子关系的交
互作用对儿童早期行为发展的影响/120
二、研究案例2：儿童的社会信息处理与攻击性
行为的关系/124

本章小结/129

第六章
131　儿童对家庭成长环境的影响

第一节　儿童影响家庭成长环境的理论框架/133
　　　一、相互反应倾向理论/133
　　　二、差异感受性理论/136
第二节　儿童影响家庭成长环境的作用机制/140
　　　一、澄清迷思/140
　　　二、儿童的气质特征与父母教养方式的互动
　　　　　关系/141
本章小结/146

第七章
147　母亲抑郁与儿童发展的交互作用

第一节　母亲的抑郁情绪及研究工具/149
第二节　母亲抑郁对儿童发展的不利影响/152
　　　一、母亲抑郁与婴儿的社会性发展/152
　　　二、母亲抑郁与幼儿、学龄前儿童的社会性发
　　　　　展/154
　　　三、母亲抑郁与学龄儿童的社会性发展/156
第三节　母亲抑郁影响儿童发展的作用机制/159
　　　一、抑郁情绪的遗传性/159
　　　二、内在的神经调节机制紊乱/160
　　　三、母亲的不良教养方式/161
　　　四、压力性环境因素/166
第四节　儿童对母亲抑郁的反作用/167
本章小结/170

第八章
173　**正面管教**

第一节　正面管教的内涵/175
第二节　正面管教的策略/176
　　　　一、忽视无伤大雅的轻微问题行为/177
　　　　二、及时制止对他人造成伤害或有损公平的问
　　　　　　题行为/178
　　　　三、强化积极行为/179
本章小结/181

第九章
183　**儿童早期行为发展解读**

第一节　儿童早期社会行为解读/185
　　　　一、婴儿期/185
　　　　二、幼儿期/189
　　　　三、学龄前期/193
第二节　儿童早期问题行为成因解析/197
　　　　一、问题行为的界定/197
　　　　二、问题行为的成因解析/200
本章小结/203

第十章
205　**儿童情绪发展课程设计**

第一节　课程设计的要素/207
　　　　一、课程目标/208
　　　　二、课程内容/208
　　　　三、教学方法/209

第二节　课程概述/210
一、情绪发展课程的核心要素/210
二、情绪发展课程的目标/212
第三节　课程大纲/213
一、营造良好、融洽的课堂氛围/213
二、帮助儿童理解情绪/215
三、促进幼儿的情绪调节/218
四、利用积极情绪促进教学/220
本章小结/223

224　参考文献

第一章
导　论

　　家庭是儿童成长最直接、最重要的环境。

　　对儿童而言，家庭并不只是一个单纯满足他们日常生活需求的场所，更是一个给予他们呵护和关心，满足他们爱与被爱的需求的成长港湾。家庭关系、情绪氛围和父母间日常互动的点点滴滴，都在潜移默化中影响并塑造着儿童早期的社会性发展。儿童如何看待自己，如何理解他人，如何调节自己的情绪，如何在与他人的互动中表现出合宜的社会行为，如何形成与他人良性互动的社会交往技能等，都深深地烙下了家庭的影子。

第一节
早期成长环境的重要性

家庭对儿童的重要影响不仅体现在当下，它还具有长久而深远的影响。儿童早期的社会性发展为他们日后走入学校、步入社会打下了基础。毫不夸张地说，家庭对儿童的影响将默默伴随他们的一生，塑造儿童毕生发展的轨迹。积极、正面的早期社会性发展会为儿童日后的人际交往打下良好的基础；反之，消极、负面的早期社会性发展会阻碍儿童形成良性的同伴关系。在后一种情况下，儿童更有可能被贴上"不受欢迎"的标签，遭到同伴的排斥和拒绝，从而为其日后行为问题和社会性发展障碍的萌芽和恶化埋下隐患。因此，关注家庭与儿童早期社会性发展的关系，对于儿童的成长和发展具有不可或缺的现实意义。

一、生态系统观与儿童成长环境

儿童在成长的过程中会体验各式各样的成长环境，小到家庭、社区和学校，大到媒体、城市、国家，乃至整个文化圈。这些不同的成长环境之间的关系如何，它们又是如何影响儿童发展的？在众多试图解答这些问题的理论流派中，布朗芬布伦纳（Bronfenbrenner，1994）的生态系统观理论（ecological system perspective）是迄今为止关于儿童成长环境的最有影响力、应用最广泛的理论流派。该理论认为儿童的成长环境可以分为不同的维度，各维度之间既彼此独立又相互联结，从而构成一个影响儿童发展的动态平衡的"生态圈"。每个儿童都有其独特的发展生态圈，这些成长环境的差异在很大程度上解释了儿童发展的个体差异。

布朗芬布伦纳系统分析了儿童的成长环境，并将它们归纳为微观系统、中间系统和外层系统三个维度（见图1-1）。微观系统（microsystem）主要指在日常生活中和儿童有密切接触的、最直接的成长环境，比如家庭、社区和学校。与之相对应的中间系统（mesosystem）并不是独立的系统，而是指上述各个主要微观系统之间的相互影响和相互作用。比如，家庭和学校之间的家校联结，以及家庭、学校和所在社区之间的交流互动等。外层系统（exosystem）主要包括父母的工作场所、政府决策、大众传媒以及其他社会文化和意识形态领域的价值观等。这些外层系统的成长环境相对而言较为宏观，与儿童的日常生活距离较远，但它们对儿童产生的直接或间接影响不可小觑。

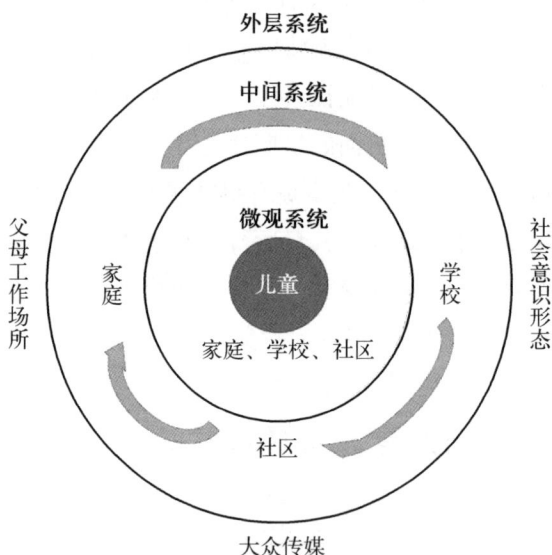

图1-1 布朗芬布伦纳的生态系统观

外层系统的成长环境可以直接作用于儿童本人。比如，在数字信息高速发展的现代社会，儿童有大量机会通过平板电脑、电视等媒介接触动画片、广告等。这些充斥着大众消费文化（pop culture）和社会价值取向的动画片和广告将儿童直接暴露在社会意识形态的影响之下，潜移默化地塑造着儿童对于自我和世界的认知。外层系统的成长环境也可以通过作用于儿童所处的微观成长环境对儿童的发展施加影响。比如，父母在工作场所遭遇的压力会影响他们的情绪。下班后，他们也许会将部分无法排遣的负性情绪带回家中，并在与儿童互动的过程中宣泄出来，对儿童造成伤害。

虽然这些不同维度的成长环境都会在儿童的发展过程中留下或多或少的独特印记，但其中家庭是儿童发展最直接、最不可或缺，也是最重要的成长环境。良好的家庭成长环境带给儿童的滋养将让儿童受益终身，而不利的家庭成长环境会使儿童深受其害。究其原因，绝大部分外部成长环境都要通过家庭这个与儿童关系最为密切的内部生态圈对儿童产生影响，即外部的远端因素（distal factors）都要通过作用于家庭内部的近端因素（proximal factors）来影响儿童的发展（Benner & Mistry, 2007; Bronfenbrenner & Morris, 1998; Wang, Deng, & Yang, 2016）。

尤其在儿童发展的早期阶段（婴幼儿至学龄前阶段），家庭环境对儿童发展的影响更为显著和深远（Fox, Levitt, & Nelson, 2010; Fraley, Roisman, & Haltigan, 2013; Roisman & Fraley, 2013）。童年期不利的家庭环境能显著预测儿童在青少年期，甚至成年期的社会性发展障碍、较低的健康水平和较高的死亡率（Demakakos, Pillas, Marmot, & Steptoe, 2016; Galobardes, Smith, Jeffreys, & McCarron, 2006; Zilioli, Slatcher, Chi, Li, Zhao, & Zhao, 2016）。童年期成长环境对于儿童毕生发展的这种独特且不可取代的重要性被心理学家形象地称为"早期经历的传奇"（legacy of early experience）（Fraley, Roisman, & Haltigan, 2013; Roisman & Fraley, 2013）。

二、家庭成长环境

什么是家庭成长环境？家庭成长环境可以从多个维度进行解读，主要包括父母的教养方式、父母的情绪社会化、家庭的情绪氛围,甚至包括更远端的父母的社会经济地位（socioeconomic status）等。但需要指出的是，核心家庭中父母的教养方式、父母的情绪社会化以及家庭的情绪氛围是最为关键的因素。其他外部的成长环境往往通过作用于这些内部机制对儿童产生影响。比如有的贫困儿童从小饱受不利环境的侵害，长期遭受贫困、社区暴力和种族歧视的挫辱，却依旧可以出淤泥而不染，身心茁壮地成长。曾有心理学家专门研究这些看似"不可思议"的儿童，研究结果表明，这些儿童之所以能免受不利环境的侵害，很大程度上得益于良好的父母教养方式和融洽、和睦的家庭氛围（Labella, Narayan, & Masten, 2016；Luebbe & Bell, 2014）。打一个比方，积极、乐观的家庭内部环境就像一道树立在儿童和不利外部环境之间的隐形保护网，能让儿童以更加积极健康的心态去看待环境中的不利因素，并发展出一套行之有效的应对策略。用心理学术语来说，这就是父母教养方式的缓冲效应（buffering effect）。接下来，我将从父母的教养方式、父母的情绪社会化和家庭情绪氛围这三个维度来具体解读儿童的早期成长环境。

（一）父母的教养方式

父母的教养方式可以说是家庭成长环境中最重要的组成部分，是成长环境中不可或缺的"软件"。比如，到了平常该睡觉的时间，但是孩子还在搭积木。他想再玩一会儿，因为只剩下最后几块就可以完成他想要搭建的城堡。在孩子的要求下，父母会给孩子额外的时间吗？父母对儿童需求的反应性（responsiveness）和敏感性（sensitivity）往往可以在这些日常的互动中淋漓尽致地体现出来，而这两者被认为是父母教养方式中最核心和最本质的部分（Bornstein, 2014）。

高反应性和敏感性的父母会更愿意从儿童的视角出发，充分考量儿童的需求和想法，并最终作出儿童和父母都能理解和接受的决定。在上述例子中，有的父母可能会宽限孩子几分钟，让他完成积木城堡。这个一念之间的决定可能免去了一场孩子和父母之间原本不必要的争执和随之而来的负性情绪的井喷，并培养了孩子的专注力，让孩子从完成积木城堡的经历中体验到小小的成就感。孩子还会感念父母的体谅，并更有可能在日后的互动中欣然接纳父母的想法，从而为父母的后续管教提供便利。

然而，有的父母可能会觉得孩子是在拖延时间，会拒绝妥协，让孩子立刻收拾玩具、洗漱睡觉。这一决定和孩子想要完成积木城堡的想法背道而驰，势必会遭到孩子在情绪和行为上的强烈抵触。这场冲突注定只有两种结局：一种是孩子表现出超出父母容忍范围的行为和情绪，遭到父母更强烈的镇压，孩子只好在失望和不甘中妥协，愤懑地上床睡觉；另一种是孩子表现出过激的行为和情绪，父母顺势妥协，只得让孩子完成积木城堡再睡觉。

虽然在后一个情境中，孩子的愿望也得到了满足，但不同的过程往往会使结局也截然不同——儿童不仅没能体验到完成任务的愉悦感和满足感，而且可能形成"一旦自己表现得足够激动，就能逼父母就范"的认知。在未来和父母的互动中，儿童就有可能故意采用这种策略来"逼迫"父母，以实现自己的目的。久而久之，儿童表达过激行为和情绪的倾向会被助长，进而使儿童和父母的互动模式恶化，使这种极具冲突性、颇具要挟意味的互动模式成为亲子关系的常态（Patterson，1982）。

（二）父母的情绪社会化

情绪发展是儿童早期社会化发展的重中之重。之所以重要，是因为情绪像一种无声的身体语言，能更好地表达自我，从而促进社交联结。情绪的个体适应理论（emotions as ontogenetic adaptations）从进化心理学的角度阐述了情绪的重要性（Oster，2005）。该理论认为，情绪之所以能成为进化的产物，是因为在人类漫长的进化过程中，情绪对人类的生存起到了重要作用。

以婴儿为例，新生儿在出生的头几个星期，特别是在即将睡醒的状态下，会表现出短时的不自觉微笑，这被称为内源性微笑（endogenous smile）。如此命名源于这种"假性微笑"并不具有外部社交指向，而是婴儿内部生理状态的反映，比如，它可能代表婴儿吃饱后又好好地睡了一觉，感觉很舒服、很满足。直至3个月左右，婴儿才有能力表现出真正意义上的社会性笑容。他们会有指向地冲着他们的父母或其他照顾者微笑。这种社会性微笑对辛苦照顾婴儿的父母而言具有巨大的奖励效应，从而在婴儿和父母间建立了隐形的纽带，使双方的关系更为牢固。因此，情绪的存在是进化的产物，能促进人与人之间的社交联结。

正因为情绪对社会交往的重要性毋庸置疑，发展出有效且合宜的情绪调节技能（emotion regulation）被认为是儿童早期社会化发展的一个核心目标（Eisenberg, Spinrad, & Eggum, 2010）。美国亚利桑那州立大学艾森伯格（Nancy Eisenberg）教授及其研究团队长期从事有关儿童情绪发展的研究，他们的一系列研究表明，父母的情绪社会化对于儿童早期的情绪发展和情绪调节起着至关重要的作用（Eisenberg, Cumberland, & Spinrad, 1998；Eisenberg, Spinrad, & Eggum, 2010）。

　　具体而言，父母的情绪社会化包括引导儿童以恰当的方式理解情绪、体验情绪、表达情绪和调节情绪（Eisenberg, Cumberland, & Spinrad, 1998）。在日常的亲子互动中，父母及时为幼儿解释他们体验到的情绪，鼓励他们正面表达情绪，并帮助幼儿理解情绪调节的有效策略正是情绪社会化的要义所在。在一个融洽的家庭氛围中，父母更有可能在意并理解儿童负性情绪的表达，并以合适的方式调节和疏导儿童的负性情绪。毕竟，与积极情绪体验相比，及时回应儿童的负性情绪体验被认为能有效促进儿童的情绪发展（Eisenberg, Cumberland, & Spinrad, 1998）。例如，一场突如其来的大雨使计划中的公园野餐活动被迫取消，对这次活动充满期待的孩子可能会因此而生气，为父母上演一场无须排练的哭闹情景剧。有的父母不堪其扰，会不假思索地用粗暴的方式立刻压制孩子的哭闹。这种简单而粗暴的方式可能会在表面上收到期望中的即时效果，即让孩子立刻停止哭闹。但长久来看，这无益于儿童情绪的健康发展。与之相对照，有的父母会充分理解孩子负性情绪的缘起，耐心地给孩子解释，他所体验到的情绪叫"生气"，是由期望和现实的差距导致的，还会安抚孩子，告诉他这种情绪体验是正常的，可以理解的。同时，他们还会循循善诱地引导孩子，教会他们用适当的方式调节情绪：生气的时候不要立刻发泄出来，如果能转过身，默默地数到"3"，就不会那么生气了。

　　这段经历会让儿童更好地理解他们的负性情绪体验，更好地行使自己作为独立个体表达自己的情绪的权利，也更好地懂得在生气这个具体的负性情绪体验中，应当如何应对和自我调节。两相对照，两种情境中父母的情绪社会化策略孰优孰劣高下立现。父母的情绪社会化对儿童情绪发展的影响正是通过这些看似琐碎的日常互动，通过对经历强烈情绪体验的儿童的回应和反馈，给儿童示范着情绪发展和情绪调节的要义。

（三）家庭情绪氛围

父母营造的家庭情绪氛围（emotional climate）也是儿童早期的家庭成长环境的重要组成部分。积极、乐观、充满正能量的家庭情绪氛围能促进儿童的社会性发展；反之，消极、敌意、充满负能量的家庭情绪氛围会阻碍儿童的社会性发展。"言传身教"，这个具有中国优良传统的育儿方式，与西方心理学界的儿童情绪发展理论不谋而合。家庭情绪氛围正是通过父母的言传身教，以一种"润物细无声"的方式，影响并塑造着儿童的情绪发展。

在一个融洽和睦的家庭情绪氛围中，儿童会体会到正常、适宜地表达情绪能帮助父母更好地理解他的想法；儿童会体会到各种正常表达的正性情绪和负性情绪都被支持、接受和尊重；儿童会体会到当自己生气、失望、沮丧的时候，父母会理解并包容这类情绪的产生，并帮助他理解和掌控情绪。而在一个充满敌意和对抗的家庭情绪氛围中，儿童会体会到负性情绪的表达只会招致父母的无视或谩骂，从而更愿意选择隐藏或压抑情绪的表达；儿童在感到生气、失望和沮丧的时候，得不到父母的支持和回应，强烈的情绪会在心头蔓延开来，想压制却又挥之不去；儿童在和同伴玩耍的时候，也常常会无所适从。归根结底，家庭情绪氛围能于细微处影响儿童对情绪的理解、表达和调节，从而为其日后良好的社会交往和同伴关系的建立提供必备技能。

综上所述，与儿童的早期社会化息息相关的家庭成长环境，可以细化成父母的教养方式、父母的情绪社会化和家庭情绪氛围这三个核心要素。需要指出的是，如图1-2所示，这三者之间并不互相排斥、独立存在。相反，它们通常相互关联、协同合作、不可或缺，从而共同推进儿童早期的社会化发展。

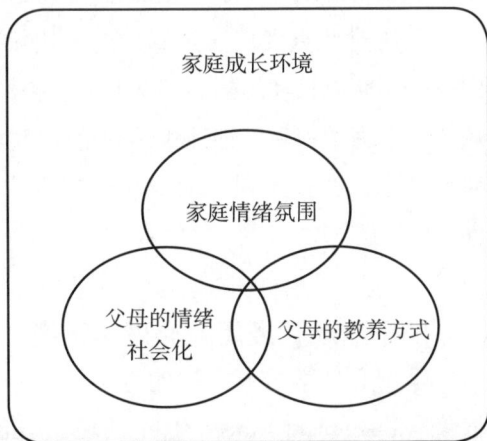

图1-2 家庭成长环境组成要素关系图

三、早期成长经历对儿童毕生发展的影响

在简述了家庭成长环境的组成要素之后，让我们一起来关注另一个耐人寻味的话题，即早期成长经历为什么会对儿童的毕生发展产生近乎决定性的影响？

发展心理学界的国际顶级学术期刊《儿童发展》曾在2010年以一期特刊来关注这个问题（Fox & Rutter，2010）。其实，发展心理学界早已关注早期成长经历对儿童发展的重要性。早期的研究基本关注儿童发展过程中是否存在所谓的"敏感期"（sensitive periods）或"关键期"（critical periods），即儿童在某一领域的发展是否会在某个时期特别显著，而一旦错过了关键的发展时期，儿童在该领域的发展就会存在无法弥补的缺陷。这一研究方向最早受动物研究中的"印刻"（imprinting）现象启发，即某些动物（如鸟类）在生命早期具备一种自发的学习技能，使其与母亲产生依附关系，而一旦错过了这个时期，这种技能就会丧失（Hess，1964）。

之后，神经科学和分子遗传学的兴起为进一步研究儿童早期成长经历的重要性提供了更多可供操作的技术方法，实验也逐渐从完全由动物充当被试，到开始引入人类参与研究。虽然，该领域的研究目前还处于累积阶段，对于相关机制的探讨还存在很多不确定性和亟待填补的空白（Fox & Rutter，2010；Fraley，Roisman，& Haltigan，2013），但现有关于早期成长经历对儿童发展长远影响的作用机制的研究，基本上集中在两个方向——早期成长经历的心理学研究和神经科学研究。这两个研究方向分别从传统心理学和新兴神经科学的角度出发，借鉴了截然不同的理论模型和研究技术，在很大程度上丰富和拓展了我们对儿童早期成长经历"传奇性"的理解。

（一）早期成长经历的心理学研究

运用心理学研究方法的有关早期成长经历重要性的文献大多集中在依恋（attachment）这一研究领域（Ainsworth，Blehar，Waters，& Wall，1978）。该领域的系列研究表明，儿童在婴幼儿期与其主要照顾者（通常

是母亲）形成的依恋关系的质量，不仅能在当下从行为和认知的双重层面影响儿童对他人、自我的认知和对环境的探索，更能在认知层面通过内部工作模型（internal working model）影响成人期的恋爱关系以及与亲密伴侣的相处模式（Roisman，Collins，Sroufe，& Egeland，2005）。

具体地说，在婴幼儿期和母亲形成安全依恋（secure attachment）的儿童，会更认可自我的价值，也会更倾向于相信他人是值得信赖的。相较而言，在婴幼儿期与母亲形成不安全依恋，包括矛盾型依恋（resistant attachment）和回避型依恋（avoidant attachment）的儿童，对自我价值的定位和他人的可信任度的判断常会有失偏颇。矛盾型依恋的儿童对自我价值和他人可信任度的判断总是处于纠结状态，因此，这类儿童更倾向于采用"放大"的行为策略：放大自己的情绪和行为反应，时时刻刻抓住机会待在照顾者的身旁，从而达到被注意和被照顾的目的。而回避型依恋的儿童会倾向于贬低自我的价值和他人的可信任度，相应地，他们在行为上倾向于采用"缩小"的行为策略：压抑自己的情绪和行为反应，假装对照顾者存在与否漠不关心，从而达到保护自己的目的，减小自己可能在依恋对象处受到伤害的概率。

这种对自我和他人的认知以及与之对应的一系列行为策略，在婴幼儿期形成后便会演变为一种相对稳定的特质，融入儿童的认知和行为模式中，这种童年期效应会一直持续到儿童长大成人后。当他们发展出自己的恋爱关系后，这种认知模式便会再次启动，在潜意识中指导着他们如何处理自己和亲密伴侣在恋爱关系中的位置，以及使用何种方式与亲密伴侣相处（Roisman，Collins，Sroufe，& Egeland，2005）。

在婴幼儿期和其依恋对象形成安全依恋的儿童，在长大成人后往往能较好地处理自己的亲密关系，在保持自我空间和维持与伴侣的亲密度之间保持较好的平衡。矛盾型依恋的儿童长大后往往倾向于采用相同的"放大"策略，全身心地投入到亲密关系的经营中，恨不得时时刻刻与伴侣相处，鲜有保留自己私人空间的意愿。而回避型依恋的儿童长大后也倾向于采用相似的"缩小"策略，刻意与亲密伴侣保持距离，以免自己过度卷入而受到伤害。后两种类型的认知模式和行为策略往往会导致亲密伴侣的不适，从而为亲密关系蒙上阴影。

上述关于依恋的系列研究都运用了传统心理学的行为研究方法，通过长达数十年的长时追踪研究，从亲密关系中的认知和行为策略的角度，为我们提供了有关早期成长经历重要性的实证证据。

值得一提的是，近年来，关于儿童早期成长经历重要性的心理学研究逐渐扩展开来，不再局限于依恋的持续性，而是开始关注儿童早期成长经历中教养方式和幼儿园体验的作用。最近，一项有代表性的长时追踪研究（Fraley，Rosiman，& Haltigan，2013）基于美国国家儿童健康和人类发展研究所（National Institute of Child Health and Human Development，NICHD）收集的关于儿童早期成长经历和青少年发展的大型追踪数据库发现，儿童在其成长前三年感受到的教养方式，即母亲对儿童的敏感性（sensitivity），能独立地显著预测儿童在15岁时的社交技能和学业水平。这项研究支持了早期成长经历（尤其是父母教养方式）具有独特且深远的影响，也将早期成长经历的重要性从亲密关系的领域进一步延伸到与同伴的社交水平和认知这一领域。

总而言之，运用传统心理学的行为研究方法探索早期成长经历的重要性的研究正在不断累积和扩展，它们从心理学的角度诠释了早期成长经历"传奇性"的背后机制。

（二）早期成长经历的神经科学研究

有研究运用神经科学的研究方法，指明儿童发展的早期阶段是大脑结构发育和神经联结发展的关键时期（Fox，Levitt，& Nelson，2010；Nelson & Bloom，1997）。尽管不同学者对"早期阶段"给出了不同的操作定义，如有儿童出生的头两年、头三年或头五年等不同版本，但学界基本认同，儿童从婴幼儿期至学龄前期的这段时间都可以被宽泛地认为是儿童发展的早期阶段。

近些年，神经科学的兴起和发展为验证早期成长经历的重要性提供了重要的实证证据。以哈滕洛赫尔等人（Huttenlocher & Dabholkar，1997）和格拉格尔等人（Granger，Tekaia，Le Sourd，Rakic，& Bourgeois，1995）为代表的神经科学研究发现，在儿童发展早期阶段，大脑处于人一生中最为活跃的阶段，具体特征包括：大脑中神经突触密度和神经元联结飞速增加；突触会选择性保留或裁剪。这些变化在不同大脑区域出现的时间也不尽相同。其中，与感知觉相关的大脑区域出现上述变化的时间相对较早，而与高级认知活动相关的大脑区域出现上述变化的时间相对较晚。

神经突触的飞速发展和裁剪正是儿童早期成长经历起作用的直接结果。在早期成长经历中没有被用到的突触和联结逐渐被弱化和淘汰，而被用到的突触和联结得以保留并逐渐被强化（Greenough，Black，& Wallace，1987）。比如，在婴幼儿期，如果父母能给儿童提供大量有趣的绘本，与儿童一起进行亲子阅读，在家中营造阅读的氛围，大脑中与阅读相关的突触和神经元联结就会被激活并保留。儿童在幼儿期养成的这种阅读习惯和兴趣便会保留下来，使其受益终身。

一旦过了发展的早期阶段，大脑的可塑性（plasticity）明显减弱，而这些已然形成的突触和神经元联结被保留下来，逐渐固化，并在人的一生中继续发挥作用。除了突触和神经元联结，大脑发展的基础也在儿童发展早期阶段通过成长环境、成长经历和基因三者的交互作用得以形成（Friederici，2006；Hensch，2005；Horn，2004）。在大脑发育的适当时间，配合基因的表达，为儿童提供适当的经验与刺激，就可以促进儿童的大脑发展（Fox，Levitt，& Nelson，2010）。该系列的神经科学和分子遗传学研究为儿童早期成长经历的重要性提供了直接证据。

综上所述，传统心理学和新兴神经科学从各自迥异的理论基础和研究方法出发，试图以不同的视角诠释同一个饶有趣味的问题，即儿童的早期成长经历为何能对儿童日后的发展产生持续而深远的影响。这个问题的答案不一而足，也无法用一个单独的机制一言蔽之，它或许可以与心理学领域经典的"天性或教养"（nature or nurture）之争联系起来，即人类的发展究竟是自然发展规律使然，还是成长环境和体验作用的结果。这个曾让无数心理学家据理力争的议题，在今天看来已经有了一个更为清晰的答案，即人类的发展既受自然发展规律的驱使，也受后天培育的影响，两者相辅相成，缺一不可。同理，回到我们之前探讨的问题，儿童早期成长经历的重要性也有可能反映了该阶段的大脑发展（即天性）和成长经历（即教养）以及两者之间的相互影响。

在这一部分，我们简要论述了儿童早期成长经历的重要性，以及能够解释这种重要性的相关机制。这里的着眼点在于成长环境如何作用于儿童，推动儿童的早期社会性发展。但是，儿童并不是环境因素的被动接受者。恰恰相反，儿童本身的特质也会对成长环境产生反作用，从而主动地影响并塑造其成长环境。因此，儿童对成长环境的反作用也对儿童发展有不容忽视的重要影响。接下来，我们将简要论述儿童对其成长环境的主动选择和适应。

第二节
儿童对成长环境的主动选择和适应

儿童是其成长环境的被动接受者（passive recipients），被动地烙下成长环境的印记，还是其成长环境的积极参与者（active contributor），主动地影响、塑造着其成长环境？这个问题所关注的正是发展心理学界的另一个经典争论——儿童成长的主动与被动之争（activity / passivity theme）。这个争论的本质在于，关注儿童究竟在多大程度上具有发展轨迹的主动权。这里所谓的主动权并不单纯指向儿童对自己的成长能否作出有意识的选择，而是更多地指向儿童是否对自己经历、体验的成长环境有独特的反作用。换言之，研究者关注的是儿童能否影响其成长环境，进而影响自我发展。

举个例子，部分婴儿的气质天生属于困难型，经常大哭大闹，而且父母难以安抚他们。对新晋父母来说，这类婴儿无疑是个巨大的挑战，每时每刻挑衅着父母的耐心与爱心。有些自制力较弱的父母可能会在婴儿的哭嚎中全面崩溃，不自觉地以粗暴的行为方式与婴儿互动。在这个情境中，婴儿体验到的负性教养方式体现了其对成长环境的反作用，尽管他们并没有蓄意与父母为难或刻意为父母制造麻烦。

因此，儿童对其成长环境的反作用与这是否为儿童的有心之举关联不大，它反映的是儿童是否能对成长环境产生一定的影响。

一、儿童被动论的局限性

在很长一段时间内，发展心理学仅关注环境对儿童发展的影响，认为儿童发展纯粹取决于其所处的环境，儿童是环境影响的被动接收者。因此，儿童发展的个体差异在很大程度上体现了成长环境的差异。然而，这种一度占据主导地位的儿童被动论逐渐被不断涌现的实证证据推翻。

这些实证证据最初来源于双胞胎研究。从儿童被动论的视角出发，同卵双胞胎（identical twins）在很大程度上拥有相同的成长环境：他们由同一个子宫孕育，有相同的父母，体验着相同的家庭情绪氛围，亦同样受到家庭内外环境的熏陶和影响。因此，双胞胎理应有相似的发展轨迹。

但是，与最初的理论猜想相悖，研究者惊奇地发现，这些拥有高度相似的成长环境和基因组成的同卵双胞胎，其发展却不尽相同。以认知发展为例，在同一家庭中共同抚养长大的同卵双胞胎，他们的智力测验分数（intelligence quotient，IQ）的相关系数为0.86；在不同家庭中分别抚养长大的同卵双胞胎，这一相关系数仅为0.72（Bouchard & McGue，1981）。虽然同卵双胞胎的智力相关系数相对较高，但这一数字离设想中的完全相同（相关系数为1）还有很大的差距。这个实证证据表明，同卵双胞胎的智力发展依然存在不容忽视的个体差异。

除了智力发展的个体差异外，这些同卵双胞胎在性格特质上也存在显著差异。如表1-1所示，同卵双胞胎的多种性格属性的平均相关系数仅为0.50，而异卵双胞胎的多种性格属性的平均相关系数仅为0.30（Loehlin，1985）。

既然同卵双胞胎有相同的基因组成和相似的成长环境，他们的发展差异是由什么因素促成的呢？进一步的研究发现，儿童被动论有关家庭环境对儿童的单向影响的描述过于简单，有失偏颇。除了共享的家庭成长环境（shared environmental influences）外，非共享的家庭成长环境（non-shared

表 1-1　不同类型兄弟姐妹之间的性格相似度比较

关系类型 （基因相似度）	同卵双胞胎 （100%）	异卵双胞胎 （50%）	普通兄弟姐妹 （50%）	无血缘关系的 继兄弟姐妹 （0）
多种性格 属性的平均 相关系数	0.50	0.30	0.20	0.07

environmental influences）一直被忽略了。

非共享的家庭成长环境主要指儿童个体单独体验到的、不被其兄弟姐妹分享的独特的家庭成长环境（Shaffer & Kipp，2007）。共享的家庭成长环境解释了双胞胎发展中相似的部分，而非共享的家庭成长环境才是造成双胞胎乃至普通兄弟姐妹之间发展的个体差异的主要原因（Rowe & Plomin，1981；Rowe，1994）。具体来说，非共享的家庭成长环境主要可以被理解为儿童个体体验到的有差别的父母教养方式（Shaffer & Kipp，2007），而这被认为与儿童的个体特质息息相关，恰恰体现了儿童对其成长环境的反作用。

人们往往持有一种迷思，即倾向于认为兄弟姐妹，特别是双胞胎，应当会有相似的性格特质（personality）。但如表 1-1 所示，实证证据表明，普通的兄弟姐妹其多种性格属性的平均相关系数仅为 0.20（Loehlin，1985）。这就意味着，兄弟姐妹间的性格特质异大于同，存在巨大的个体差异。这一事实为母亲的差异反应性理论（maternal reactivity perspective）奠定了基础。

母亲的差异反应性理论指出，不同特质的儿童会诱发母亲不同的行为和情绪反应（Scarr & McCartney，1983）。比如，母亲在面对负性情绪强烈、拒绝服从、充满抵触的孩子时，会不自觉地表现出更多的负性情绪和行为；而在面对性格温和、乖巧顺从的另一个孩子时，母亲会相应地表现出更多的正性情绪和行为。因此，就算是由同样的父母抚养，在同一屋檐下长大的兄弟姐妹仍然会不可避免地体验到有差异的父母教养方式，并产生不同的与父母互动的体验。这种由儿童的特有性格、气质诱发的父母教养方式的差异，在很大程度上构成了家庭中儿童独享而其兄弟姐妹不具备的微环境，也在一定程度上帮助我们解释了同一家庭中长大的兄弟姐妹间的个体发展差异。

二、儿童主动论及其实证研究

从双胞胎的研究中受到启迪，研究者继而开始研究儿童在发展过程中如何与父母互动，从而对其成长的微环境产生反作用。与之前的儿童被动论不同，这类研究倡导儿童主动论，即从儿童的角度出发，充分将儿童对其成长环境的主动作用纳入考量（参见图1-3）。

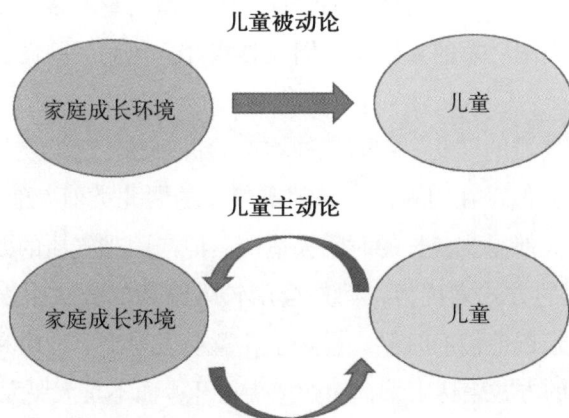

图1-3 儿童被动论与儿童主动论的理论模型对照

目前，从儿童主动论角度出发的心理学实证研究大致围绕三个方面展开：儿童的个体特质是否会诱发有差异的父母教养方式；儿童的个体特质是否会导致其对父母的教养方式有不同的感受；儿童对不利成长环境和负性教养方式的应对机制。接下来，将依次简要综述这三方面研究的进展。

（一）儿童的个体特质是否会诱发有差异的父母教养方式

研究者关注儿童的个体特质是否会诱发有差异的父母教养方式，即不同气质（temperament）的儿童是否会体验到不同的教养方式。儿童的气质反映了其独特的性格特征。气质作为性格特征的整体描述就像一个囊括万物的术语，不同的研究者对儿童气质可能包含的维度的描述不一而足。托马斯和切斯（Thomas & Chess，1977）是儿童气质研究的先驱，他们从气质的难易程度着手，提出婴儿的气质可以划分为随和（easy）、困难（difficult）和慢热（slow to warm up）三种类型。

具有随和气质的婴儿，在研究样本中约占40%。这类婴儿大部分时候比较随和，脾气较为温顺，情绪较为积极，也更乐于接受新的经历和体验。总的来说，他们比较容易相处，他们的脾性也较容易预测。

具有困难气质的婴儿，在研究样本中约占10%。这类婴儿大部分时候非常活跃，容易被激怒，脾性较为乖张，喜怒无常。他们讨厌惊喜，对于变化、新环境和陌生人通常都需要较长的时间去适应，而且在初期会激烈抵触。比如，当陌生人亲近他们的时候，困难型儿童通常会极其不安，拳打脚踢，大哭大闹。总的来说，他们较难相处，他们的脾性也存在较大的不确定性。

具有慢热气质的婴儿，在研究样本中约占15%。这类婴儿大部分时候很安静，看上去似乎在闹脾气。与困难气质的婴儿类似，他们对于变化、新环境和陌生人都需要较长的时间去适应。但与困难气质的婴儿不同，他们不会用激烈的方式来抗拒，而是会用较为温和的方式来表达抵触。比如，当陌生人亲近他们的时候，慢热型儿童会表现出不适应和不高兴，但他们会用温和的方式表达出来，比如把头扭开，而不是大哭大闹。

研究样本中剩余的婴儿表现出复杂、特异的气质特征，因此没有被归入上述三类气质类型中。

另外，罗斯巴特和贝茨（Rothbart & Bates，1998，2006）试图解构气质的组成部分，提出气质包含了儿童的情绪反应性（emotional reactivity）、活动反应性（motor activity）、注意力（attentional activity）和自我调节（self-regulation）等维度。其中，情绪反应性这一维度受到较多关注，尤其是高负情绪反应性（negative emotionality）这一指标。具有高负情绪反应性的儿童往往会体验到较多的负性情绪，也更倾向于在与他人的互动中表现出高频率、高强度的负性情绪。高负情绪反应性这一气质特征经常与儿童的发展障碍相联系，能显著预测儿童的行为问题及其他发展障碍（Eisenberg et al.，2012；Hagan，Luecken，Modecki，Sandler，& Wolchik，2016；Kim，Walden，Harris，Karrass，& Catron，2007）。

儿童的气质类型会在很大程度上影响其与父母的互动，从而营造独特的微成长环境。从这个角度来说，儿童对其成长环境有积极的反作用，从而间接地对自我发展产生影响。

大量的实证证据支持了上述观点。研究表明，与低负情绪反应性的儿童相比，高负情绪反应性的儿童更有可能诱发父母产生负性情绪，以及粗暴、严苛的负性教养行为（Anderson，Lytton，& Romney，1986；Collins，Maccoby，Steinberg，Hetherington，& Bornstein，2000；Lipscomb，Leve，Harold，Neiderhiser，Shaw，Ge，& Reiss，2011；Paulussen-Hoogeboom，Stams，Hermanns，& Peetsma，2007）。

因此，儿童的气质特征会在与父母、他人的互动中，诱发一系列的情绪与行为反应。当这些被诱发的情绪和行为反应充满负性能量时，便会对儿童的发展造成损害，这被认为在一定程度上解释了儿童在行为问题发展上的个体差异（Collins, Maccoby, Steinberg, Hetherington, & Bornstein, 2000）。

在理想的状态下，儿童的气质特征会与父母的教养方式通过相互协调、相互适应达成一种"适配"（goodness-of-fit）的状态（Porter & Hsu，2003；Rubin，Burgess，Dwyer，& Hastings，2003）。这种状态被认为对儿童的发展最有裨益，但很多时候，尤其是当儿童具有困难气质或高负情绪反应性时，在父母的教养方式与儿童的气质特征之间建立和谐、适配的关系往往不是那么简单。上述两类儿童在气质上具有一种共性，即都会在与父母的互动中频繁地表现出负性情绪，其情绪表达通常较为激烈，不容易被安抚（Lightfoot，Cole，& Cole，2013），这就会为儿童与其父母的良性互动设置不小的挑战。

如果父母缺乏耐心和自控力，对这类儿童高强度的负性情绪束手无策，听之任之，抑或以暴制暴，久而久之，儿童表达负性情绪的强度和频率会不断增加，并为其将来的行为和社会性发展障碍埋下隐患。相反，如果父母有足够的耐心、爱心和自控力，愿意付出更多的时间和精力，对儿童高强度的负性情绪进行有益的疏导，久而久之，儿童会发展出更好的情绪调节机制，从而减少并减轻负性情绪的爆发。的确，有证据表明，细心、耐心的父母能帮助困难气质的幼儿克服气质中的缺点，显著降低他们在儿童期和青少年期发展出行为问题的概率（Chess & Thomas，1984；Rubin, Burgess, Dwyer, & Hastings，2003）。

（二）儿童的个体特质是否会导致其对父母的教养方式有不同的感受

儿童对其成长环境的反作用除了体现为儿童的不同气质特征、行为反应会诱发有差异的父母教养方式外，还体现为儿童对环境因素（包括父母的教养方式）的易感性（vulnerability）具有差异。

由贝尔斯基等人（Belsky, Bakermans-Kranenburg, & van IJzendoorn, 2007；Belsky & Pluess，2009）提出的差异感受性理论（differential susceptibility perspective）是该领域目前最有影响力的理论流派之一。针对儿童个体特质与其成长环境的交互作用，该理论提出，儿童的个体特质会影响其对父母的教养方式和其他成长环境的感受性。部分儿童天生易感性较高，因而更容易受到环境的影响；而部分儿童天生易感性较低，也就相应地对成长环境不太敏感。该理论在近年来得到了大量实证证据的支持（Dix & Yan，2014；Hygen et al.，2015；Wang & Dix，2017）。最近的一个在双胞胎群体中开展的实证研究也同样支持了差异感受性理论（Del Giudice，2016）。

值得一提的是，差异感受性理论中提到的儿童对成长环境的易感性同时囊括了两个方面，即对不利环境因素和有利环境因素的双重易感性。儿童的高易感性意味着他们不仅更有可能受到不利环境因素的侵害，也更有可能从有利的环境因素中获益。

具体而言，当高易感性儿童长期暴露在不利的成长环境和负性的父母教养方式中，他们更有可能受到不利环境因素的毒害，继而产生林林总总的行为问题和发展障碍；而一旦他们的成长环境和父母教养方式得到改善，他们也更有可能从中获益，继而减轻其既有的行为问题。

那么，什么样的儿童容易受环境因素的影响呢？

差异感受性理论指出，辨识高易感性儿童的主要指标包括儿童的性别、情绪特质和特定的基因成分等。比如，与女孩相比，男孩对父母的教养方式和成长环境有更高的易感性；而与性格平和的儿童相比，困难气质和具有高负情绪反应性的儿童也具有更高的环境易感性。除此之外，特定的基因成分，如5-HTTLPR短等位基因，也能标示儿童的高易感性。

其中，高负情绪反应性这一儿童气质指标作为儿童对环境因素的高易感性指标之一，在近年来得到了许多关注。与基因研究相比，高负情绪反应性这一指标之所以得到较多应用，在一定程度上得益于它较易施测，研究成本相对较低，结果也较为可靠。不断累积的实证研究表明，与低负情绪反应性的同伴相比，这些具有高负情绪反应性的儿童更容易受到不利环境，尤其是父母的负性教养方式的毒害，从而发展出内隐或外显的行为问题和其他诸多发展障碍（Davis，Votruba-Drzal，& Silk，2015；Hartz & Williford，2015；Hentges，Davies，& Cicchetti，2015；Wang & Dix，2017）。

综上所述，儿童的个体特质造成了其在成长环境和父母教养方式的易感性方面的差异。有的儿童天生对环境因素较敏感，更容易受环境因素的影响；而有的儿童天生对成长环境不敏感，不易受环境因素的影响。该系列的研究从另一独特的视角，为我们解读了儿童是如何主动、积极地影响其成长环境的。接下来，我们将从另一角度关注儿童在不利环境中的应对机制。

（三）儿童对不利成长环境和负性父母教养方式的应对机制

儿童对其成长环境的反作用还体现在，儿童处于不利环境中时会发展出各种应对机制（coping mechanisms）进行自我调节，以抵御不利环境的侵害。这些应对机制从最初的行为层面逐渐过渡到心理层面，而且会随着儿童年龄的增加变得越来越复杂、越来越多样，其效果也会逐渐提升。

下面将以母亲产后抑郁为例，简述儿童针对母亲抑郁症状发展出的应对机制。

母亲的抑郁症状（或抑郁情绪）被认为是儿童早期成长环境中的一个重要的危险因素（risk factor）。抑郁症状在围产期的年轻母亲中尤为常见。在西方国家，约80%的1个月至7岁儿童的母亲曾有过低至中度的抑郁体验（Campbell，Matestic，von Stauffenberg，Mohan，& Kirchner，2007）。当母亲的抑郁症状较为持久和稳定的时候，会对儿童的短期和长远发展造成深远的不利影响，这些儿童更有可能在情绪、认知、行为和社交等多个领域形成发展障碍，他们在青少年期和成年后罹患焦虑、抑郁等精神疾病的概率也会大幅增加（Campbell, Matestic, von Stauffenberg, Mohan, & Kirchner, 2007; Goodman, Rouse, Connell, Broth, Hall, & Heyward, 2011）。

母亲的抑郁情绪往往会导致其教养方式不断恶化。被抑郁情绪困扰的母亲，对儿童的反应性和敏感性会降低，在与儿童互动的时候会倾向于表现出粗暴、恶意的负性行为和大量的负性情绪（Lovejoy, Graczyk, O'Hare, & Neuman, 2000）。与此同时，母亲行为层面的教养方式的恶化还伴随着心理层面的认知扭曲（Dix & Meunier, 2009）。比如，当儿童做错事的时候，有抑郁情绪的母亲会倾向作出对儿童不利的归因，认为儿童故意调皮捣蛋。认知的扭曲和有问题的归因方式又进一步增加了母亲在与儿童的互动中表现出负性情绪和行为的可能性，从而形成恶性循环。因此，与抑郁母亲的互动对儿童而言是充满压力、令人反感的。实证研究的结果也证实了这一观点。

早在婴儿期，儿童就已经试图通过自我调节来应对抑郁母亲带来的巨大压力。与非抑郁母亲的婴儿相比，抑郁母亲的婴儿更倾向于在与母亲的互动中产生退缩行为，他们会扭过头去，拒绝与抑郁母亲互动，也会压抑自己的情绪表达，面部表情较少（Tronick & Reck, 2009）。对于自我调节尚处于萌芽状态，在很大程度上仍依赖照顾者的外部调节的婴儿，扭头是一种原始却有效的自我调节方式，能在一定程度上帮助他们减少外部刺激因素的输入，从而降低负性情绪的唤起，减轻压力。

这种原始的行为调节在儿童的大脑活动中也得到了印证。有研究表明，与非抑郁母亲的婴儿相比，3个月大的抑郁母亲的婴儿就已经表现出大脑激活的差异（Diego, Jones, & Field, 2010）。在与抑郁母亲互动的时候，他们的右侧前额叶皮质区出现更明显的激活，而这种激活模式被认为与他们的退缩行为相关，即他们更愿意回避与抑郁母亲的接触和互动。与之相对照，控制组的正常母亲的婴儿，他们的左侧前额叶皮质区存在更明显的激活，这被认为与婴儿愿意同母亲互动的行为倾向有关。

综上所述，儿童并不是其成长环境的被动接收者，盲目地接受外界的塑造。恰恰相反，从生命初期开始，儿童就已经开始积极主动地用自己的方式对其成长环境产生不可忽视的反作用，虽然这些反作用并不总是朝着积极的方向推动儿童的发展。在不利的成长环境下，儿童的个体特质甚至会与环境中的危险因素相互呼应、相互强化，从而导致儿童在发展障碍的道路上渐行渐远。

第三节
全书概览

　　本书以发展心理学新兴的交互发展理论为立足点，分为三个部分阐述了家庭和儿童早期社会性发展的关系。第一部分将重点关注家庭这一成长环境对儿童早期社会性发展的重要性，即家庭如何影响儿童的早期社会性发展。这部分将按照年龄段对内容进行划分，分别从家庭对婴儿、幼儿和学龄前儿童的社会性发展的影响这三个方面详细展开。第二部分将重点关注儿童对其成长环境的主动选择和适应，即儿童如何对家庭产生反作用并进一步影响其社会性发展。这部分首先将深入浅出地解读交互发展理论，并在此基础上探讨儿童对家庭的影响，最后将关注儿童发展的一个重要危险因素——母亲抑郁，探讨母亲抑郁如何损害儿童早期的社会性发展以及儿童的个体特质如何与母亲抑郁形成反作用。

　　在前两部分理论阐述的基础上，本书的第三部分立足于实践，旨在为父母和幼儿教育工作者提供基于发展心理学实证研究，契合儿童发展规律，促进儿童早期社会性发展的实践指南。这一部分将围绕三个方面展开：首先，解读正面管教（positive guidance），帮助父母理解正面管教的内涵以及如何将正面管教运用到育儿实践中；其次，解读儿童早期行为发展，理解不同年龄儿童呈现的典型社会行为及其对应的发展水平要求，以及儿童的问题行为及其背后的心理学机制，并提出行之有效的儿童问题行为干预措施；最后，以幼儿情绪发展课程为例，关注在幼儿园教学情境中，教师如何帮助幼儿更好地理解情绪、表达情绪和调节情绪，从而促进幼儿的早期社会性发展。

总之，本书将以家庭和儿童的早期社会性发展为核心，在解读发展心理学的前沿理论研究进展的基础上，进一步提出以发展心理学为支撑的促进儿童社会性发展的行动指南，希望能对关注这一领域的心理学研究者、父母和幼儿教育工作者有所启发。

第二章
家庭与婴儿的社会性发展

　　婴儿期通常指儿童出生的头一年，即新生儿至1岁的阶段，它是儿童社会性发展不可忽视的关键时期。在这短短的一年中，婴儿在社会性发展的层面累积着从量变到质变的巨大能量，往往会在不经意间实现从无到有、从小到大的飞跃。这一路走来，前进的每一步都看似微不足道，但它们聚少成多，最终足以给父母带来突如其来的喜悦和骄傲。

　　对这些婴儿来说，家庭便是他们的整个世界。家庭为婴儿提供了一个温暖的庇护所，满足他们生存的方方面面的需求。家庭更为婴儿提供了一个成长的港湾，在父母的指引下，婴儿一点点地从混沌中认识父母、认识世界、认识自己，也一点点地开始学习、练习作为社会人的必备技能。

第一节
婴儿情绪发展理论概述

在婴儿期的社会性发展中，情绪发展（emotional development）恐怕是其中最重要、最基础的组成部分。"情绪"这个词大家都不陌生，但在解读婴儿期的情绪发展之前，让我们首先思考一下情绪是什么。

一、情绪是什么

从本质上说，情绪首先是一种感觉体验。如果把情绪的内涵细化，它被认为包含四个不同的维度，即生理维度（physiological perspective）、交流维度（communication perspective）、认知维度（cognitive perspective）和行为倾向维度（behavioral tendency perspective）（Lightfoot，Cole，& Cole，2013）。

生理维度主要指任何情绪体验都会不自觉地伴随着相应的生理变化。例如，生气的时候往往会伴随着不同程度的心跳加快、手心出汗和脸部涨红等生理变化；紧张的时候往往会体验到呼吸急促、心跳加快或手心出汗等生理反应。

交流维度主要指情绪表达具有独特的、不能被言语取代的交流作用。例如，当一个人表现出生气的情绪，不需任何言语，周围的人就能体会到他的不满和愤怒，从而作出相应的行为调整。从进化心理学的角度出发，交流维度恰恰体现了情绪在人类漫长进化史中的积极作用。对于襁褓中尚未掌握语言的婴儿，通过肢体语言、面部表情来表达情绪，能让父母迅速、精准地理解他的需求。特别是在潜藏危险的情境下，婴儿觉察到危险，因害怕而大声啼哭，能让父母立刻关注他，引起父母的警觉，从而大大提高了婴儿生存的概率。

认知维度主要指某些特定的情绪体验，尤其是复杂的情绪体验，在很大程度上依赖自身的认知加工，包括对当下情境的解读、对自我的认知、对他人的行为动机的判断等。例如，在篮球场旁边散步的时候，突然被一个篮球击中。人在这个情境中是否会体验到生气的情绪依赖他的认知加工。如果他看到周围的人都在幸灾乐祸，投球者还窃笑，他就会倾向于认为这个投球者是故意砸到自己，让自己难堪，从而体验到生气的情绪。相反，如果他看到投球者一脸歉意和内疚，忙不迭地向他道歉，他就会倾向于认为这个投球者并非有意为之，从而释然。从这个角度来说，情绪，尤其是发生在社交情境中与他人相关联的情绪，往往掺杂着主体对于他人动机和情境信息的实时解读。

行为倾向维度主要指不同的情绪体验会不自觉地伴随着相应的行为倾向。例如，生气的时候人的拳头会不自觉地握紧。这个细节代表了生气所伴随的行为倾向，即挥拳出击以报复他人。当然，这只是一种行为倾向，是否真正付诸实施还取决于自我控制以及后续的自我情绪调节、认知加工等一系列加工过程。

因此，情绪并不能从单一的维度解读。人的情绪体验是一个复杂的包含认知、生理、行为倾向等多个维度的变量。情绪一旦被诱发，就意味着需要调动周身的众多资源来共同协作以传达特定情绪所指代的信息。也正因为此，情绪与认知往往相互交织、相辅相成，很难将它们切割开。

二、情绪与认知的密切关系

事实上，形成、强化并巩固情绪与认知这两个初始独立系统间的情绪—认知统合机制正是早期情绪发展最核心的任务之一（Ackerman, Abe, & Izard, 1998）。良好的统合机制的形成对日后儿童自我认知和自我概念的发展具有举足轻重的作用，并在很大程度上影响儿童的社会交往和同伴关系的质量。反之，若情绪—认知统合机制不能顺利形成和发展，就会导致儿童在和同伴交往的过程中出现适应不良的行为，影响儿童的社会交往和同伴关系的质量，还会使儿童自我概念的发展产生偏差，影响儿童对于自我的正确认知。因此，情绪与认知之间相互依存的关系对于儿童发展具有重要意义。

情绪与认知的这种相依相存的关系或许可以从以下四个方面解读：

第一，情绪的发展包含着社会认知的发展。比如，情绪发展中的一个重要方面——情绪认知（emotional understandings）就必然以婴儿的认知发展为依托，建立在婴儿认知发展的基础上。

第二，社会认知的发展又进一步推动情绪的发展，影响婴儿的情绪调节功能。比如，婴儿与其主要照顾者（通常是母亲）之间依恋关系的形成，会促使婴儿发展出关于自我价值和他人的可信赖度的认知模式，即内部工作模型（Ainsworth，Blehar, Waters, & Wall, 1978）。这种取决于依恋关系质量的认知模式会进一步影响婴儿的情绪调节策略，从而影响婴儿的情绪体验和情绪表达。

第三，情绪体验也可能促成认知的发展。特别是对婴幼儿来说，他们在探索未知环境的过程中，会通过阅读父母即时的面部表情等情绪反应，判断是否可以继续探索。比如，当婴儿伸出手，想要去触碰墙上的电源插头时，母亲激烈的情绪反应、受惊吓的面部表情会向婴儿传递一个明显的信息——触碰电源插头是一个危险的举动。婴儿便会把手缩回来，并在脑海中把电源插头标为"危险"，在日后的探索中远离电源插头。在这个例子中，母亲的情绪反应为婴幼儿提供了清晰的判断标准，促成了其认知的发展。

第四，情绪体验会影响认知加工。一个典型的例子是，紧张这一情绪体验会对人的认知水平产生负面的影响。无论是成人还是儿童，强烈的紧张体验会使人在任务中分心，转而关注与任务无关的危机信号或其他自怨自艾、担惊受怕的想法。而这种注意力的分散会继而导致认知水平的下降，影响人们的发挥，其效应在复杂认知任务中表现得尤为突出（Derakshan & Eysenck，2009）。此外，情绪体验还会对记忆产生影响。比如，与控制组的幼儿相比，因打针受到惊吓的幼儿更有可能记住去医院的经历，这可能源于幼儿会因惊吓而在与惊吓事件相关的信息上投入更多的注意力资源（Alexander，Goodman，Schaaf，Edelstein，Quas，& Shaver，2002；Chae et al.，2014）。

其实，上述情绪与认知的双向交互关系在婴儿期就已经初具雏形。在一个被试为2—8个月的婴儿的实验中，研究者教给婴儿一个有趣的现象，即当他们拉动一条绳子的时候，就会出现可爱的卡通图像和悦耳的音乐。这些婴儿一旦学会了，便会乐此不疲地重复拉绳子。但过了一段时间，婴儿发现，当他们拉动绳子的时候，那些期待中的图像和音乐消失了。对此，大部分婴儿会显得很生气，而另外一些显得有些伤心。当拉绳子和美妙体验的组合再次出现时，那些刚刚显得生气的婴儿会很快对这个任务恢复兴趣，兴致勃勃地投入其中。而那些刚刚显得伤心的婴儿会沉浸在伤心的情绪中，对这个任务产生抵触情绪，拒绝再次投入其中（Lewis，Sullivan，Ramsay，& Alessandri，1992）。这个研究表明，早在婴儿期，情绪体验就已经与认知相互交织，并进一步影响着儿童对于新奇事物和环境的探索欲。

三、婴儿情绪发展的理论解释

对处于前语言期的婴儿来说，他们无法用确切的语言描绘自己体验到的情绪。因此，探知婴儿的情绪体验是一项颇具挑战的研究，极大地考验了研究者的耐心、解读能力和恰如其分的想象力。虽然婴儿发出的声音和肢体动作有时可以为他们当下的情绪提供些许线索，但大部分时候，研究者通过研读婴儿的面部表情来获得有关情绪的信息。埃克曼（Ekman，2007）在其情绪心理学畅销书《揭秘情绪》（Emotions Revealed）一书中提到，跨文化的面部表情研究表明，婴儿的面部表情已经相当丰富，足以与成人的面部表情媲美。

之前的研究已经发现，人类能体验到七大基本情绪（basic emotions），包括快乐（joy）、悲伤（sadness）、生气（anger）、惊奇（surprise）、感兴趣（interest）、恐惧（fear）和鄙夷（disgust）。每一种基本情绪都有其一一对应的、独特的面部表征（见图2-1）。比如，一张悲伤的脸包括扬起的内眉角和嘴角两侧自然下弯形成的弧度；一张惊奇的脸包括自然扬起的眉

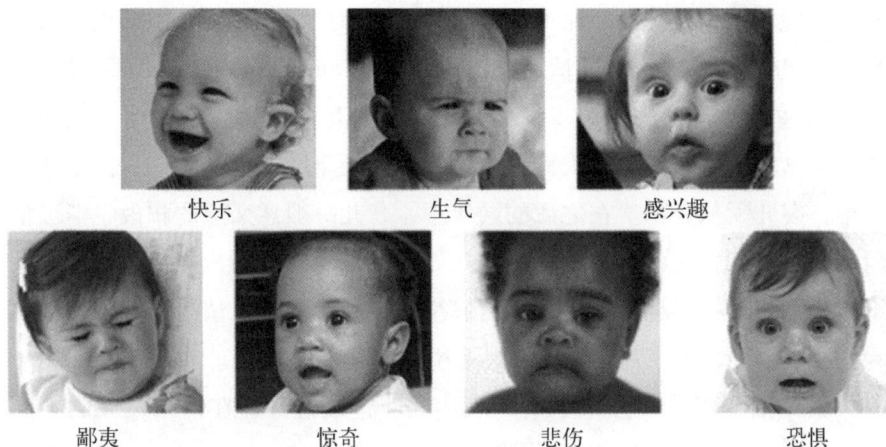

图2-1　七大基本情绪及相应的面部表征

毛、睁大的双眼和张成椭圆形的嘴。而且，这些面部表征的展现和解读并不具有文化特异性，也和人的受教育程度无关。语言不通、素未谋面的两个人也能通过面部表情，精准地判断另一人体验到的基本情绪。

综合以上研究结果，埃克曼关于婴儿丰富的面部表情的发现具有重要的启示意义，它为研究面部表情以窥探婴儿的情绪发展提供了重要的实证支持。如果婴儿丰富的面部表情可以和基本情绪的相应面部表征一一对应，是不是可以说明婴儿的情绪体验已经发展完备，与成人一样丰富了？

这个问题展示了理论界关于婴儿情绪发展争论的冰山一角。具体而言，心理学家们的核心争论集中于以下两个方面（Lightfoot, Cole, & Cole，2013）。

一是婴儿是否具有如成人般的情绪体验能力，即婴儿是不是从出生伊始就具备如成人般丰富且鲜明的喜怒哀乐，抑或婴儿体验到如成人般分化的基本情绪要经历逐步发展的过程吗？

二是情绪发展的根源是什么？换言之，成人的某些复杂情绪是婴儿体验不到的，如羞愧、内疚和骄傲。那么，这些新的情绪是从婴儿期笼统的情绪框架里分化出来的，还是在特定的发展阶段独立形成的？

基于以上两个核心争论，两类有关婴儿情绪发展的理论试图阐述婴儿期的情绪发展历程及其轨迹。

一是情绪渐变理论（theory of gradual differentiation），该理论认为，

婴儿只能体验到笼统而粗略的两大类情绪，即让婴儿感到愉悦的正性情绪和让婴儿感到不适的负性情绪（Lightfoot，Cole，& Cole，2013）。但是，他们的情绪体验无法进一步细化。比如，婴儿可以体验到让他不适的情绪，但这种不适只是一种大而化之的概念，至于它究竟是生气、伤心还是害怕，婴儿无从分辨。在之后的两年中，婴儿一般意义上的积极、消极情绪体验逐步细化成各类基本情绪。比如，通常意义上的积极情绪体验开始细化为开心、感兴趣等让婴儿觉得愉悦的体验；而消极情绪体验开始细化为伤心、沮丧、生气等让婴儿觉得不悦的体验。

情绪渐变理论还强调了情绪表达的非连续性，即在情绪发展的不同阶段，同样的情绪表达可能承载了截然不同的情绪。举例来说，同样是啼哭，新生儿的啼哭暗示了一种一般意义上的不适，这种不适既可能反映了饥饿、疲累等生理上的不适，也可能反映了没有看见母亲在近旁的焦虑和不安全感。但当婴儿长大一些的时候，他们的啼哭就更具有内在指向性，究竟是因为生气而哭，还是因为伤心而哭，都会变得更加明晰。上述情绪渐变理论在20世纪很长一段时间内占据了主导地位，直到它的观点被第二种情绪发展理论挑战。

二是情绪分化理论（theory of differential emotions），由情绪心理学家伊扎德（Izard，1971，1977，1991）提出。该理论认为，从婴儿期的早期开始，婴儿就已经具备了体验分化的基本情绪的能力。虽然该理论也承认，在生命的最初期，新生儿只能体验到有限的几种基本情绪，但是完善的基本情绪体验会在婴儿期的后期，也就是2—7个月之间逐步形成。该理论的提出主要基于婴儿丰富的情绪表达。既然婴儿已经能如成人般表现出丰富的、与基本情绪相对应的面部表情，那就说明，婴儿应当已经具备了体验这些基本情绪的能力（Izard，Woodburn，& Finlon，2010）。目前，情绪分化理论得到了较多支持，在婴儿情绪发展领域占主导地位。该理论流派近年来还开始关注早期情绪体验的发展与人格、气质的关系。在一篇综述文章中，阿贝（Abe，2015）提到，婴儿情绪体验的唤起和强度存在显著的个体差异，他们的成长环境和父母对其情绪表达的回应也不尽相同。上述两方面的个体差异以及情绪调节能力的差异会稳固下来，成为儿童个体气质的重要组成部分。

第二节
婴儿期情绪发展的里程碑事件

　　婴儿期在情绪表达（emotional expressiveness）和情绪认知（emotional understanding）这两个情绪发展的维度上出现重要的发展，表2-1详细描述了这两个维度上的里程碑事件（Berk，2012）。

表 2-1　婴儿期情绪发展的里程碑事件

	情 绪 表 达	情 绪 认 知
出生至 6 个月	● 社会性微笑 ● 开怀大笑 ● 在与父母、家人的互动中快乐逐渐增加 ● 情绪表达的指向性和意义逐渐明晰，并与外部环境刺激保持协调	● 在与父母的互动中，意识到父母的情绪表达可能代表了特定的情绪
7—12 个月	● 生气、恐惧这两种情绪表达的频率和强度增加 ● 在受到威胁的时候，能把父母当作安全庇护所，向父母寻求保护 ● 自我调节技能初步萌芽：能通过趋近或远离情绪刺激物来调节自己的情绪	● 探知父母的情绪表达的含义 ● 在陌生环境中，通过父母实现社会参照（social referencing）

一、婴儿期情绪表达的里程碑事件

（一）社会性微笑的出现

　　如表2-1所述，以6个月为分水岭，婴儿的情绪发展可以大致划分为两个阶段：出生至6个月和7—12个月。在情绪表达的维度上，婴儿通常在2—3个月大时出现的社会性微笑被认为是婴儿情绪表达的第一个里程碑事件（Lavelli & Fogel，2005；Sroufe & Waters，1976）。从新生儿纯粹由内在生理因素驱动的内源性微笑（见图2—2），到有指向的、回应父母的社会性微笑（见图2—3），这看似微不足道的小小变化，实则标志着婴儿在情绪表达上迈出了一大步，意味着婴儿开始利用情绪建立与父母和外界的关系纽带。

图2—2　新生儿的内源性微笑

婴儿的社会性微笑可以是自发的：当婴儿对着父母微笑的时候，父母也会不自觉地回以微笑，从而使双方的情绪状态趋于一致。婴儿的社会性微笑也可以是回应性的：当父母对着婴儿微笑的时候，婴儿会回以同样的微笑。这表明，婴儿和父母已经初步具备

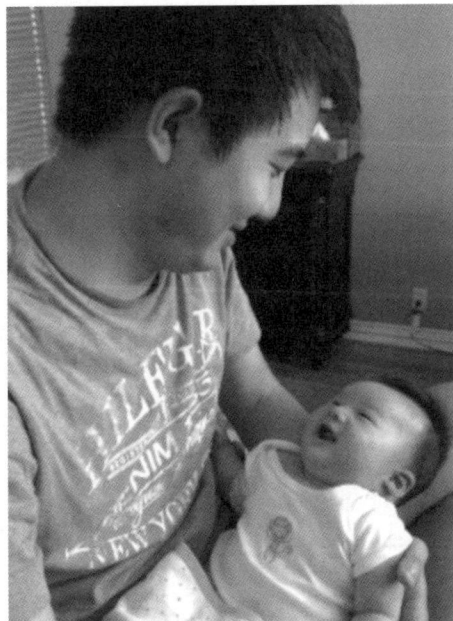

图2—3　婴儿的社会性微笑

了辨识并共享双方的情绪状态的能力，而这种能力正为儿童与父母日后发展出情绪状态相协调、互惠互利、相互回应的亲子关系提供了可能。

婴儿在出生至6个月这一阶段中出现的其他几个情绪表达的里程碑事件包括：开怀大笑，在与父母、家人的互动中快乐逐渐增加，以及情绪表达的指向性和意义逐渐明晰，并与外部环境刺激保持协调等。其实质在于婴儿情绪发展的社会化，即通过表达积极情绪来建立并增强与父母的社交联结；通过情绪表达来回应外部刺激，和外界环境协调一致。

（二）开怀大笑

与之前的社会性微笑相比，3—4个月出现的开怀大笑（laughter）表达了一种强度更高的开心体验，而这种体验也往往有赖于婴儿更快、更有效率的信息处理。它通常发生在婴儿和父母互动的时候，父母的某个表情、某个动作或某句话可能会让婴儿忍俊不禁。这需要婴儿对父母输入的信息进行即时处理，并充分理解其中的笑点，随即作出开怀大笑的行为反应。当然，婴儿的开怀大笑并不总是需要足够好的笑点。有些时候，一些在成人看来无趣甚至无聊的小动作，比如撕白纸，都足以让婴儿笑得合不拢嘴。随着婴儿对父母和周遭环境的认知不断加深，开怀大笑会在婴儿期变得越来越常见。因此，也许让婴儿开心的并不是笑点本身，而是有父母陪伴和与父母互动的经历。

在情绪认知的层面，婴儿在头6个月中最重要的发展是，意识到父母的面部表情是其内在情绪体验的外在表现。换言之，婴儿开始认识到父母的情绪表达是有迹可循、有规律的。比如，当父母的脸上出现大大的笑容时，意味着他们很开心、很满意；当父母的脸拉长，嘴角下垂的时候，意味着他们不太高兴。把父母的情绪表达与其内在的情绪体验联系起来，正是婴儿在其人生的头6个月中最具代表性的情绪认知的发展。

（三）负性情绪的表达

当婴儿步入婴儿期的后半阶段，即7—12个月龄时，婴儿的情绪表达开始更丰富，内容也进一步拓展，不再局限于有意识的积极情绪的表达，开始练习高频率、高强度的负性情绪的表达。

生气、恐惧的情绪表达就是两个极具代表性的例子。生气和恐惧这两种情绪都被认为对人类早期的生存有促进作用。特别是恐惧，如果婴儿能通过啼哭适时、适度地表达自己对未知环境的恐惧，便能引起父母的警觉和注意，从而保护婴儿，使其免受威胁。而生气和恐惧这两种情绪表达在很大程度上依赖婴儿在前一阶段发展出的与外界环境相协调的情绪体验能力。具体地说，婴儿之所以会表现出生气，是因为意识到父母没有及时满足他的需求；婴儿之所以会表现出恐惧，是因为意识到自己置身于一个不熟悉的环境或出现了陌生人。这些情绪表达都与外部环境关联，直接由外部环境因素驱动。

（四） 安全庇护所

7—12个月龄这一阶段的第二个情绪表达的里程碑事件是，婴儿把父母当作安全庇护所，这跟婴儿与其主要照顾者之间形成的依恋关系息息相关。良好的依恋关系的一大功能在于为婴儿的探索活动提供支持，使婴儿能够更安心、更大胆地探索周围世界，从而推动婴儿的认知发展。

依恋关系如何为婴儿的探索活动提供支持呢？研究者认为，依恋关系的重要性体现在三个方面，即接近维持（proximity maintenance）、安全庇护所（safe heaven）和安全基地（secure base）。正如鲍尔比（Bowlby，1973）指出的，情感纽带的一大核心特征是形成情感联结的双方会更愿意接近对方。接近维持是指形成依恋关系的母婴双方都更倾向于待在彼此的近旁，这就为柔弱的婴儿的生存提供了可能。安全庇护所和安全基地的功能与婴儿的探索活动有关。安全庇护所的重要性体现在，当婴儿在探索中遇到困难、情绪出现波动时，他们会倾向于转向依恋对象寻求帮助和抚慰；安全基地的重要性体现在，婴儿在探索中会将依恋对象当作其探索活动的强有力的支持者，从而无所畏惧地探索。因此，与父母形成安全的依恋关系，将父母当作其探索活动的安全庇护所，是婴儿在该时期一大重要的情绪发展里程碑事件。在之后的篇幅中，将会对婴儿期的依恋关系进行更详尽的阐述，此处不再赘述。

（五） 自我调节能力的萌芽

7—12个月龄这一阶段的第三个情绪表达的里程碑事件是婴儿情绪自我调节能力的萌芽。在婴儿期的第一阶段，婴儿的情绪体验逐步与外界的环境刺激相协调，外界环境成了婴儿情绪体验最主要的驱动因素。而与此同时，年幼的婴儿并不具备情绪自我调节的能力，他们得依靠父母的帮助来调节情绪的强度（Lightfoot，Cole，& Cole，2013）。例如，当婴儿感到恐惧的时候，需要父母帮助消除让他们恐惧的事物，使他们减少或去除恐惧的体验。当婴儿因为尿布过湿而不舒服，开始生气的时候，需要父母及时更换尿布，缓解他们的不适。如果父母不能及时、有效地安抚婴儿的强烈情绪，婴儿很容易陷入情绪的漩涡。

有时，就算不能从源头上解决婴儿的困扰，父母的其他情绪调节技巧，例如让婴儿分心和转移注意力，也可以非常有效地缓解婴儿的情绪困扰（Berk，2012）。将婴儿抱起来，抚摸婴儿，轻声细语地和婴儿说话，给婴儿其他有趣物品等，都是很好的情绪调节策略，能让婴儿忘掉之前的情绪困扰，转而享受与母亲或家人的互动。

但随着婴儿进入婴儿期的后半阶段，他们的情绪自我调节能力开始萌芽。运用他们新近习得的精细动作和大动作，婴儿开始练习在行为层面进行情绪调节。从最开始的撇嘴这类消极且效果有限的调节策略（见图 2-4 左），到吮吸拇指以自我安抚（见图 2-4 右），再到转头、闭眼等试图转移视线、通过远离外界刺激物以降低情绪诱发的调节策略（Crockenberg & Leerkes，2003），婴儿的情绪调节策略在不断进化、不断发展。到了婴儿期的尾声，随着婴儿大动作的飞跃发展，婴儿会习得爬行和走路的能力，在行动上有了更大的自由，他们可以通过远离或接近对情绪产生刺激的人或事物，来更有效地进行自我调节。

除了行为层面的情绪调节，认知能力的发展也从两个方面促进了婴儿的自我调节能力：其一，前额皮质的发展和更有效的运作提高了婴儿对外界刺激的容忍度（Kopp & Neufeld，2003），婴儿产生情绪困扰的临界值不断提高；其二，婴儿注意力的发展让他们能更灵活地转移注意力，将注意力从造成情绪困扰的刺激物上挪开，从而实现情绪的自我调节（Rothbart

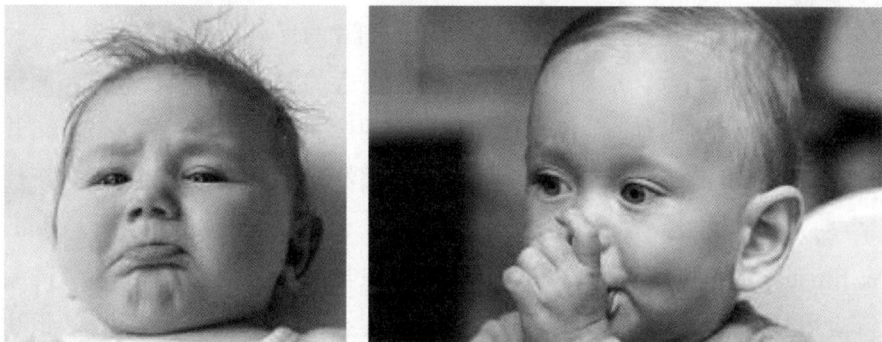

图 2-4　婴儿常见的情绪自我调节策略

& Bates，2006）。

因此，虽然婴儿期的情绪自我调节的效果在不断增强，但总体而言，婴儿的情绪自我调节能力还比较薄弱，存在明显的缺陷，即过度倚赖外在的行为调节策略，缺乏相应的心理调节策略的介入。而与前者相比，后者才是更行之有效的情绪调节策略。

二、婴儿期情绪认知的萌芽

在情绪认知层面，进入婴儿期第二阶段后，婴儿的情绪认知经历了两大里程碑式的跃进。

（一）婴儿的情绪认知更明晰、精准

婴儿对父母的不同情绪表达所蕴含的特定情绪有了更明晰、更精准的认知。在第一阶段了解父母的情绪表达有规律可循，以及情绪表达与父母内在的情绪体验相关联的基础上，他们现在开始逐渐掌握这些情绪表达究竟代表了哪些情绪体验。这种情绪认知帮助婴儿在与父母的互动中更好地解读父母的情绪线索，从而通过解读父母的情绪表达来判断父母当下的情绪体验。这类情绪认知技能对于婴儿日后的社会交往也有十分重要而深远的影响。及时接收并正确判断同伴的情绪，并以此为依据调整行为，是衡量儿童社会交往技能的重要指标。对同伴的情绪线索视而不见或错误解读的儿童，往往被认为具有较低的社会交往技能，也更容易被同伴排斥（Lightfoot，Cole，& Cole，2013）。

通过测量婴儿对具有不同情绪效价的图片的反应（比如，注视时间的长短、脑电波变化等），研究者发现，7个月大的婴儿已经具有分辨不同情绪的面部表情的能力。他们不仅能在广义的层面通过面部表情区分情绪效价，而且能准确地辨别广义类别下的具体情绪，包括开心、感兴趣等正性情绪，以及生气、伤心、恐惧等负性情绪（Kobiella，Grossmann，Reid，& Striano，2008；Soken & Pick，1999）。具体而言，婴儿在看到生气的面部表情时，注视的时间要显著少于开心、感兴趣等正性情绪的面部表情注视时间，也显著少于伤心、恐惧这两种负性情绪的面部表情注视时间。这

可能表明，婴儿对生气这一面部表情具有本能式的反感和抵触，注视时间的减少则可能体现了婴儿的自我防御机制，即通过减少刺激来控制不利的情绪唤起。

综上所述，婴儿期情绪认知的发展体现为婴儿能区分面部表征所暗示的情绪效价，能将不同的面部表征与其内在情绪特征相对应，以及能在这些情绪认知的基础上作出不同的行为反应。

（二） 社会参照效应

这一阶段的第二大情绪认知发展是，婴儿能够把父母当作其在未知情境中的社会参照。从婴儿开始有足够的能力爬行开始，社会参照这一亲子"交流方式"就变得越来越频繁（Campos, Anderson, Barbu-Roth, Hubbard, & Hertenstein, 2000；Thompson & Newton, 2010）。社会参照这一概念从社会心理学中借鉴而来，主要指婴儿在一个陌生情境中，通过解读父母的情绪表达（主要是面部表情）为其情绪和行为反应提供依据。具体而言，当婴儿接近一个陌生物体时，他们通常会观察父母的反应。如果父母看起来很担心，他们就会表现得很谨慎，甚至对陌生物体产生抵触；相反，如果父母看起来很开心，他们就会受到鼓励，更有可能放心地去探索和认识这个陌生物体。

婴儿的社会参照效应在视觉悬崖（visual cliff）这一实验范式中表现得淋漓尽致（Gibson & Walk, 1960）。虽然这一实验范式的本意是检测婴儿对深度的视觉感知，但它也生动地验证了婴儿的社会参照行为。在这一实验范式中，婴儿被放在一个玻璃平台上（如图2-5所示），平台下的花纹给婴儿呈现了一个极具视觉欺骗性、几乎可以以假乱真的"断崖"。当婴儿即将接近断崖时，他们通常会很警觉地停止爬行，不知所措地望着对面的母亲。如果此时母亲的脸上洋溢着鼓励的微笑，婴儿便会小心翼翼地试着爬过断崖；反之，如果母亲的脸上出现担

图 2-5　视觉悬崖实验范式
示意图

忧、恐惧的神色，婴儿便会坚定地留在原地，不会冒险越过悬崖。

这个实验的结果从两个方面帮助我们了解该时期婴儿的情绪发展：其一，婴儿已经具备了通过阅读母亲的面部表情来感知母亲反应的初步能力；其二，在陌生情境中，当婴儿不知如何应对时，会把母亲的情绪表达作为重要的社会参照，并以此作为其行动的主要依据。

随着婴儿情绪的进一步发展，婴儿的社会参照行为也变得越来越复杂。他们不仅会在事前向父母寻求帮助，还会在事后观察父母的反应，来印证自己的判断和行为反应是否恰当（Striano & Rochat，2000）。此外，影响婴儿社会参照效应的因素也开始增多。在经典视觉悬崖实验范式的基础上，斯特里亚诺等人（Striano，Vaish，& Benigno，2006；Vaish & Striano，2004）在实验中加入了新的元素，来考察婴儿的社会参照效应是否会随着视觉悬崖"危险度"的增加而递增，以及父母的语气、语调是否能与面部表情一样起到社会参照的作用。

在实验1（Striano，Vaish，& Benigno，2006）中，研究者将婴儿分成两组，其中一组的视觉悬崖的深度较浅（组1），而另一组的视觉悬崖看起来危险性更高（组2）。研究发现，与组2的婴儿相比，组1的婴儿越过视觉悬崖的时间更短：组1的婴儿平均耗时80秒越过悬崖，而组2的婴儿平均耗时几乎翻了一倍，达到约160秒。此外，组1的婴儿望向母亲进行社会参照的时间明显更短：组1的婴儿平均花了1.5秒，而组2的婴儿平均花了3秒。这一研究表明，婴儿的社会参照行为会随着任务难度的增加而相应递增。

在实验2（Striano，Vaish，& Benigno，2006）中，研究者将组1的实验条件进一步细化：一组婴儿在越过浅悬崖的时候，母亲不仅会看着他们，而且会用积极的语调鼓励他们（目光关注+声音组）；而另一组的婴儿在越过浅悬崖的时候，母亲会看着其他的地方，仅用积极的语调进行鼓励（声音组）。研究发现，在这两种实验条件下，婴儿越过悬崖的时间和进行社会参照的时间均没有显著差异。这一结果表明，母亲的语气、语调同样能起到社会参照的作用。

在另外一个实验中，研究者在视觉悬崖实验的基础上设置了三种条件，即面部表情组（母亲仅用面部表情进行暗示）、声音组（母亲仅用声音进行暗示）和面部表情加声音组（Vaish & Striano，2004）。研究发现，面部表情加声音组的婴儿和声音组的婴儿越过视觉悬崖的时间相对较短，而面部表情组的婴儿耗时相对较长。这表明婴儿能清晰地解读母亲的语气所蕴含的意义。从某种程度上说，母亲的语气对婴儿的影响甚至超过面部表情的影响。当然，可能存在另一种解释，即与解读面部表情相比，婴儿能更迅捷、更有效地解读母亲的语气。

综上所述，婴儿的情绪和认知的发展为其情绪认知和社会参照行为提供了基础。他们能更准确、更有效率地解读父母和他人的情绪表征，并通过关注父母的面部表情、语气和语调等多方面线索来实现社会参照，作为其在陌生情境下的情绪和行为反应的决策依据。

在上述章节中，我们了解到婴儿期的情绪发展在情绪表达和情绪认知两方面都有不容忽视的重要进步。接下来，让我们由点及面，从这些重要的里程碑事件出发，进一步了解婴儿期情绪发展的其他重要方面。

三、婴儿期情绪发展的其他重要方面

情绪表达的发展、主体间性的发展和依恋关系的形成，是婴儿期情绪发展的三大重要方面。

（一）情绪表达的发展

研究婴儿的情绪表达的一大重点和难点在于，如何将婴儿的情绪表达与他们实际的情绪体验联系在一起。这个听起来并不复杂的任务，在这些尚未学会用语言表达感受的小家伙身上，显得格外困难。很多时候，外在的情绪表达或情绪行为并不能真切、如实地反映婴儿当下的情绪体验。

举个例子，在我们之前提到过的视觉悬崖实验中，婴儿爬到"悬崖"边时，不可避免地会体验到恐惧的情绪。虽然并不是所有婴儿的脸上都会浮现出典型的恐惧的面部表情，但是研究者注意到，这些婴儿会通过其他肢体语言来传达他们的恐惧，比如，在发现"悬崖"的时候，他们会立刻停下来，将身体往回缩，并拒绝继续往"悬崖"边靠近。因此，面部表情并不能百分之百地传达婴儿的内在情绪体验，在这两者间画等号势必会对解读婴儿的情绪体验产生不必要的误导。

另外，同样一个面部微表情，可能会出现在多个属性截然不同的面部表情中。以脸颊的微微扬起为例，这一微表情如果和微笑联系在一起，能更畅快地表达开心的情绪；而在一张哭泣的脸上，同一个微表情又会让人加深伤心的情绪。具体而言，这些通用微表情的存在可以跨越正性情绪和负性情绪的分水岭，对两者的面部表情都能起到深化、强化的作用（Messinger，2002）。

因此，要精准把握面部表征与内在情绪状态的关系，其关键在于运用尽可能多的线索，而不是仅仅关注婴儿的面部表情。这些线索包括婴儿的声音、表情、动作，乃至当时的情境以及他人对婴儿的反应等，这也与动态系统观理论（dynamic system perspective）不谋而合，该理论由哈佛大学的费希尔与比德尔（Fischer & Bidell，2006）提出。他们认为，儿童的情绪表达并不是一成不变的，而是会随着情境、心情和社交对象等内外因素的变化产生相应的动态变化。因此，在解读婴儿的情绪表达时，要纳入尽可能多的信息，并综合考量这些信息以及它们之间的交互关系。

在有关基本情绪的研究中，开心、生气、伤心和恐惧这四种基本情绪最受研究者的关注。接下来，让我们一起来关注婴儿这四种情绪的发展历程。

1. 开心

婴儿通过多样、嬗变的形式传递着开心的情绪。除了之前提到的婴儿早期的社会性微笑和开怀大笑，在婴儿10—12个月大的时候，他们还会采用更多的形式表达开心的情绪，这些不同的形式往往因地制宜、因人而异。例如，当父母与婴儿打招呼的时候，婴儿会微微一笑以示回应；当见到一个貌似友善的陌生人时，婴儿会有保留地微笑；当与父母互动、做游戏的时候，婴儿会无所顾忌地开怀大笑。

而随着婴儿与父母互动的深入和发展，随着婴儿对周遭环境的认知不断加深，让婴儿开心的原因也开始变得多种多样并更具社会性和外部指向性——因为掌握了一项新的技能，因为和父母读了一本有趣的绘本，或是因为看到了一个很有意思的画面等。在和父母等熟悉的人互动时，婴儿会明显表达出更多开心的情绪，这种情绪表达的倾向有助于婴儿加深和父母的情感联结（Aksan & Kochanska，2004）。换言之，婴儿的开心会感染父母，让父母不自觉地在与婴儿的互动中表现出更多的呵护和关爱，而这反过来会进一步激发婴儿更强、更频繁的快乐情绪体验。在8—10个月大的时候，婴儿对父母的偏爱明显超过对玩具的喜爱，他们会为了和父母互动而中止摆弄喜爱的玩具（Venezia，Messinger，Thorp，& Mundy，2004）。这一系列研究结果表明，笑容逐渐成为一种社交工具，它的功能已不仅仅局限于表达婴儿快乐的情绪，更大的作用是帮助婴儿建立与父母和他人的沟通与联结。

2. 生气

新生儿的情绪表达尚未完全发展和分化，这从他们对各种负性刺激的反应趋同性中便可见一斑。例如，在婴儿感到饥饿的时候，被针刺痛皮肤的时候，觉得过冷或过热的时候，尿布太湿的时候，或者环境太嘈杂的时候，这些情境下被诱发的不悦情绪都会用同样的方式宣泄，即大声啼哭。作为最先能被婴儿表达的基本情绪之一，生气的情绪表达在4个月月龄的婴儿中就能观察到（Braungart-Rieker，Hill-Soderland，& Karrass，2010）。

6个月以后，婴儿的情绪体验进一步分化。我们之前简略提到过的，频率和强度日益提高的生气的情绪表达便是其中一个例子。这些年长的婴儿会在不同的情境下表现出生气的情绪，比如，当一个很喜欢的玩具被拿走，当日常的生活节奏被打乱，或者当他们的手脚被束缚住而不能自由伸展，婴儿都有可能显得很生气。

生气这一情绪表达有很明显的发展轨迹。在婴儿4—19个月月龄时，生气的情绪表达会随着婴儿月龄的增加而相应递增（Braungart-Rieker，Hill-Soderland，& Karrass，2010），在此之后则会相应递减（Denham，Lehman，Moser，& Reeves，1995）。

生气的情绪表达为什么会在婴幼儿期随着月龄的增加而相应递增呢？其中的重要原因是婴儿的认知能力（即自我意识）开始发展。婴儿开始意识到，他们有自己的喜好和预期，他们的行为可以帮助他们实现自己的目的。在这种自我意识的驱动下，婴儿开始练习用自己的情绪表达来影响父母，改变对自己不利的环境。因此，当周遭的情境或父母的表现和他们预设的期望、偏好有落差的时候，他们就会通过表达生气的情绪让父母感知自己的不满，从而敦促父母对环境和行为作出相应的调整（Alessandri, Sullivan, & Lewis, 1990）。这也印证了我们之前提到的情绪的表达功用及其对生存的促进作用。

3. 伤心

另一种与生气非常类似的情绪表达是伤心，但它在婴儿期反而没有经常出现。两者之所以类似，主要原因在于，诱发婴儿伤心情绪的情境和诱发生气的情境在很大程度上有重叠之处。以两种情境为例，一是玩具被抢走的时候，二是母亲离开房间很久都没有回来的时候。上述两种情境都有可能诱发婴儿生气的情绪或伤心的情绪。而究竟哪种情绪会最终胜出，恐怕取决于婴儿对于该情境的关切度以及希望改变该情境的迫切度。如果这个玩具是婴儿最喜欢的玩具，他很迫切地想要把玩具拿回来，生气的情绪表达就会被激发。相较而言，如果这个玩具对婴儿来说比较有意思，但还没有到爱不释手的地步，那么婴儿在这种情境下顶多就是暗自伤心一下而已。因此，生气和伤心的情绪表达以及诱发情境虽然类似，但生气是一种更为激烈且具有强烈外部指向性的情绪，伤心则是一种更为内敛且具有内部指向性的情绪。生气的情绪表达以改变为目标，伤心的情绪表达则以内省为主旨。

4. 恐惧

与生气类似，恐惧的情绪表达主要出现在婴儿期的后半段，也就是在6—8个月萌芽。恐惧在婴儿期也会随着月龄的增加而递增，但增长幅度相对较为平缓（Braungart-Rieker, Hill-Soderland, & Karrass, 2010）。恐惧被认为在婴儿与母亲的依恋关系中扮演了重要的角色（Bowlby, 1969），安全的依恋关系的重要作用之一就是为婴儿认识事物、探索环境提供一个安全庇护所，使婴儿能够无惧无畏地去探索，并在遇到危险的时候能第一时间撤退到母亲身边寻求保护。

在人类进化的历程中，恐惧对促进人的生存有积极的作用。正是因为能感受到恐惧，无助的人类婴儿才能通过及时预警和发出信号得到父母的关注和保护。在现代社会中，恐惧依然具有积极的意义。对婴儿来说，猛兽和黑暗不再是其生存的主要威胁，但陌生人依然是一种威胁。从这个意义上说，对陌生人的恐惧是人类得以繁衍生息的生存技能之一。

但是，这并不意味着恐惧是婴儿与生俱来的天赋，恰恰相反，恐惧也需要一定的认知能力来支撑，恐惧在婴儿期的萌芽和发展在很大程度上依赖婴儿与日俱增的认知能力。比如，当一个陌生人出现，他是否能激发婴儿的恐惧情绪，还得取决于婴儿是否具有以下两方面的认知能力：一是能辨别出陌生人，将他和熟悉的家人区分开，这一能力通常在婴儿3个月大时就已具备（Berensen，1996）；二是对自己所处的环境有准确的认知，从而对陌生人是否会产生安全威胁进行合理的评判。比如，如果父母也在近旁，正与陌生人谈笑风生，就可以降低婴儿的警惕性和诱发恐惧的可能性。而如果婴儿发现他和陌生人独处一室，其体验到恐惧的可能性就会大幅增加。因此，在发现陌生人后，年幼的婴儿通常会感到新奇（Berensen，1996），而年长的婴儿才有可能体验到恐惧（Braungart-Rieker，Hill-Soderland，& Karrass，2010）。这种差别与婴儿的认知能力息息相关。

（二）主体间性的发展

婴儿情绪及情绪表达的发展为其社会交往提供了基础和必要条件，主体间性的萌芽和发展则真正标志着婴儿社会性发展的飞跃。

我们之前提到，婴儿能利用微笑建立和增强与父母的情感联结。婴儿的微笑能感染父母，从而诱发父母相应的积极情绪的表达。父母与婴儿间的这种协调的、情感氛围融洽的互惠关系被称作初级主体间性（primary intersubjectivity）（Trevarthen，1998；Trevarthen & Aitken，2001）。其之所以得此名，是因为在此类面对面的亲子互动中，父母和婴儿的注意力都集中在对方身上，这与另一种被称作次级主体间性（secondary intersubjectivity）的亲子互动相区别。在次级主体间性中，父母和婴儿的注意力都集中在第三者身上，比如一个陌生人或一个新玩具。

研究者认为，主体间性是人类与生俱来的一种本能（Trevarthen & Aitken，2001）。正如马斯洛（Maslow，1943，1970）在他的需求层次理论（hierarchy of needs）中指出的，作为社会动物，与他人建立社交联结，寻求归属感，是人最根本的需求之一。在满足基本的温饱与安全的生理需求的基础上，社交需求就成为人最迫切的需求。这种需求在婴儿期就已显露——与玩具相比，婴儿对人的兴趣明显更大，也更为持久。观察母亲的一举一动，模仿母亲的一颦一笑，和母亲的互动让婴儿乐此不疲（Lightfood，Cole，& Cole，2013；Trevarthen，1998）。

通过两种经典的实验范式，研究者试图在实验室的情境中操控婴儿与母亲的良性互动，研究影响婴儿与母亲主体间性的重要因素。第一种研究范式被称作静止脸（still-face）实验（Tronick，2005，2007）。这种实验范式由三个环节组成。在最开始的几分钟里，母亲和婴儿会像平时在家一样，进行面对面的互动。这个环节呈现的是婴儿与母亲的常态主体间性（见图2-6上）。比如，婴儿会对母亲微笑，会饶有兴趣地观察实验室这个新奇的环境，并时不时地指指点点，让母亲和他一起看他发现的有趣物件。而母亲也会积极地回应婴儿，冲他微笑，很有兴趣地顺着婴儿指点的方向看，等等。在第二个环节中，研究者试图操控母亲对婴儿的回应，让母亲对婴儿作出静止脸，即不论婴儿有什么样的情绪或行为反应，母亲都会摆出千篇一律、没有任何表情的静止脸，不对婴儿作任何回应（见图2-6下）。在这个环节中，研究者观察到婴儿的情绪会过山车般下坠。一开始，婴儿会觉得有些新奇。他会试图作出更夸张、更搞笑的表情，以引起母亲的反应。一旦发现这并不奏效，婴儿的情绪就会明显沮丧起来，他会出现各种更夸张的应激行为，大声嚷叫，指指点点。当这一切策略都失败后，婴儿就抑制不住地开始大哭。在最后的安抚环节，母亲迅速恢复了

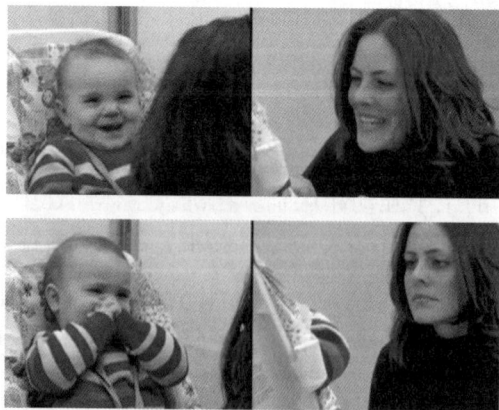

图2-6　静止脸实验范式

对婴儿的回应。婴儿起初会埋怨地抽泣，但在母亲的安抚下又很快平静下来，开始和母亲互动。

静止脸实验范式的研究结果表明，面部表情和行为反应对于维持母婴间的主体间性有重要意义。婴儿会通过阅读母亲的面部表情、实时的行为反应来调整自己相应的反应；而母亲适时、恰当的反应维持着亲子的主体间性，推动着婴儿和母亲的情绪统合性。一旦母亲停止对婴儿作出反应，从亲子互动中抽离出来，婴儿就会无所适从，在情绪和行为策略上全面崩溃，也更有可能在亲子互动中采取退缩的策略以自我保护（Tronick & Reck，2009）。

第二种对母婴间主体间性进行操控的研究范式被称作延迟传输（delayed transmission）实验（Murray & Trevarthen，1986；Tremblay et al.，2005）。该研究范式试图对主体间性的及时反馈这一特性进行操控，着重考察婴儿在维持母婴间主体间性中所起的作用。在该研究中，母亲和婴儿通过屏幕（而非面对面）交流，婴儿能从屏幕上看到、听到母亲的反应。在实时传输的母婴交流中，研究者时不时加入一些小插曲，使母亲屏幕上的婴儿反应延迟几秒，母亲看到、听到的其实是婴儿几秒前的反应，而婴儿屏幕上的声音与图像并没有任何延迟。研究结果表明，婴儿声音、图像的传输延迟对于母亲可能作出的反应有显著影响。在实时和延迟这两种条件下，母亲说话的语调、情绪存在明显差异。

延迟传输实验范式的研究结果表明，互动双方的反应适时性对于维持母婴间的主体间性极其重要。不仅婴儿需要母亲实时的反馈来调整自己的情绪和行为，母亲也会根据婴儿的反应来调整自己的行为。婴儿在维持主体间性方面也发挥着积极的作用。

综上所述，以上两种研究范式从不同的角度对可能影响母婴间主体间性的因素进行了研究。静止脸实验呈现了母亲的面部表情和行为反应的作用，而延迟传输实验呈现了婴儿的适时反应的作用。因此，良好的主体间性有赖于母亲和婴儿双方的积极参与和配合。

（三） 依恋关系的形成

除了上述情绪和主体间性的发展，依恋关系的形成是婴儿期社会性发展的另一个不可忽视的重要方面。依恋关系是婴儿与其主要照顾者

（通常是母亲）形成的情感纽带，大致在婴儿7—9个月月龄时开始萌芽（Ainsworth，Blehar, Waters, & Wall, 1978）。

虽然依恋关系要到婴儿期的后半阶段才正式浮出水面，但婴儿期的前半阶段可以说是依恋关系的酝酿阶段。研究者将婴儿和母亲的依恋关系的起承转合划分为四个阶段（Lightfoot，Cole, & Cole，2013）。

第一阶段：前依恋关系阶段（preattachment phase），主要指婴儿期的头两个月。处于该阶段的婴儿虽然在大部分时候都能与母亲亲密接触，但他们很少表现出依恋行为。

第二阶段：依恋关系的酝酿阶段（"attachment-in-the-making" phase），主要指婴儿在3—7个月龄时。这一阶段虽然依恋行为的模式没有固定下来，但该阶段的婴儿已经开始零零星星地呈现出依恋行为。例如，他们开始区分熟人和陌生人；他们在母亲离开的时候显得很紧张，甚至会表示抗议；他们会明显偏好熟悉的人和事物，对陌生人和新环境保持警惕等。这一阶段的发展从认知和行为两方面为之后依恋关系模式的形成奠定了基础。

第三阶段：依恋关系阶段（"clear-cut attachment" phase），主要指婴儿从7个月左右至18—24个月之间的阶段。该阶段是依恋关系模式形成并巩固的阶段，也是婴儿的依恋行为最为明显的阶段。

第四阶段：互惠关系阶段（reciprocal relationship phase），主要指婴儿18—24个月之后的"后依恋关系"阶段。随着婴儿动作和肢体的发展，他们开始有能力进行更独立的探索，在空间距离上也开始离母亲更远。婴儿的认知和情绪等方面的社会性发展也让他们开始在与母亲的互动中更多地表现自己，满足自己的喜好。这便促使依恋关系朝互惠关系发展，为儿童的独立自主提供了孕育的土壤。

在鲍尔比的理论基础之上，安斯沃思等人（Ainsworth，Blehar, Waters, & Wall, 1978）进一步发展出一种行之有效地检测依恋关系的实验范式，即陌生情境（strange situation）法。在这一研究范式中，婴儿会和母亲待在一个地上堆着玩具的实验室中。在婴儿玩的时候，母亲会在一旁的椅子上坐着。其间，会先后穿插陌生人进入房间、母亲离开房间让婴儿与陌生人独处以及母亲回到房间等环节。研究者试图通过这些环节的设置考察婴儿如何在探索新奇环境时将母亲作为其安全基地，婴儿在母亲离开时的反应，婴儿和陌生人相处时的反应，以及婴儿在母亲回到房间后的反应。安斯沃思认为，婴儿在上述诸种情境中表现出的差异体现了其与母亲依恋关系的质量。根据观察结果，她进一步归纳出依恋关系的四种类型。这些依恋类型也在后续的实证研究中多次得到证实（Shaver & Cassidy，2008）。

（1）安全型依恋。和母亲形成安全型依恋的婴儿，在母亲在场的前提下，会放心、大胆地摆弄房间里的玩具。当陌生人进入房间的时候，他们并不会立刻显得很紧张，而是会对陌生人表现得相对友好。当母亲离开房间的时候，这些婴儿会抗议、哭闹，显得非常伤心。虽然陌生人也能在一定程度上安抚婴儿因母亲离开而产生的痛苦，但他们显然更喜爱母亲。当母亲重新回到房间里，安全型依恋的婴儿会第一时间回到母亲的身边，和母亲依偎在一起。母亲的抚慰能让他们很快平静下来，重新回去摆弄玩具。安全型依恋被认为代表了依恋关系中最理想的状态。它代表婴儿能够在寻求与母亲的亲密接触和探索新奇环境的求知欲之间达到一种巧妙的平衡。

（2）回避型依恋。当母亲和婴儿共处一室时，与母亲形成回避型依恋的婴儿会表现出对母亲是否存在漠不关心。当母亲离开房间时，虽然他们在表面上显得无动于衷，但是在生理层面，他们的心跳会加快，暗示他们实际上也会因此而感到紧张。当母亲回到房间里，回避型依恋的婴儿并不会主动接近母亲寻求安抚，而是会故意背对着母亲或扭开头装作没有看见。

（3）矛盾型依恋。矛盾型依恋的婴儿从一开始就紧紧依偎在母亲身边。与摆弄玩具相比，他们显然更在意母亲的陪伴。但即便紧挨着母亲，他们看上去还是有些过度紧张，似乎害怕母亲会突然离开。当母亲离开房间时，他们会声嘶力竭地抗议，显得极度伤心，但当母亲返回时，矛盾型依恋的婴儿一边急不可耐地接近母亲寻求安抚，一边又对母亲的安抚表现得很抵触。比如，他会张开双手，试图让母亲把他抱起来；但当母亲伸出双手去抱的时候，他又会很抵触地推开母亲，似乎想从母亲的怀抱中挣脱出来。在之后的时间里，这些婴儿并不会放心、大胆地去玩，而是会自始至终待在母亲身边，对母亲可能离开心存警惕。

（4）混乱型依恋。混乱型依恋的婴儿在陌生情境中的表现毫无章法可言，难以总结出具有系统性、共性的行为特点。比如，有的婴儿会一边试着爬到母亲身边，一边号啕大哭；有的会一边试图接近母亲，一边拒绝与母亲有眼神交流；还有的会在看到母亲回来时，试图冲到母亲身边，却又毫无征兆地停留在半路转圈。

针对依恋类型的跨文化研究表明，各依恋类型的占比大致相同，并不具有明显的文化差异（Shaffer & Kipp，2007）。如图2-7所示，无论是在东方文化国家还是在西方文化国家，无论是在发达国家还是在发展中国家，大部分婴儿都能与母亲形成良好的安全型依恋，和母亲形成矛盾型依恋的婴儿的比例次之，而仅有一小部分婴儿会发展出回避型依恋。

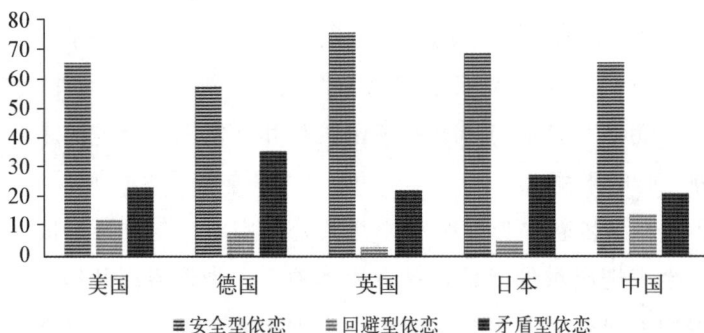

图2-7 婴儿依恋类型比例的跨文化比较

第三节
家庭对婴儿社会性发展的影响及其机制分析

作为婴儿期最重要的成长环境，家庭对婴儿的情绪发展具有至关重要的影响。那么，家庭成长环境如何影响婴儿的情绪发展，即其中的作用机制是什么？接下来将围绕三个方面探讨家庭成长环境如何影响婴儿的情绪发展，即家庭因素对婴儿的情绪表达、情绪调节以及依恋关系的影响。在家庭因素的诸多维度中，将重点关注父母的教养方式这一特定家庭因素。

一、父母的教养方式与婴儿的情绪表达

父母的教养方式是婴儿情绪社会化的最重要的影响因素（Eisenberg，Cumberland，& Spinrad，1998；Eisenberg，Spinrad，& Eggum，2010；Rothbart & Bates，2006）。在婴儿和父母互动的过程中，父母呈现的情绪以及父母对婴儿情绪表达的回应，都被认为能有效地影响、塑造婴儿的情绪表达。

研究发现，婴儿呈现出明显的对面部情绪表达的选择性偏好，这一特性在两个半月大的婴儿中就已出现（Montague & Walker-Andrews，2002）。在与他人互动的过程中，婴儿约有92%的时间都在关注他人的面部表情（Montague & Walker-Andrews，2002）。而且，婴儿对正性情绪和负性情绪的面部表情一视同仁，并没有明显的选择性偏好。但是，在陌生人与父母的情绪表达上，婴儿对父母的情绪表达更为关注，并且明显更关注父母（尤其是母亲）的面部表情（Montague & Walker-Andrews，2002）。因此，婴儿对父母的情绪表达的偏好和选择性关注为父母的情绪社会化提供了前提条件。

在与婴儿的互动中父母呈现的情绪主要通过两种途径影响婴儿的情绪表达。其一，父母的情绪表达是婴儿最好的教师，对情绪表达毫无头绪的婴儿会不自觉地模仿父母的情绪表达，并将之内化到自己的情绪表达策略中。具体而言，在什么情境下表现出什么情绪、表现正性情绪和负性情绪的频率，以及情绪表达的强度等情绪表达的方方面面，婴儿都会通过不自觉地模仿父母而习得（Eisenberg，Spinrad，& Eggum，2010）。

如果父母在互动中经常表现出正性情绪，婴儿表现出正性情绪的频率也会相应增加（Malatesta & Haviland，1982）；反之，如果父母在互动中习惯于压抑情绪表达，婴儿也会受到感染，面部表情相对较少。比如，有研

究发现，与正常母亲的婴儿相比，在正性情绪和负性情绪的表达上，抑郁母亲的婴儿面部表情较少（Tronick & Reck，2009），而这种现象被认为与抑郁母亲倾向于压抑自己的情感，在和婴儿的互动中习惯性地表现为一张欠缺情绪表达的"平面脸"（flat face）有关（Lovejoy，Graczyk, O'Hare, & Neuman, 2000）。

此外，父母对婴儿情绪表达的回应也是塑造婴儿情绪发展的一个重要因素。在针对婴儿的研究中，父母教养方式的其中一个维度——父母对婴儿的敏感性——得到了较多关注。这里的敏感性有多层含义：首先，敏感性是指父母能及时注意到并正确解读婴儿的情绪线索。比如，婴儿在与父母面对面互动的过程中慢慢停止了微笑，并把头扭向另外一边，不再注视着父母。高敏感性的父母就能理解，这可能表示婴儿接受了过多刺激，想要暂停和父母的互动。其次，敏感性还指父母能够从婴儿的角度出发，设身处地地替婴儿着想，并根据婴儿的情绪线索及时改变行为策略。在上述例子中，高敏感性的父母不仅能正确理解婴儿试图传达的信息，更会以此为行为依据，暂停和婴儿的嬉戏。等到婴儿表达出想要继续玩的意愿时，父母才会继续与他玩耍。

研究发现，父母对婴儿情绪表达的敏感性与婴儿的情绪反应性相关联（Braungart-Rieker，Hill-Soderlund，& Karrass，2010）。与低敏感性父母的婴儿相比，高敏感性父母的婴儿（4—6个月）在前面提到的静止脸实验中会表现出较低的负性情绪反应性（Braungart-Rieker，Garwood，Powers，& Notaro，1998；Haley & Stansbury，2003）。父母对婴儿负性情绪的高敏感性还能有效降低婴儿的负性情绪反应性，即让婴儿表现出更少的负性情绪（Jahromi，Putnam，& Stifter，2004）。

父母对婴儿情绪表达的高敏感性之所以能有效地降低婴儿负性情绪的表达，可能是因为父母及时、有效地回应了婴儿的负性情绪表达。这种回应一方面能帮助婴儿有效地调节负性情绪的表达，并促进婴儿的情绪调节机制的发展；另一方面，它让婴儿意识到，不需要用激烈的方式表达负性情绪，父母就会回应、解决自己的困扰。久而久之，这种认知就会降低婴儿负性情绪表达的频率和强度。

综上所述，父母对婴儿的情绪表达以及父母对婴儿的情绪表达的敏感性，影响并塑造着婴儿的情绪表达模式和情绪反应性，对婴儿的社会性发展具有重要意义。

二、父母的教养方式与婴儿的情绪调节

父母的教养方式还能影响婴儿的情绪调节机制。

对婴儿来说，其薄弱的情绪自我调节能力和较高的情绪唤起水平意味着父母的情绪干预尤为重要。高敏感性的父母能迅速注意到婴儿的情绪唤起，能正确解读婴儿的情绪反应，并针对婴儿的情绪反应采取有针对性的、行之有效的干预策略。比如，之前提到的分散或转移婴儿的注意力就是一个很好的情绪调节策略的范例。反之，低敏感性的父母可能对婴儿的情绪唤起视而不见，或错误解读婴儿情绪唤起的原因，从而导致他们无法对婴儿的情绪困扰进行及时、有效的干预。

如果婴儿的情绪唤起长时间处于较高的水平，就会妨碍其情绪调节能力的正常发展（Eisenberg，Spinrad，& Eggum，2010）。这些婴儿还有可能深陷情绪困扰的漩涡，难以挣脱，从而主动选择从社交互动中撤退（Tronick & Reck，2009），这势必阻碍良性、互惠的亲子关系的形成，并为其日后的社会性发展埋下隐患。

的确，研究发现，与低敏感性父母的婴儿相比，高敏感性父母的婴儿在行为层面和生理层面均具有较高的情绪调节水平（Haley & Stansbury，2003）。虽然对于所有婴儿，紧张情境（例如，静止脸实验中母亲停止回应的环节，以及陌生情境法中母亲第二次去而复返，和独自与陌生人共处的婴儿团聚）均会诱发无显著差别的压力水平，但婴儿在压力下的情绪调节水平存在明显的组间差异。具体而言，在行为层面，高敏感性父母的婴儿在紧张的情境下会表现出较少的负性情绪。如图2-8所示，在以静止脸的第二个环节和陌生情境法的第二个团聚环节为代表的紧张情境中，高敏感性父母的婴儿表现出负性情绪的比例要明显低于低敏感性父母的婴儿。这些婴儿具有较高的情绪调节水平亦在生理层面得到印证，具体表现为，他们在紧张的情境下会表现出较低、较稳定的心跳（见图2-9）。因此，观察到的高敏感性与低敏感性父母的婴儿，其行为及生理层面的情绪差异体

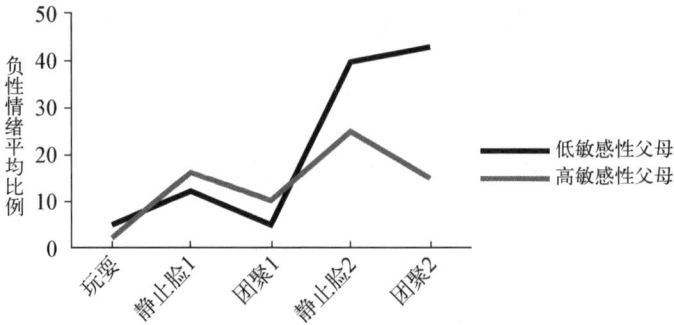

图2-8　高敏感性与低敏感性父母的婴儿在不同情境下的负性情绪平均比例
（Haley & Stansbury, 2003）

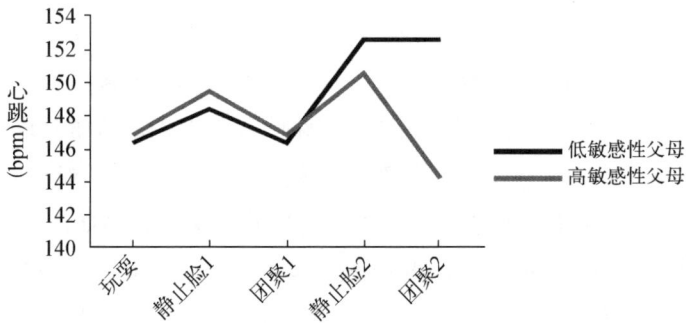

图2-9　高敏感性与低敏感性父母的婴儿在不同情境下的心跳频率
（Haley & Stansbury, 2003）

现了其情绪调节水平的差异，而非紧张情绪唤起度的差异。

三、父母的教养方式与依恋关系

父母的教养方式是影响依恋关系的个体差异的关键因素之一
（Ainsworth , Blehar, Waters, & Wall，1978；Berk，2012；Lightfoot，Cole，
& Cole，2013）。具体而言，父母在与婴儿的互动中表现出来的对婴儿的
关爱和高反应性、高敏感性，是婴儿能否与父母形成安全型依恋关系的最
重要的家庭因素。反之，父母的低反应性和低敏感性会使婴儿与父母形
成非安全型依恋关系。这两者的关系最早由安斯沃思（Ainsworth, Blehar,
Waters, & Wall, 1978）提出，她发现，在婴儿3个月大时，对婴儿的啼哭和
需求更敏感、回应更快捷的母亲，她们的婴儿更有可能在1岁的评估中和

母亲形成安全型依恋关系。

近几十年来，大量的实证研究在此基础上进一步证实并扩展了教养方式与依恋模式之间的关系。有的研究致力于了解，对于与母亲形成依恋关系的婴儿，他们的母亲的教养方式有什么特点。比如，有研究发现，安全型依恋婴儿的母亲总体来说对育儿更投入、更用心，能和婴儿进行更和谐的互动，她们也能更合适地解决婴儿的需求（Lamb & Ahnert，2006）。还有研究发现，与日常的积极互动相比，母亲能否在婴儿遇到情绪困扰、表现得焦躁不安时及时挺身而出，对于安全型依恋关系的形成尤为重要（McElwain & Booth-LaForce，2006）。

除了关注正常母婴群体，相关研究还扩展到了非典型家庭。以母亲抑郁为例，研究发现，母亲的抑郁情绪与依恋行为存在显著的负相关，抑郁母亲的婴儿更有可能遭遇依恋关系的危机，与母亲形成非安全型依恋关系（Lefkovics，Baji，& Rigó，2014）。与产后抑郁相比，产前抑郁和母亲的低敏感性的关系更为密切（Flykt，Kanninen，Sinkkonen，& Punamäki，2010）。此外，收养家庭（Pylypa，2016）和虐待婴儿的家庭（Allen，2011），他们的婴儿更有可能发展出混乱型依恋模式。

以上研究几乎清一色地指向母亲的教养方式，而在很大程度上忽略了父亲的教养方式和婴儿依恋模式的关系。近期的研究开始逐步考虑父亲在其中可能起到的作用。这种考量大多基于家庭系统理论（family system theory），该理论认为整个家庭是一个不可分割、相互影响的动态系统，因此，母婴关系不可能独立于其他关系（*如父子关系、父母关系，以及父亲、母亲和孩子的三边关系等*）而存在，势必受到其他关系的影响（Cowan，1997）。

在上述理论模型的指引下，最近的一个研究发现，除了母亲的敏感性，父亲的教养方式也影响母婴间的依恋模式（Pudasainee-Kapri & Razza，2015）。父亲对安全型依恋关系的形成起到了间接的作用，即在父母间达成一个互帮互助、共同参与育儿的共识时，父亲会更有积极性，也会更多地参与到育儿的琐事中；相应地，母亲也更有可能在和婴儿的互动中具有高敏感性，从而推动安全型依恋模式的形成（Pudasainee-Kapri & Razza，2015）。

实践专栏

如何促进婴儿早期的情绪发展？

情绪发展，特别是情绪表达的社会化，是婴儿期发展的重要内容。而如何推动婴儿的情绪社会化发展，也成为很多父母关注的话题。对于这一问题，或许可以从以下两个方面着手。

1. 丰富的情绪表达

父母作为婴儿的第一任"老师"，在潜移默化中对婴儿的情绪表达产生不可忽视的影响。在和父母的互动中，婴儿通过观察父母的情绪表达形成自我情绪表达的习惯。如果父母的情绪表达侧重于生气、伤心等消极情绪，婴儿也会逐步受父母的影响，表现出越来越多的消极情绪。相反，如果父母的情绪表达较为丰富、立体，就能对婴儿的情绪表达产生积极的影响。

2. 及时回应婴儿的情绪表达

由于婴儿不能控制自我的情绪体验，因此，父母对于婴儿情绪表达的敏感性尤为重要。当婴儿哭闹的时候，父母应当第一时间予以回应，找到并及时解决让婴儿觉得不适的原因。有时，父母的回应本身就能舒缓婴儿的哭闹。长远来看，父母的及时回应能积极推动婴儿的情绪自我调节，从而从根本上减少婴儿在婴幼儿期哭闹的频率和强度。

有的父母可能会心存疑惑，如果婴儿哭闹就立刻予以回应，是不是会助长婴儿的哭闹行为？虽然不回应婴儿的哭闹，最终也能实现让婴儿停止哭闹的目的，但长远来看，这种做法会对婴儿的情绪发展产生消极影响。表面上婴儿的哭闹确实减少了，但他们依然为内心的消极情绪体验所折磨。久而久之，就会损害婴幼儿健康、积极的情绪表达，甚至会影响婴幼儿与父母乃至日后与同伴的社交互动。

本章小结

婴儿期是儿童社会性发展的重要阶段。在这短短一年之中，婴儿对自我、对父母、对世界的认识从混沌中出发，从一个大多受生理反射支配、沉浸在自我世界中的新生儿，逐渐成长为能与父母互动、建立情感纽带、愿意与他人交流并渴望探索世界的真正的"社会人"。婴儿在情绪表达、情绪认知这两方面的飞跃式发展一步步推动着婴儿融入家庭、融入社会。

婴儿的社会性发展受到生理和社会两个层面的双重影响。一方面，婴儿与生俱来的与父母形成社会联结的本能，推动着婴儿通过情绪表达和父母交流并建立依恋关系，而生理的发展也为情绪发展提供了可能与保障；另一方面，家庭成长环境潜移默化地影响并塑造着婴儿的情绪社会化发展，特别是父母对婴儿情绪的敏感性以及和谐、良性互动的亲子关系，会让婴儿的社会性发展受益匪浅。

婴儿期对儿童日后的社会性发展有重要而深远的影响。父母与婴儿之间形成的社交联结和情感纽带为婴儿认识世界、探索世界提供了基础，影响着婴儿的探索模式。父母与婴儿的互动在行为和生理的双重层面塑造着婴儿的情绪表达、情绪认知以及情绪调节策略，而这些情绪发展的重要方面为儿童日后的社交能力和社会性发展奠定了基调。在婴儿期萌芽的对自我价值和他人可信赖度的认知，甚至会根深蒂固地驻扎在潜意识中，直至成年期，并不自觉地影响人们与亲密伴侣和下一代的相处。

第三章
家庭与幼儿的社会性发展

　　婴儿期之后，儿童迎来了幼儿期（1—3岁）。在延续婴儿期的情绪表达与情绪认知发展的基础上，儿童的社会性发展在幼儿期又迎来质的飞跃。

　　幼儿期作为一个重要的过渡阶段，承载着幼儿早期社会性发展的诸多不可忽视的里程碑事件，如复杂情绪的萌芽、情绪调节的进一步发展、自我概念的发展、共情的萌芽等，具有承上启下的重要作用。

第一节
幼儿期情绪发展的里程碑事件

在幼儿期的情绪发展中，情绪表达与情绪认知依然是其中两大不可或缺的重要领域。如表3-1所示，在情绪表达方面，幼儿的复杂情绪开始萌芽，其情绪自我调节能力得到进一步发展；在情绪认知方面，幼儿对自我和他人的情绪有了更深层次的认知，能够将自我的情绪状态与他人的情绪状态区分开，并在此基础上逐步发展出对他人情绪状态的理解。接下来将逐一阐述幼儿期的情绪发展里程碑事件（见表3-1）。

表 3-1　幼儿期情绪发展的里程碑事件

	情绪表达	情绪认知
幼儿期 （1—3岁）	• 复杂情绪的萌芽 • 开始运用语言进行情绪自我调节	• 自我概念的发展 • 自主意识的萌芽 • 开始区分自我与他人的情绪状态，理解他人的情绪状态可能和自己的情绪状态不同 • 共情的萌芽

一、复杂情绪的萌芽

复杂情绪又称自我意识情绪（self-conscious emotions），大致在幼儿期的中期，即幼儿1岁6个月左右开始萌芽。这些复杂情绪通常包括内疚（guilt）、羞愧（shame）、难堪（embarrassment）、嫉妒（envy）和骄傲（pride）等。和之前在婴儿期已初具雏形的基本情绪相比，复杂情绪并没有与之一一对应的独特面部表情。因此，要读懂他人的复杂情绪仅仅依靠直觉是远远不够的，对当时情境的解读以及对自我、他人的认知才更为重要，即复杂情绪是具有情境效应的，和情境刺激密不可分。

例如，研究者发现，和完成简单的任务相比，在完成复杂任务的情境中，3岁左右的幼儿会出现更多的骄傲、自豪的情绪；而和没能完成一项困难的任务相比，简单任务的失败会诱发幼儿更多的难堪情绪（Lewis，Alessandri，& Sullivan，1992）。

和婴儿期已初具规模的基本情绪相比，复杂情绪被认为是更高阶的情绪。这是因为体验到复杂情绪的能力在很大程度上需要倚赖儿童的认知发展。例如，要体验到内疚，幼儿必须认识到父母对自己的期望是什么，而自己的所作所为有负父母的期望；同样，要体验到骄傲，幼儿要认识到父母的期望，并且认识到自己的行为已经满足甚至超越了父母的期望。因此，以上例子中均包含了两层认知：一层是对他人的认知，即对父母期望的认知；另一层是对自我的认知，即以父母的期望来评判自我的行为，由此建立的对自我行为的认知。两者缺一不可。

1.5—2岁的幼儿已经完全具备了对自我独立性的认知，即自己是一个独立于父母、独立于他人的个体。他们也开始逐步理解父母对自己的期望。对自我独立性和他人的认知促进了儿童复杂情绪的发展。研究者发现，1岁6个月的幼儿已经能在内疚、难堪等不同的情境刺激下展现相对应的复杂情绪（Barrett，2005）。骄傲这种情绪也在幼儿期出现，嫉妒则会在3岁左右出现（Berk，2012）。

此外，复杂情绪和儿童的自我意识（sense of self）即自我评价息息相关。换言之，复杂情绪的体验通常伴随着儿童自我意识的贬低或提升（Berk，2012）。例如，在体验到骄傲的情绪时，儿童意识到自己的行为超过了父母的期望，对自我的积极评价相应地伴随着自我意识而提升。相较而言，在体验到内疚的情绪时，儿童意识到自己的行为导致了错事的发展，希望自己能做得更好来取悦父母。在体验到羞愧的情绪时，儿童意识到自己做了错事，会被父母责骂。

尽管内疚、羞愧和难堪这三种负性复杂情绪都伴随着儿童对自我的负性评价，即自我意识的贬损，但这三者还是应该区分开。首先，它们的侧重点各有不同，内疚更着重强调内省，即自己对这件错事的发生负有不可推卸的责任，而羞愧和难堪更着重强调负性的自我意识以及他人可能因此产生的对自我的负性评价（Ferguson & Stegge，1995；Lewis，1992）。换句话说，内疚的情绪源于自身，具有内省性；而难堪、羞愧的情绪源于外部，具有外源性。相应地，内疚的情绪体验更有可能催生将功补过的想法，期望能有办法弥补自己的过失。相较而言，当倾向于负性的自我意识以及他人对自己的负性评价时，这种羞愧和难堪的情绪更有可能催生逃避的心理，即逃避负性的自我意识和他人的审视。

与此同时，羞愧和难堪这两种负性复杂情绪存在较多的共性，比较难将两者区别开来。有研究者认为，首先，两者的差别可能在于程度的不同，即难堪是一种程度较低的羞愧。当所犯错误较小又不严重时，会催生难堪的情绪；而当所犯错误比较严重并涉及道德层面时，会催生羞愧的情绪。其次，两者在行为层面也有细微的差别，尤其是对于幼儿，难堪的情绪体验通常伴随着面部不自觉的微笑，羞愧则不具备这一行为特征（Barrett，2005；Lewis，1992）。

二、情绪调节的进一步发展：语言的作用

在上一章中我们曾提到，婴儿在逐步分化、细化面部表情和情绪体验的同时，开始萌生初始的情绪自我调节策略。虽然这些情绪调节策略在婴儿期早期就已出现，但大多比较原始且集中在行为层面，对情绪的调节效果较为有限。随着婴儿大动作能力的发展，他们开始学会匍匐和爬行，因而可以更自由地趋近或远离诱发情绪刺激的源头，从而进一步推动情绪自我调节的发展。不过，婴儿还极大地依赖父母来调节情绪体验，父母的外部情绪调节不仅效果较好，而且在很大程度上推动着婴幼儿的情绪调节能力的发展，包括情绪自我调节能力的发展。

情绪自我调节能力主要指婴幼儿对自我的情绪体验强度进行调节，使之达到一个合适的、能接受的强度，以便更好地实现自我目标（Berk，

2012）。情绪自我调节依赖多方面的认知发展，如注意力的集中与迁移、行为和想法的抑制，以及有计划地实施不同的步骤等认知能力（Eisenberg & Spinrad，2014；Thompson & Goodvin，2007）。尤其是婴幼儿的努力控制（effortful control）能力，它与婴幼儿的情绪自我调节能力密不可分。而婴幼儿努力控制的能力又和婴幼儿前额叶皮质的发展以及父母对婴幼儿的外部情绪调节的发展有很大关联，前者从"硬件"层面为婴幼儿的情绪自我调节策略提供了基础，后者则通过调节婴幼儿的情绪体验强度和对合宜的情绪调节方法的言传身教来提高婴幼儿的情绪调节技能（Rothbart，Posner，& Kieras，2006）。

2岁之后的幼儿在语言表达上突飞猛进，能更好地用语言表达自己的情绪体验。语言能力的发展为幼儿的情绪自我调节提供了更有效、更积极的新手段（Cole，Armstrong，& Pemberton，2010）。在1.5—2岁之间，幼儿的情绪词汇不断增加，他们开始尝试用语言向父母传递他们的情绪感受，而不再单纯依靠面部表情、发声和肢体语言传情达意。"开心""惊讶""害怕""不高兴"等情绪词汇在幼儿的口中变得越来越常见。这些情绪词汇能更精准地表达幼儿的情绪体验，为父母了解幼儿的情绪体验提供了捷径，从而进一步推动父母根据幼儿的情绪反应调节相应的行为。从这个层面理解，对于2岁的幼儿，语言对于情绪自我调节的积极作用在于，它能让父母更好、更准确地了解幼儿的内心体验。换言之，父母的外部情绪调节在该年龄段依然不可撼动地占据主导地位。

也正因为幼儿的情绪自我调节尚不完备，一旦父母的外部调节不能及时到位，幼儿便会情绪崩溃、大发脾气。这种情况往往出现在幼儿体验到强度过大的负性情绪（如生气）或他们的需求被父母拒绝时，而幼儿在疲累或饥饿的状态下尤其容易情绪失控（Mascolo & Fischer，2007）。比如，母亲带着幼儿在超市购物，幼儿看到了某款特别喜欢的玩具，爱不释手。如果母亲拒绝购买玩具，便可能使幼儿情绪失控，在众目睽睽之下歇斯底里地哭闹。此类场景大家或多或少都目击过，大家也许会下意识地在内心同情难堪的母亲、责怪不懂事的孩子，但其实，这种情绪失控源于幼儿调节自身情绪体验的能力尚未完备。

三、自我概念的发展

自我意识是人区别于动物的主要特征之一，自我概念的发展也因此是幼儿期情绪社会化发展的一大重要里程碑事件。它的萌芽让幼儿了解到自我的独特性，即自我是区别于他人的独特存在。在这个发展阶段中，自我概念开始从最初的外在的自我概念逐渐向内在的自我概念过渡。可以说，早期的自我概念为学龄前儿童的心智理论（theory of mind）的发展奠定了重要基础。

盖洛普（Gordon Gallop）是最早关注幼儿的自我概念萌芽的心理学家之一，他的一大贡献在于为研究幼儿的自我概念提供了经典的研究范式，这一被称为"镜子测试"（mirror test）的研究范式直至今日依旧被广泛使用。他认为，幼儿能否从镜子中辨别出自己的影像可以作为衡量幼儿自我概念发展状况的手段。从大猩猩开始，该研究范式被用来测评3—24个月大的幼儿的自我概念发展水平（Bard，Todd，Bernier，Love，& Leavens，2006；Rochat & Striano，2002）。

研究结果表明，幼儿自我概念的发展，即在镜子中辨认出自己影像的能力经历了几个重要的阶段（Lightfoot，Cole，& Cole，2013）。

新生儿对镜中自己的影像或其他婴儿的影像往往漠不关心。

到了3个月左右，婴儿开始对镜中自己的影像表现出极大的兴趣，他们会冲着镜子微笑，摆出各式友好的表情并发出相应的声音，试图吸引镜中婴儿的注意，他们有时甚至会伸出手去触碰镜子。虽然这个阶段的婴儿是否对他人和自己的镜中影像表现出有区别的反应尚且没有定论，但是，一个初步的实证研究表明，和镜中的他人影像相比，3个月大的婴儿会更长时间地凝视镜中自己的影像（Field，1979）。另外，和自己的影像相比，这些婴儿会对镜中他人的影像展示更多的微笑并试图与之交流（Field，1979）。这个有意思的研究结果一方面表明了婴儿对自己的影像比较感兴趣，另一方面也意味着婴儿更愿意把他人的影像当作潜在的社交对象。

到了5个月左右，婴儿的关注模式进一步发生变化。当看到自己和其他婴儿的视频时，他们会更长时间地凝视其他婴儿的视频（Legerstee，Anderson，& Schaffer，1998；Rochat & Striano，2002）。这也许表明，婴儿对自己的影像已经较熟悉，从而更愿意也更有兴趣关注其他婴儿的影像。

以上针对婴儿的研究虽然并未能解释婴儿是否已具备初步的自我概念，但它们至少能够说明婴儿已经能够分辨自己和他人的影像，包括静态的镜中影像和动态的视频影像。随着婴儿年龄的增长，他们对自己的影像越来越熟悉，对他人影像的兴趣也与日俱增，展现了婴儿与生俱来的与他人形成社交联结的本能。

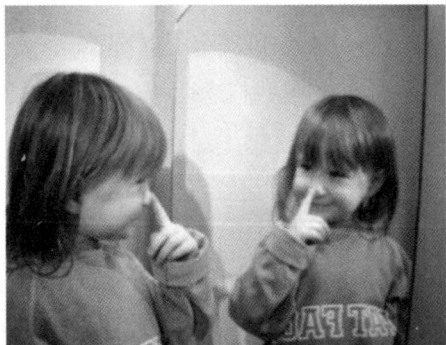

图3-1　幼儿自我概念的研究
范式示例

和"镜子测试"这一研究范式类似，另一个被称为"印记测试"（mark test；rough test）的研究范式（Bard，Todd, Bernier, Love, & Leavens, 2006）能够更进一步地回答婴幼儿是否具备自我概念这一问题。在该研究范式中，研究者会在儿童不经意的情况下在他们的鼻尖抹上一个红色的印记。有时，这个红色印记也会由幼儿的母亲在替他们擦脸时偷偷抹上去。接下来，幼儿会被母亲带到一面立式全身镜前。母亲会指着镜子里的影像问："快看，这是谁？"如图3-1所示，具有初步自我意识的幼儿能够迅速辨认出镜中的影像正是自己，发现自己鼻子上的红色印记。

运用该研究范式，研究者发现，1岁6个月之前婴幼儿通常不会将镜中的人像和自己联系起来，亦不具备发现红色印记的能力，而大部分1.5—2岁的儿童已经能够认识到镜中的人像正是自己，并迅速抹掉自己鼻尖上的红色印记（Shaffer & Kipp, 2007）。因此，幼儿的自我概念在幼儿期的下半年经历了飞速的发展。

这一阶段推动幼儿自我概念发展的因素有哪些呢？

总的来说，幼儿自我概念的发展离不开幼儿认知能力的发展和家庭成长环境的支持。在这一段落将重点陈述幼儿认知能力的发展对自我概念的推动作用。

研究者认为，幼儿在这一时期的自我概念的发展和其认知发展相关联。具体而言，在这一时期，幼儿经历着将基于感觉动作层面的发现和认知内化的过程，而其中一个重要的例子就是幼儿对于自我的面部和身体特征的内化（Nielsen，Suddenfrof，& Slaughter，2006）。幼儿的这一发展正是基于该时期，幼儿正在形成、创造并储存大量的脑力符号（mental symbols），从而开始注意到镜中的人像动作和意识中的自我特征之间的微妙联系，并由此辨认出镜中自己的影像。这一能力并不只在正常幼儿群体中展现，即便在特殊儿童群体中（如唐氏综合征患儿），亦能得以发展。因此，幼儿期的认知发展为幼儿自我概念的飞速发展提供了认知基础，而和认知基础同样重要的是幼儿所浸润的家庭成长环境。关于家庭成长环境如何推动幼儿自我概念的发展，将在稍后的段落中专门阐述。

四、自主意识的萌芽

在大多数父母的印象中，2岁的幼儿常常和"调皮""忤逆""不听话"等让父母头痛不已的负性词汇联系在一起。在美国，这一现象被戏称为"令人头疼的2岁"（terrible two）。为什么2岁的幼儿会如此"臭名昭著"呢？其实，这和幼儿在这一阶段中自主意识（self autonomy）的萌芽息息相关。

随着婴幼儿的大动作能力不断发展，他们开始具备爬行、走路等能力。肢体能力的发展大大增加了幼儿的活动范围和自我掌控度，让他们能随心所欲地探索家里的任何一个地方。随着肢体运动能力被婴幼儿逐渐习得并日臻完备，他们在认知层面的自主意识也开始萌芽和发展。他们意识到，自己的喜好能够表达并实现，自己的行为和反应也能反作用于父母，诱发父母不同的反应。这种自主意识一旦萌芽，便会让幼儿乐此不疲。

举个例子，有一次，幼儿不小心打翻了盆子，母亲便过去把盆子捡起来。发现自己打翻盆子的举动和母亲捡盆子的举动之间的因果关系，对幼儿来说，其意义不逊于哥伦布发现了新大陆。为了验证自己的假设，在接下来的几天中幼儿会经常"不经意"地打翻盆子，观察自己的这一行为是否能引来母亲捡盆子的举动。

同样，随着幼儿自主意识的萌芽，他们不再任由父母摆布，他们的自我开始在与父母的互动中显现出来。例如，幼儿开始为自己挑选、搭配衣服，拒绝母亲提供的食物，坚持自己挑选玩具和绘本等。幼儿的偏好和自我选择日趋明显，并越来越多、越来越强烈地渗透到他们和父母的日常互动中，塑造着他们生活的点点滴滴。

正是由于自主意识的发展，幼儿似乎变得"不听话"，开始和父母"唱反调"，不达目的誓不罢休。研究发现，对于2岁的幼儿，积极抗拒父母的影响体现了幼儿自主意识的发展，而非不让人满意的教养方式和糟糕的亲子关系（Dix，Stewart，Gershoff，& Day，2007）。在这一特定阶段，高敏感性和高反应性的父母教养方式会推动幼儿自主意识的萌芽，以及与其相伴随的对父母产生影响的违抗行为的增加。但当母亲身陷抑郁情绪时，她们的幼儿就不会出现违抗行为增加的现象（Dix，Stewart，Gershoff，& Day，2007）。这也许表明，抑郁母亲的低敏感性、低反应性和偏于粗暴的教养方式可能会损害其幼儿自主意识的萌芽。相应地，她们的幼儿可能更倾向于逆来顺受，以避免母亲的责骂，而非彰显自主意识。

因此，自主意识的萌芽是幼儿社会性发展的重要里程碑事件。父母应当正确看待2岁幼儿的"反抗"行为，鼓励幼儿自主意识的正常表达和发展，并在必要的时候予以正面引导，而非一味愤怒地镇压。

五、共情的萌芽

共情（empathy）是幼儿期情绪发展的一大里程碑事件。共情往往被定义为表现出对他人不幸遭遇的关心和关爱，以期缓解他人的痛苦和悲伤（Zahn-Waxler，Robinson，& Emde，1992）。这个通用的共情概念包含了两个维度：其一，在情绪表达层面，对他人的不幸遭遇表达关爱和抚慰；其二，在行为倾向层面，通过亲社会行为缓解他人体验到的负性情绪。随着共情的发展，幼儿不仅能够理解他人的情绪状态，而且能和他人产生情绪共鸣，希望通过自己的行为帮助他人。共情的发展推动了儿童亲社会行为的产生（Svetlova，Nichols，& Brownell，2010），是儿童道德发展的重要基石（Hoffman，2000），也是人际交往中重要的情绪联结。因此，共情的萌芽进一步深化了幼儿与他人的社交联结，对幼儿的社会性发展具有重要的里程碑意义。

　　共情的实现需要诸多条件的支撑。具体而言，共情需要建立在幼儿认知和情绪发展的双重基础之上，需要幼儿准确解读他人的情绪表达并理解其含义，理解他人和自我的情绪状态是不一样的，并能够从他人的角度体会他人的情绪状态。以上诸多复杂认知和情绪能力的发展与交互作用才共同成就了幼儿共情能力的萌芽。

　　其中，幼儿能理解他人和自我的情绪状态的差异是其共情能力萌芽的必要条件之一（Zahn-Waxler & Radke-Yarrow，1990；Zahn-Waxler，Robinson，& Emde，1992），换言之，幼儿的自我意识以及了解自我与他人的区别是共情能力的必要认知基础之一。只有理解自我与他人的差异，幼儿才能去尝试理解他人的悲伤，才能试着去感受他人的悲伤。但对幼儿来说，他们的认知能力依然有限，特别是对于他人想法与动机的揣测这方面的能力较为薄弱。所以，他们通常通过解读更为直白的线索，如他人的面部表情、情绪表达和语言等来诱发共情（Svetlova，Nichols，& Brownell，2010）。等到幼儿进入学前阶段，换位思考的萌芽以及道德论证的发展会使他们在体察、感受他人的情绪和想法上实现质的飞跃。

　　幼儿的共情行为并非一成不变，而是会受到情境（尤其是共情对象）的影响。具体而言，幼儿对母亲表现出来的共情行为要显著高于其对陌生人表现出的共情行为（van der Mark，van IJzendoorn，& Bakermans-Kranenburg，2002；Young，Fox，& Zahn-Waxler，1999）。1.5—2岁的幼儿对母亲的共情行为呈现明显的上升趋势，对陌生人的共情行为则维持在较低的水平，无显著变化（van der Mark，van IJzendoorn，& Bakermans-Kranenburg，2002）。另外，幼儿对母亲的悲伤表现出更多的亲近、关切和亲社会行为（Robinson，Zahn-Waxler，& Emde，2001）。

　　此外，共情能力在幼儿中存在显著的个体差异，其差异被认为体现了先天和后天的共同影响。在后天方面，幼儿接触的父母教养方式，尤其是幼儿经历的情绪社会化过程，和其共情能力的水平有着密切的关系，关于这方面的论述将在后续的章节中具体讨论。而在先天方面，遗传因素能解释30%—40%的共情能力的个体差异（Zahn-Waxler，Radke-Yarrow，Wagner，& Chapman，1992）。其中，儿童的气质（temperament）被认为是先天遗传因素中导致共情能力个体差异的重要因素（Young，Fox，&

Zahn-Waxler，1999）。气质较为稳定地体现了儿童的个人特质，它在很大程度上受先天条件的影响，在婴幼儿期就已初现端倪，并通过幼儿的行为倾向得以表征。有部分学者认为，幼儿共情能力的个体差异可能正是其个体气质差异的体现（Rothbart，2007；Zahn-Waxler，Robinson，& Emde，1992）。儿童气质的一个重要方面体现为其对情绪唤起的调节能力。有些儿童的情绪唤起阈值较低，唤醒度也较高，因此这类儿童可能会过度纠结于他人的负性情绪体验，无法抽身去思考如何帮助他人解决问题。还有一些儿童的情绪唤起阈值较高，努力控制能力较好，注意力的弹性也较好，从而使他们能更好地关注如何帮他人排忧解难，而非一味沉浸于负性情绪的唤起（Rothbart，2007）。

为了考察幼儿气质对其共情能力的独特作用，有研究者专门招募了2岁的幼儿进行实验（Young，Fox，& Zahn-Waxler，1999）。他们认为，和学龄前儿童相比，2岁幼儿受父母情绪社会化的影响相对较小，因此，其共情能力的个体差异能更纯粹地体现出幼儿气质的个体差异。研究表明，幼儿气质中的一个重要维度——抑制（inhibition）倾向——与其对陌生人表现出的共情行为具有显著负相关，即抑制倾向越高的幼儿，对陌生人的不幸遭遇表现出的共情行为越少。而幼儿的抑制倾向与其指向母亲的共情行为不具有显著的相关。因此，幼儿的气质可能会影响幼儿在陌生情境下或对陌生人展现的共情行为。

第二节
家庭对幼儿社会性发展的影响及其机制分析

在上一节中，我们了解了幼儿期情绪发展的重要里程碑事件，而幼儿成长的家庭环境，特别是父母的教养方式，对幼儿情绪发展的影响不可小觑。接下来，我们将关注父母的教养方式与幼儿情绪发展的关系，探讨父母的教养方式是如何影响幼儿的情绪发展的。

一、父母的教养方式与幼儿复杂情绪的发展

父母的教养方式对于推动、塑造幼儿复杂情绪的发展起着至关重要的作用。随着幼儿自我意识的发展，他们开始格外关注、在意父母和他人对自己的评价，父母对他们的言行举止的反馈为幼儿认识自己、评价自己提供了素材。父母的评价和反馈还会被幼儿视为"规则"，因此，父母对幼儿的看法和幼儿复杂情绪的体验相关联。

那么，父母的教养方式如何影响幼儿复杂情绪的发展？这里可能涉及两个主要的影响机制。其一，父母的教养方式可能在与幼儿的日常互动中潜移默化地教导、影响着幼儿对于复杂情绪的理解和表达（Berk，2012）。我们之前提到过，复杂情绪具有很强的情境效应，复杂情绪的体验与对具体情境的认知和解读息息相关。在什么样的情境下应该体会到怎样的复杂情绪以及如何表达，都和父母的教导密不可分。

例如，幼儿在和同伴的互动中因为一个玩具而发生争执，接着咬了同伴，希望借此获得玩具的控制权。敏感型的父母能适时介入，制止幼儿的问题行为，指出其问题行为造成的后果，并指出幼儿应当为自己的行为感到内疚。在该情境中，幼儿可以理解到，当自己做了错事，应该体会到内疚的情绪。鉴于复杂情绪的情境效应，恰如其分地解读情境信息是诱发复杂情绪的必要条件。因此，父母的教导和帮助显得尤为重要。

其二，父母的教养方式可能通过父母在互动中提供的评价来影响幼儿的情绪发展（Berk，2012）。幼儿对父母评价的敏感性不断增加，他们倾向于将父母的外部评价作为"权威标准"来衡量自己的行为，并逐步将之吸收、内化，以在此基础上发展出内在的行为评判标准和自我意识（Kochanska & Aksan，1995）。因此，父母适时、恰当的评价会让幼儿对自己的行为有更准确、更恰当的认知，并发展出较为中肯的自我意识，在相应的情境下诱发合宜的复杂情绪；而父母延迟、措辞不当的评价会

让幼儿产生认知混淆，无法将父母的评价与自己的行为联系起来，或对自己的行为形成不当的评价，从而妨碍了健康的自我意识的发展，诱发不当的复杂情绪。

例如，在上述提及的幼儿因争抢玩具而咬同伴的情境下，有些父母情急之下可能会怒骂幼儿："你真是个坏孩子！""你怎么可以做这种事？"诸如此类的过于笼统且大而化之的评价将幼儿的焦点从问题行为本身移开。"你真是个坏孩子！"这句话着重评价幼儿本身的"属性"，对幼儿产生不良的暗示，容易让幼儿产生错误认知，给自己贴上"坏孩子"的标签。"你怎么可以做这件事？"这句话的评价焦点模糊，幼儿可能并不清楚自己究竟哪里做错了，从而难以起到警示、教导的作用。在这两种情境下，父母的不当评价都更容易诱发幼儿不当的、被强化的复杂情绪，如高强度的羞愧，而非内疚（Kelley，Brownell，& Campbell，2000）。

反之，父母如实、恰当的评价能让幼儿受益匪浅。有些父母评价的重点会放在让幼儿知道"咬"这个行为是不对的，以及如何改正这一错误行为上。他们可能会说："我们不应该咬小朋友。如果你真的很想玩这个玩具，可以和小朋友商量，两个人轮流玩。"这样的评价焦点明确、指向清晰，并没有盲目地将单一的问题行为和幼儿的"属性"相挂钩，能让幼儿更准确地了解自己的问题所在，同时教给孩子在该情境下更合宜的应对办法。类似的评价能诱发合适、恰当的复杂情绪，有助于幼儿对复杂情绪的理解（Kelley，Brownell，& Campbell，2000）。

二、父母的教养方式与幼儿情绪调节的发展

父母的教养方式对幼儿的情绪调节能力的发展所起的作用尤为重要。什么样的教养行为能推动幼儿的情绪调节能力的发展呢？

首先，父母应该理解、认同幼儿的情绪体验，同时为幼儿设置必要的界限，而非一味放纵（Berk，2012）。以幼儿的情绪失控为例，在之前提到的超市买玩具不被允许的情境中，幼儿可能会情绪失控，出现大哭大闹。在这种情况下，有些父母可能会怒骂幼儿，企图立刻镇压幼儿过激的情绪表达，但这种粗暴的方式往往会适得其反，因为父母的怒骂无益于疏

导幼儿因愿望无法达成而产生的愤懑情绪，反而会进一步诱发幼儿的负性情绪反应，使原本已经无法控制的情绪更加汹涌澎湃。也有一些父母迫于压力，被幼儿过激的情绪表达胁迫，转而改变主意，同意购买幼儿想要的玩具。这样，虽然能在表面上收到即时的效果，让幼儿停止发脾气，但长远来看，亦无益于幼儿的情绪发展。因为幼儿从父母的退让中学会了将情绪作为胁迫父母的工具，通过不恰当的、夸张的情绪表达来实现自己的目的。一旦这种认知形成固定模式，幼儿就会一而再，再而三地情绪失控，干扰健康的情绪调节能力的发展。因此，以上两种处理方式均不可取。在理想的情况下，父母要让幼儿知道，父母可以理解幼儿没有买到玩具的沮丧心情，让幼儿知道自己的情绪体验是被理解、被重视的。同时，父母可以带着幼儿离开玩具区，为幼儿提供其他的可以接受的替代选择，如让幼儿挑选他喜欢的零食。这种方式把幼儿和引起其情绪反应的诱发物隔离开来，能从源头上解决幼儿的情绪反应，同时，通过分散幼儿的注意力，能有效地帮助幼儿控制情绪，不至于失控。采用这种方式的父母，他们的幼儿能从中受益，在日后展现出更有效的情绪调节能力和更好的社会交往技能（Lecuyer & Houck，2006）。

其次，父母应当鼓励幼儿运用新近习得的语言能力，尽可能地表达自己的内在情绪体验（Berk，2012）。父母在日常互动中应鼓励幼儿用情绪词汇来表达自己的情绪，但在一开始可能需要父母帮助幼儿将情绪词汇与其情绪体验一一对应。比如，当幼儿因为心爱的玩具被弄坏而大哭时，父母可以问他："你现在是不是很伤心？"当幼儿因为没能买到喜爱的玩具而发脾气时，父母可以说："你现在是不是很生气？"当幼儿哈哈大笑的时候，父母可以说："你看起来好开心。"类似的关于情绪体验的交谈能够帮助幼儿在情绪词汇和情绪体验之间建立对应的关系，从而帮助他们掌握情绪词汇的内涵，以便运用情绪词汇来表达情绪。这种以情绪体验为主题的亲子交谈也被认为是父母情绪社会化的重要步骤（Eisenberg，Cumberland，& Spinrad，1998）。

三、父母的教养方式与幼儿自我概念的发展

幼儿的自我概念在幼儿期的后半阶段（1.5—2岁）经历着里程碑式的

发展。从无法辨别镜中的自我影像到能轻松辨认出镜中的自己，这看似微小的进步却代表着幼儿在自我概念发展中的重要突破。这一重要突破被认为建立在两大几乎同等重要的影响因素的基础之上——幼儿的认知发展和其所浸润的家庭成长环境。

在众多影响幼儿自我概念发展的家庭因素中，父母和幼儿间形成的依恋关系是不可忽视的一个影响因素。有研究表明，幼儿自我概念的发展与其依恋关系的类型有关。如图3-2所示，和与父母形成非安全型依恋的幼儿相比，与父母形成安全型依恋的幼儿总体来说在2—3岁时有更高的自我概念得分，尽管两者在1岁时的差距并不显著（Pipp，Easterbrooks，& Harmon，1992）。这表明，和父母形成安全型依恋或许有助于推动幼儿期自我概念的发展。

安全型依恋之所以能推动幼儿自我概念的发展，也许是因为安全型依恋的儿童会更愿意探索新奇的环境，而这种探索体验本身对婴幼儿的认知发展具有促进作用，为其自我概念的发展奠定了认知基础。

除了依恋关系，父母的教养方式也对幼儿的自我概念发展产生不可忽视的影响。一项跨文化的长时追踪研究考察了婴儿3个月月龄时父母的教养方式和其18—20个月月龄时自我概念的关系（Keller，Yovsi，Borke，Kärtner，Jensen，& Papaligoura，2004）。

该研究发现，母亲在婴儿3个月时的教养方式和幼儿的自我概念密切相关。具体而言，该研究发现了三种不同的教养方式：（1）紧密型教养方式（proximal style），即母亲会和婴儿维持密切的接触（如肢体的抚触），

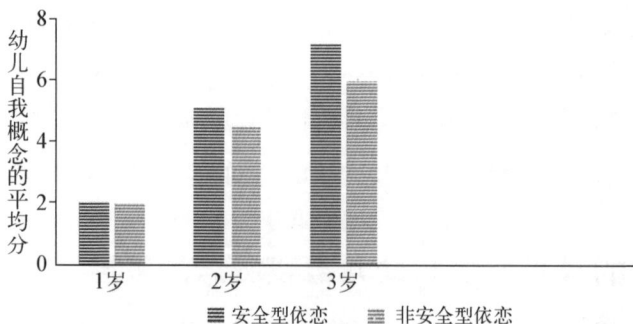

图3-2　基于依恋关系类型的幼儿自我概念的平均分

这种教养方式的核心理念在于培育幼儿和家人间的相互依赖与合作互惠；
（2）疏远型教养方式（distal style），这种教养方式着重于培养幼儿的独立
精神和自主意识，以面对面的交流和用物体刺激幼儿的感官为主；（3）紧
密型和疏远型兼具的教养方式，这种教养方式同时具备以上两种教养方式
的特征，在核心理念上也体现了兼收并蓄的特点。研究表明，和其他两种
类型的教养方式相比，接受疏远型教养方式的幼儿具备自我概念的比例最
高。这也许是因为以培育幼儿的自我意识和独立精神为导向的教养方式，
能更好地鼓励、推动幼儿的自我概念的萌芽。这种推动可能通过日常言语
交流或认知刺激对幼儿产生影响，从而使其更快地认识到，自我是一个区
别于他人的独立、独特且不可替代的存在。

四、父母的教养方式与幼儿共情的发展

虽然幼儿共情能力的发展在一定程度上与其先天条件相关联，但后天
的成长环境，特别是父母与儿童日常互动的点滴都在潜移默化中影响、推
动着幼儿共情能力的发展。如果说先天因素会从情绪层面影响幼儿的情绪
唤起的阈值和唤起度，后天因素则会侧重从认知和行为的层面影响幼儿对
共情的理解、把握和实践。

父母教养方式中的多个维度都被证实能推动幼儿共情能力的发展，
包括母亲的温暖、敏感性以及安全型依恋等（Kestenbaum, Farber, &
Sroufe, 1989；Robinson, Zahn-Waxler, & Emde, 1994）。它们之所以
能推动幼儿共情能力的发展是因为父母对幼儿表现出的关心和爱护，在
无形之中潜移默化地影响着幼儿对关爱他人的积极态度。高敏感性、高
反应性的父母亦需要具备共情的能力，对幼儿的不适和悲伤感同身受，
并及时给予必要的干预，缓解幼儿的负性体验。因此，父母在展示高敏
感性、高反应性教养方式的同时，亦为幼儿示范了什么是共情。从这个
角度出发，温暖、敏感、高反应性的父母教养方式为幼儿共情的发展提
供了绝好的范本，让幼儿从细微处实实在在地感受到共情的内涵，以及
如何真正共情他人。

除此之外，父母的情绪社会化，特别是对共情能力的培养，也被证

实能推动幼儿共情能力的发展（Farrant，Devine，Maybery，& Fletcher，2012；Kiang，Moreno，& Robinson，2004）。父母对共情的态度能通过与幼儿的日常言语交流、行为和情绪反应切实地体现出来，并被幼儿感知到（Kiang，Moreno，& Robinson，2004）。当父母对共情持积极态度时，这种态度会不自觉地渗透到其与幼儿的亲子互动中，并进一步影响幼儿对共情的理解和认知，从而推动幼儿共情能力的发展。

实践专栏

如何促进幼儿自我概念的发展？

自我概念的萌芽是幼儿期社会性发展的一个重要环节。自我概念的发展能使幼儿把自己和他人区分开来，是幼儿社会化进程中重要的里程碑。

父母可以从以下两方面着手促进幼儿自我概念的发展：

1. 小游戏

一些寓教于乐的小游戏可以促进幼儿自我概念的发展。比如，可以让幼儿多照照镜子，引导幼儿通过发型、服饰、动作、表情等细节来辨认镜中的小朋友。随着幼儿认知能力的发展，这类小游戏能增强他们的自我概念。

2. 鼓励幼儿认识并表达自我的意愿和喜好

在和幼儿互动时，父母可以试着鼓励幼儿表达自己的意愿和喜好，并鼓励幼儿自己进行选择。类似的活动可以从简单的日常吃、穿、玩开始。例如，鼓励幼儿选择爱吃的蔬菜，选择喜欢的衣服或玩具；在周末出游的时候，鼓励幼儿选择想去的地方等。

本章小结

    幼儿期是儿童早期发展中承上启下的重要阶段。一方面，自婴儿期积累的诸多发展的量变开始转变为初步的质变；另一方面，幼儿在语言、认知、情绪、大动作和精细动作等方面呈现出的进一步发展和细化，为幼儿在即将到来的学龄前期的早期发展奠定了重要基础。

    需要指出的是，婴儿期、幼儿期和学龄前期并没有泾渭分明的分界线，也不是断裂式的发展阶段。更多时候，在个人层面，儿童的发展阶段会呈现显著的个体差异或领域差异。比如，有些儿童在某些领域的发展较为突出，而在另外一些领域的发展较为迟缓。这些正常的波动恰恰体现了发展的多样性。

    另外，儿童的发展往往建立在早期发展的基础上，一些处于萌芽阶段的能力会在发展的过程中融入新的特征，甚至改头换面，但这并不意味着低阶能力和高阶能力的置换，而是意味着初步的、低阶的能力在发展中与新近习得的高阶能力融合，从而为高阶能力的萌芽和巩固提供比较坚实的基础。

第四章
家庭与学龄前儿童的社会性发展

  经历了婴儿期和幼儿期的积累，进入学龄前阶段（3—5岁）的儿童在情绪、认知、语言、社会交往等诸多方面均突飞猛进。在这一阶段，儿童的社会性发展基本沿着两条紧密相连的轨道前进：一方面，学龄前儿童的社会化（socialization）进程如火如荼，在父母的帮助下，儿童对社会规则、文化理念、道德规范等意识形态领域的了解不断加深；另一方面，学龄前儿童的自我构建（personality formation）也日趋丰富和复杂。

  以自主意识和自我概念为核心，学龄前儿童处处彰显具有自己特色的情绪体验，认知和行为模式开始形成，并且在与他人的互动中不断强化和巩固。

第一节
学龄前儿童社会性发展的里程碑事件

围绕自主意识和自我概念这两个核心，学龄前儿童在情绪、认知和行为这三大发展领域发生一系列社会性发展里程碑事件（见表4-1）。接下来，我们将逐一阐述这些事件。

表 4-1　学龄前儿童社会性发展的里程碑事件

学龄前儿童的社会性发展里程碑事件		
情绪发展	• 复杂情绪成为自我评价的工具 • 情绪表达规则的进一步内化	
认知发展	• 自我同一性的萌芽 • 性别意识的萌芽 • 社会认知的发展	• 情绪、认知、行为层面的自我调节能力进一步增强
行为发展	• 亲社会行为的发展	

一、自我调节能力进一步增强

之前的章节中已提到，婴幼儿的情绪自我调节能力的发展由依赖父母的外部调节机制向发展自我的内部调节机制过渡。父母的外部调节机制是否能及时、有效地缓解让婴儿感到不适的情绪唤起，父母的情绪社会化是否能卓有成效地帮助幼儿了解情绪并习得合宜的情绪表达和行之有效的情绪调节策略，幼儿是否能有效地运用语言来进行情绪调节等诸多因素，都切实地塑造着婴幼儿的情绪调节。

然而，自我调节作为情绪调节的上位概念之一，其内涵和外延并不仅仅局限于自我情绪调节，还包括调节自我的认知和行为。自我调节能力，即对自我的情绪、认知和行为进行有效调节，是儿童早期发展中的重中之重。

从婴幼儿期到学龄前期，儿童的自我调节技能不断扩展和深化，使他们能够分配注意力、避免分心，从而更好地完成当前的任务；使他们能够暂时放下心中的不快，愿意和同伴分享自己喜爱的玩具；使他们能够在和同伴交往的时候抑制攻击性或其他不适宜的行为，以更好地融入群体。此外，自我调节能力之所以如此重要，其原因还在于其应用极其广泛，几乎涵盖儿童发展的各个重要领域，对儿童日后的社会交往、学业成就具有不可替代的作用（Cunningham & Zelazo，2010；Lightfoot，Cole，& Cole，2013）。

儿童在这一时期的自我调节能力的发展与大脑结构和功能的发展息息相关。例如，在婴幼儿期，有限的自我调节能力大多由大脑中的定位系统来完成；而在学龄前期，自我调节能力开始转由大脑的执行系统来完成（Rothbart，Sheese，Rueda，& Posner，2011）。早期的定位系统依赖大脑顶叶和前额叶之间的联结，而后期的执行系统更多地利用中期额叶和前扣带皮质等大脑区域之间的联结来实现（Rothbart，Sheese，Rueda，& Posner，2011）。

本章节将重点关注学龄前儿童在情绪、认知和行为领域的自我调节能力。

（一）认知和行为的自我调节

自我调节能力包括对自我的注意力、想法、行为等层面的宏观调控。以绘画创作为例，为了完成一个作品，儿童需要执行多项自我调节任务，包括形成一个既定目标（如完成一幅绘画作品），对目标的实施进行实时监控和更新（如已经完成了哪些步骤，还需要进行哪些创作），集中注意力，抵御创作过程中可能出现的对注意力的干扰，以及为可能出现的问题和阻碍提供解决方案（如线条画歪了、颜色用错了等）。因此，完成一个任务往往需要儿童有效地调动、分配自我资源，使其注意力、行为等都为完成同一个目标而服务。

在学龄前阶段，有一项重要的自我调节能力——努力控制能力，即儿童抑制优势行为冲动而执行非优势行为的能力将飞速发展（Kochanska & Aksan，2006；Rothbart & Bates，1998）。努力控制能力在婴儿期萌芽，而其快速发展出现在学龄前阶段（Bell & Deater-Deckard，2007；Rothbart & Bates，2006）。努力控制能力不仅对儿童完成认知任务有重要的作用，而且在很大程度上影响着儿童的社会交往。比如，融入同伴群体或取悦父母都需要儿童的努力控制能力的积极参与。

努力控制能力是儿童个人气质的重要组成部分，具有较高的稳定性。之前的研究发现，儿童努力控制能力的个体差异会在儿童的成长环境和儿童发展之间发挥调节的作用（Choe，Olson，& Sameroff，2014；Lengua，2002）。儿童的高努力控制可以对儿童起到保护作用，减轻其承受的不利成长环境（如母亲的抑郁情绪）的戕害，从而在不利成长环境与儿童健康发展之间起到缓冲的作用。反之，儿童的低努力控制可以放大不利成长环境的损害，使儿童更有可能出现发展障碍。

例如，一个长时追踪的实证研究探查了儿童的努力控制能力是否会在母亲的抑郁情绪和其外显行为问题间起到调节作用，即努力控制水平不同的儿童是否会受到不同程度的母亲抑郁的影响，从而在外显行为问题的发展上产生差异（Choe，Olson，& Sameroff，2014）。该研究的结果支持了儿童努力控制能力的调节作用。和具有高努力控制的被试组相比，具有低努力控制的儿童在学龄前期更多地受到母亲抑郁情绪的影响，其后期的外显行为问题也较为严重。

那么，如何探查儿童的努力控制水平呢？下面让我们一起关注儿童努力控制能力的研究范式——整理实验。

整理实验（clean-up procedure）是一个研究儿童努力控制能力的经典研究范式（Kochanska & Aksan，1995）。在该研究范式中，研究者将学龄前儿童和他们的母亲随机分配到两种实验情境中。在第一种实验情境中，研究在儿童的家中进行。研究者为儿童提供了很多有意思的玩具。在儿童玩得意犹未尽的时候，母亲会让儿童停止玩耍，并把这些玩具收拾起来。

在该实验情境中，只有大约10%的儿童会公然抵抗母亲的要求，继续玩耍。一部分儿童会欣然顺应母亲的要求，展现出"绝对型服从"（committed compliance）。而大部分儿童表现出"情境型服从"（situational compliance），即他们需要在母亲不停地敦促、提醒下，才会不情愿地放下手中的玩具。在这个实验情境中，要做到遵从母亲的命令中止玩耍，无疑需要儿童运用其努力控制能力。

该研究范式的第二种实验情境是在实验室里，和"被禁止的玩具"（forbidden toys）这一研究范式有异曲同工之妙。在实验室的架子中陈列着许多诱人的玩具，儿童被母亲告知不能随意触碰架子上的玩具。几分钟后，母亲会短暂地离开实验室，留下儿童独自一人面对满架子的诱人玩具。这个实验情境旨在考察，在母亲不在身边的情况下，儿童是否依然能够抵制诱惑，遵从母亲的命令。

在该实验情境中，在母亲不在身边监督的情况下，绝大部分儿童顺应了母亲的要求，没有触碰架子上的玩具。并且，他们还不忘自我提醒，嘴里会说"我们不应该碰它们"。"我们"这一词生动地体现了儿童对母亲指令的认同和内化。这意味着，他们从心底认同母亲的指令，而不是在被母亲监督的情况下表现出的权宜之计。

为什么在以上两种平行的实验情境中，学龄前儿童对母亲指令的服从会具有差异性呢？其中一个重要原因恐怕在于努力控制行为的困难性。在第一种情境下，儿童必须终止正在进行中的玩耍以服从母亲的指令，因此需要较高的努力控制能力。而在第二种情境下，儿童自始至终没有介入玩耍，抑制想要玩的欲望与终止进行中的玩耍相比，需要的努力控制能力较低，也因此相对容易付诸实施。

（二）情绪的自我调节

除了认知和行为层面的自我调节，情绪层面的自我调节也在学龄前期有了长足发展。幼儿期萌芽的复杂情绪（如骄傲、自豪、内疚、妒忌等）在学龄前期继续发展。这些复杂情绪和基本情绪一起为儿童社会交往的拓展和深化提供了可能（Witherington & Crichton，2007）。学龄前期的儿童开始认识到他们的情绪体验和情绪表达会对他人产生影响，开始试着更有效地在社会交往中控制自己的情绪，甚至开始在必要的时候隐藏自己的情绪。

首先，情绪调节策略在儿童早期发展的过程中不断丰富和进化（Saarni，2007；Thompson & Newton，2010）。

在让他们觉得反感的情境中，儿童最初会通过闭上眼睛、扭头或用双手蒙住耳朵来减少不悦信息的摄入。之后，儿童学会了运用转移注意力的方法来调节负性情绪的唤起，他们会离开让其不悦的情境，通过参与让其愉悦的活动来调节负性情绪。随着语言能力的发展，儿童开始运用语言来更有效地调节情绪，并开始更多地运用认知重评，即认知层面的情绪调节策略来重新解读使其不悦的情境。比如，当一个小朋友拒绝分享他的玩具时，儿童可能会自我安慰（"反正我本来就不想玩这个玩具，这个玩具一点也不好玩"）或自我鼓励（"妈妈说我是一个乖孩子，我才不和他生气"）等。这种认知重评的策略和之前的初步、外在的情绪调节策略相比，无疑是一个巨大的进步。

学龄前儿童情绪调节策略的丰富和深化，除了能使儿童更有效地在社会交往中控制自己的失望、沮丧、伤心等负性情绪唤起外，还能推动其共情以及亲社会行为的发展。研究发现，和情绪自我调节能力较弱的儿童相比，情绪自我调节能力较强的儿童更有可能对同伴的不幸遭遇产生共情，也更有可能为同伴提供帮助（Eisenberg，2010）。因此，掌握有效的情绪调节策略能使儿童在同伴交往中展现更多的亲社会行为，而后者往往和儿童的受欢迎度以及良好的同伴关系密切相关（Lightfoot，Cole，& Cole，2013）。

其次，儿童不仅需要运用情绪调节策略来有效地调节自我的情绪唤起，而且需要用其来调节自我的情绪表达。

婴儿并不具备调节自我情绪表达的能力。其情绪体验的效价和强度往往与情绪表达呈现直接的、一一对应的关系。在负性情绪唤起的情境下，他们会毫无顾忌地放声大哭，并不会顾及场合。对幼儿来说，情绪表达的调节功能依然相当差，尤其是在高强度的负性情绪唤起的情境下。例如，在超市购物时，幼儿因为母亲拒绝购买让其心动的玩具而号啕大哭，让行人纷纷侧目，这样的情况并不少见。而在低强度的负性情绪唤起的情境下，复杂情绪的萌芽开始驱使幼儿展现出一定程度的情绪表达的调节。

到了学龄前期，儿童对于情绪表达的认知进一步深化。他们开始意识到，人们的情绪表达并不一定要和其真实的情绪体验相契合：人们的情绪表达有情境性，他们可能会为了礼貌或特定的社交目的（如避免被人嘲笑）而选择隐藏甚至伪装自己的情绪表达（Saarni，Campos，Camras，& Witherington，2006）。例如，一个人不小心滑倒，尽管很疼，但他可能会快速站起来，挤出也许并不自然的微笑，假装什么事都没有发生。在上述情境中，学龄前儿童已经具备了辨别当事人试图假装微笑的能力。另外，和同龄的男孩相比，女孩的情绪发展水平更高，她们不但更善于甄别他人伪装的情绪表达，也更善于隐藏、伪装自己的情绪表达（Saarni，Campos，Camras，& Witherington，2006）。

综上所述，学龄前儿童对自我的情绪唤起和情绪表达的调节能力得到进一步发展。自我情绪调节的能力和洞察他人情绪状态、情绪体验的能力一起融汇成为早期儿童社会情绪发展的核心技能（socioemotional competence）（Saarni，2007）。这些核心技能一旦在学龄前期形成，便会在儿童后续的社会性发展中发挥持久而深远的作用，深刻地影响儿童在学龄阶段、青春期，乃至成年后的同伴关系和社会交往。

二、自我同一性的萌芽

儿童自我认知的发展是一个长期的过程，贯穿儿童发展的学龄前期、学龄期、青春期，乃至成年期。对自我的认知体现了儿童与其成长环境之间的交互作用。换言之，儿童对自我的认知在很大程度上体现了其对成长环境的解读，包括原生家庭、同伴关系、师生关系等。因此，稳定的成长环境有助于儿童自我认知的稳定发展，而不稳定的成长环境会对儿童的自我认知产生威胁，并催生自我认知的变化。

自我同一性是儿童自我认知的一个重要指标。发展心理学家认为，自我同一性的内涵包括主观自我同一性（the I-self）和客观自我同一性(the me-self）两个维度（Lightfoot，Cole，& Cole，2013）。主观自我同一性主要指儿童对自我作为一个独立个体的主观体验；客观自我同一性主要指儿童对自我的客观特征的认知，例如，外貌特征、能力或其他不随主观意志改变的客观属性。主观自我同一性和客观自我同一性相辅相成，在儿童的社会认知发展过程中相互影响。

在学龄前阶段，随着儿童自我概念的逐步明晰以及自主意识的崛起，自我作为一个独立的社会存在的属性开始在儿童认知中形成。在此基础上，他们对自我的认知也日渐清晰和丰满，这标志着儿童的自我同一性（personal identity）初步萌芽。

对于学龄前的儿童，他们对自我同一性的认知还处于初级阶段。因此，他们对自己的描述大部分时候会围绕客观自我同一性展开，如自己的外貌特征、喜欢的玩具和游戏，以及自己具有哪些行为、能力等较为零散的细节。而对于自己的性格、气质等内在主观属性，学龄前儿童鲜有涉及。

举个具体的例子，学龄前儿童对自己的描述通常是这样的："我今年3岁了。我和我的爸爸、妈妈一起住在上海。我的眼睛是棕色的，头发是黑色的。我最喜欢恐龙，家里有很多有关恐龙的书。我喜欢和爸爸、妈妈一起玩，喜欢他们带我去动物园和水族馆。我会数数，认识A、B、C、D这些字母，还会唱字母歌……"

在上述典型的学龄前儿童的自我描述中，可以看到该年龄段的儿童往往通过描述其家庭成员、外貌特征、喜欢的玩具、喜欢做的事和自己的能力等细节化的外在特征来界定自己，而且对于各个特征的描述较为松散、零碎，不成体系。

此外，囿于认知发展的局限，学龄前儿童的自我描述通常过于乐观，他们更倾向于从积极的方面对自己进行评价。这是由于学龄前儿童尚不能够区分"真实的自我"和"理想的自我"，对自我的能力和愿望的认知相互混淆（Lightfoot，Cole，& Cole，2013）。例如，一个儿童可能会说"我认识所有的字母"，尽管他实际认识的只有A、B、C这三个字母而已。在上述例子中，儿童的真实能力（只认识三个字母）和他的愿望（认识所有的字母）并没有清晰的分界线。这一现象在成人眼中有吹牛之嫌，却在学龄前儿童中极为普遍。一直到学龄期，儿童才能逐渐辨析"现实的自我"和"理想的自我"这两者间的差异。

总之，自我同一性的建构是一个耗时良久的大型工程。从学龄前期萌芽开始，自我同一性的发展跨越了学龄期、青少年期，直至成年期。在儿童社会性发展的过程中，他们通过观察和吸纳他人（特别是父母、同伴等）的评价不断刷新、建构着自我认知，而自我认知也在发展的过程中不断深化和丰富，从以外在的客观特征为主逐渐向以内在的主观表述过渡。

三、性别意识的萌芽

婴儿的性别特征并不明显，以至有时候人们难以凭借外貌来确定婴儿的性别。但到了学龄前阶段，儿童的性别特征已经相当清晰，从发型、服装、外貌到言行举止，无一例外地明确指向儿童的性别。而就儿童自身的性别认知而言，日渐清晰的性别特征实则与儿童的性别意识的萌芽密不可分。

性别意识的萌芽是学龄前阶段儿童社会性发展的另一个不容忽视的里程碑事件。作为自我同一性发展（identity development）的重要组成部分，性别意识的发展也是儿童社会化过程中不可或缺的一环。在性别意识的指引下，儿童的群体认同感开始凸显，并相应地开始在认知、行为和其他外在特征等方面有意识地向自己认同的目标群体靠拢。

性别意识的萌芽具体表现在，学龄前儿童开始越来越多地认识到并关注自己的性别。性别意识开始点点滴滴地渗透到儿童日常生活和社会交往的方方面面，性别差异日趋明显。

例如，学龄前期的男孩和女孩开始呈现与各自的性别特征相契合的、迥异的选择玩具的偏好：男孩更喜欢卡车、飞机、汽车等机械类玩具，而女孩更喜欢洋娃娃等模拟日常生活场景的玩具。男孩和女孩参与的游戏也各具性别特色，男孩更喜欢活泼的、运动型的游戏和需要用到大量大动作的游戏，而女孩更中意细腻的、关怀类的游戏，如过家家类的游戏。此外，性别差异还在儿童的行为中体现得淋漓尽致。性别分化（gender segregation）现象亦开始出现（Berk，2012），其具体表现为，学龄前期的男孩和女孩更愿意和同性别的伙伴一起玩耍。

发展心理学的理论流派从不同的角度对学龄前儿童性别意识的发展进行了阐述。在这个章节中，我们将关注其中三个极具代表性的理论流派，即社会学习理论、认知发展理论和性别图式理论。

（一）社会学习理论

社会学习理论（social learning theory）认为，儿童性别意识的发展受两方面机制的影响（Lightfoot，Cole，& Cole，2013）。

其一，模仿（modeling）。这主要指儿童在和父母的互动过程中会通过观察、模仿来习得和其性别一致的行为特征。例如，女孩通过观察母亲的举手投足、言行举止来习得女性的性别特征。裙子、高跟鞋等极具女性特色的服饰，以及口红、项链等化妆品和配饰都会在女孩的心目中和女性形象画上等号。

其二，差别强化（differential reinforcement）。这主要指父母对儿童的特定行为的反馈和奖惩会对儿童的行为起到强化或抑制的作用。例如，男孩在挑选玩具的时候看中了一个穿着粉色丝裙的芭比娃娃，母亲可能会表示反对，指出芭比娃娃是女孩的专利，而男孩应该去挑选汽车、变形金刚等玩具。母亲的这些反馈在无形中影响了男孩选择玩具的偏好，强化了男孩的性别属性。

当然，除了父母外，社会学习理论认为，儿童还会通过兄弟姐妹、同伴、亲朋，乃至大众媒体等习得相应的性别属性（Baker，Tisak，& Tisak，2016；Rust，Golombok，Hines，Johnston，& Golding，2000；Levy，Sadovsky，& Troseth，2000；Lindsey，2016）。例如，在一个追踪了5 000多个学龄前儿童的长程研究中，研究者发现，拥有一个长兄的男孩和拥有一个长姐的女孩，表现出了最多彰显性别属性的行为（Levy，Sadovsky，& Troseth，2000）。另一个长程追踪研究支持了同伴对儿童性别发展的影响。研究发现，在1岁时和同性玩耍较多的男孩，在学龄前期会出现较多的生气情绪；而在1岁时和同性玩耍较多的女孩，会出现较多的伤心情绪（Lindsey，2016）。

（二）认知发展理论

和社会学习理论强调外界对儿童的性别发展的影响相区分，认知发展理论（cognitive-developmental theory）更多地强调儿童在其性别建构中的主动性和主体作用（Kohlberg，1966）。科尔伯格（Kohlberg，1966）提出，儿童主动构建了其性别概念，而性别概念的发展在很大程度上依赖儿童的认知发展。他进一步认为，儿童性别意识的发展经历了三个阶段。

第一阶段：初步的性别认知。3岁左右的学龄前儿童能够区分自己的性别，开始有了明确的性别观念。

第二阶段：性别稳定性（gender-role stability）的认知。在初步的性别认知的基础上，学龄前儿童进一步认识到，人的性别属性是稳定的、持续一生的，并不会随着年龄的增长而变化。

第三阶段：性别恒常性（gender-role constancy）的认知。在这一阶段，学龄前儿童认识到，性别属性的稳定性不仅体现在时间的延续上，还体现在它不会随着情境的变化而改变。例如，即便男孩穿着裙子，也并不意味着他就变成了女孩。同样，即便女孩热衷于男孩的玩具卡车，也并不意味着她就变成了男孩。

性别概念发展的这三个阶段得到了实证研究的支持（Szkrybalo & Ruble，1999）。只有当儿童达到了第三阶段的性别认知，才能在真正意义上发展出性别意识，而后续的性别认同感和关于性别属性的认知都建立在这些基础性的性别认知之上。

（三）性别图式理论

性别图式理论（gender schema theory）在上述社会学习理论和认知发展理论的基础上，对儿童性别意识的发展进行了扩展和补充。换句话说，性别图式理论兼收并蓄地吸收和引申了社会学习理论和认知发展理论。

具体而言，性别图式理论同样强调环境对儿童性别认知发展所起的作用。和社会学习理论不同的是，性别图式理论认为环境对于儿童性别意识发展的影响是间接的，即环境通过塑造儿童的性别图式（gender schema）来影响儿童性别意识的发展。性别图式是一种认知图式，它储存着关于

性别属性的信息，能帮助儿童更好地处理与性别相关的信息（Lightfoot,
Cole, & Cole, 2013），例如，具有性别特色的服饰、颜色、游戏和玩具的
选择等。这种性别图式一旦形成，便会在潜意识中指导儿童对环境中的信
息选择性地关注和摄入，并引领儿童展现出与其性别属性一致的言行举止
（Martin & Ruble, 2010）。

　　此外，性别图式理论和认知发展理论的区别在于，性别图式理论并
不赞同认知发展理论关于性别认知发展的阶段性陈述。性别图式理论认
为，性别意识的习得和发展是一个循序渐进的连续过程，将其进行人为的
阶段性划分难免有失偏颇。远在儿童发展出性别恒常性的认知之前，其
关于性别属性的认知就已经在不断积累和发展，这些与性别相关的认知
也在不同程度上对儿童的行为举止和偏好产生了影响。因此，如图4-1所
示，性别图式理论关于性别信息的处理在一定程度上借鉴了信息处理理论
（information processing theory）。

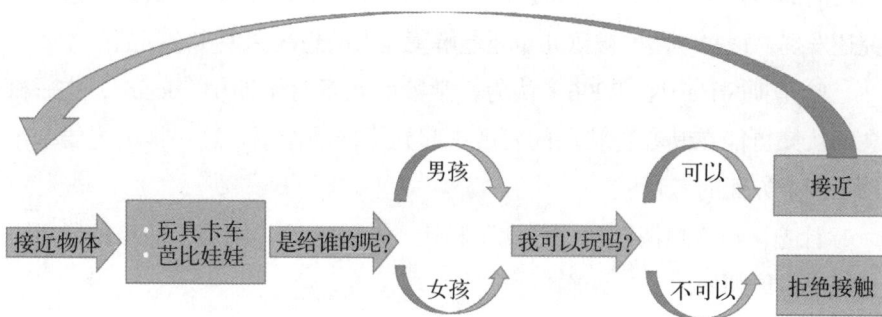

图4-1　性别图式理论的性别信息处理图示

四、社会认知的发展

　　除了自我同一性和性别意识的萌芽，学龄前儿童其他层面的社会认
知亦有长足的进步。具体而言，学龄前儿童对于自我和他人的心智状态
（mental states）的认知上升到了新的高度：他们开始具备清晰地体察自我
和他人的目标、意愿、动机和信念的能力；他们开始能辨别人们行为背后
的内在动机、目标和信念；他们开始主动地对外界的信息进行实时的多方

位监控和有选择的吸纳（Harris，2006）。以上这些能力的展现标志着学龄前儿童的社会认知的里程碑式发展。

（一）期望和动机

1岁6个月以上的幼儿开始了解并谈论自己的意愿。和幼儿相比，学龄前儿童不仅对自己的主观意愿有了更清晰的认知，还初步具备了觉察自己的主观意愿和客观现实之间落差的认知能力（Harris，2006）。

譬如，在一项针对1.5—5岁儿童的实证研究中，研究者对幼儿和学龄前儿童对自我愿望的陈述进行了分析（Bartsch & Wellman，1995）。他们发现，这些儿童对自我愿望的陈述基本上可以归纳为两个大类：（1）描述想法和信念的词汇（例如，"想""知道"等）；（2）描述期望的词汇（例如，"想要""希望"等）。进一步的研究表明，1.5—2岁的幼儿已经开始使用描述期望的词汇，而学龄前儿童更进一步，开始能够陈述他们的主观期许和实际结果之间的落差（例如，"我很想养一条狗，但是我不能养"）。此外，这个研究还发现，这些学龄前被试儿童还能解读他人的想法和现实之间的落差。

哈里斯（Harris，2006）认为，学龄前儿童对于期望（desire）这一概念的认知可能在其心智状态的发展中起到了推动作用。这一推论主要基于以下四个方面的考量：

首先，与"想法"和"信念"相比，儿童谈论"期望"的年龄段更小且谈论得更频繁。

其次，尽管父母会在和儿童交流时更多地使用暗示"想法"和"信念"的词汇，但是儿童显然并不受此影响，依然倾向于在自我表述中频繁地引入涉及"期望"的语句。

再次，跨文化的研究亦发现，儿童对于"期望"的强调具有跨文化的普适性——在美国儿童和中国儿童中都发现了对"期望"的强调（Tardif & Wellman，2000）。

最后，除了正常儿童群体，这一现象在特殊儿童群体中亦得到了支持（如自闭症儿童）。虽然自闭症儿童通常伴有不同程度的认知障碍，无法正确地解读自我和他人的想法，但是这一认知障碍似乎并不妨碍他们在表述中提及自己的期望（Tager-Flusberg，1993）。

　　此外，学龄前儿童对期望的认知还和他们对动机（intention）的认知有较大关系。这两者之间的关系可以在皮亚杰的理论中找到理论支撑。具体而言，皮亚杰试图在道德评判的语境中探查儿童对动机的理解。他发现，将肇事者的动机作为对其进行道德评判的主要依据在年幼的儿童中较为少见，相较而言，他们更愿意用后果的严重程度对肇事者进行道德评判（Harris，2006）。

　　而学龄前儿童开始逐渐意识到，除了后果，行为背后的动机也是不可忽视的。例如，一个小朋友打破了家中的花瓶，他可能会在和父母道歉的时候说："对不起，我不是故意的。"这句话在学龄前儿童做错事时被广泛且高频地使用。其背后的原因在于，学龄前儿童对动机和行为之间的关系有了更深刻的认识，他们进一步了解到，除了后果，动机也可以用来对行为进行道德评判，而且和已经铸成的后果相比，动机可能是一个更重要的考量因素。因而，学龄前儿童已经知道对自我动机进行剖白可以有效地帮助他们减轻甚至免除可能面临的惩罚。

　　然而，学龄前儿童是否能够对期望和动机加以区分呢？

　　一项实证研究试图回答这一问题（Feinfeld, Lee, Flavell, Green, & Flavell，1999）。研究者设计了几个故事情境，在这些情境中，人物的期望和动机不尽相同。例如，在其中一个情境中，一名儿童想要去山上玩，但是母亲让他去足球场。然而，巴士司机弄错了路线，把这名儿童带到了他想去却不是计划要去的地方。在这个情境中，第一个地点（山上）代表了故事主人公的期望，而第二个地点（足球场）代表了故事主人公的动机。研究发现，4岁儿童大多能意识到主人公打算并试图去的地方（足球场）和他想要去的地方（山上）不同。相较而言，3岁儿童的解读则有失偏颇。虽然他们已经能够明确分辨主人公想去的地方（山上），但他们并不能准确地判断主人公打算并试图去的地方。

　　综上所述，学龄前儿童对期望和动机的认知不断发展。从对期望的解读出发，他们开始解读动机。尽管两者在初期多有混淆，然而心智状态的进一步发展让儿童逐渐能将两者区别开来，认识到期望和动机并不总能合二为一、和谐共处，在现实的掣肘下，期望和动机也许会背道而驰。而这一认知的萌生，亦是儿童心智发展中重要的环节。

（二） 信念

对于学龄前儿童信念（belief）的研究大多围绕错误信念（false belief）展开。作为儿童心智理论（theory of mind）的核心指标，关于学龄前儿童的错误信念的研究不胜枚举。这类研究大多用到三种情境测验的实验范式。

在第一种实验范式"意外转移任务"（unexpected displacement task）中，如图4-2所示，研究者会给儿童讲一个故事（Wimmer & Perner, 1983）。故事的主人公把一个物体放在了某个地方并随后离开，在他不知情的情况下，这个物体被另一个人转移到了一个新的地方。研究者会问儿童，当主人公回来后，他会去原来的地方还是新的地方寻找他想要的东西呢？

在第二种实验范式"骗人容器任务"（deceptive container task）中，如图4-3所示，研究者首先会给儿童呈现一个他们较为熟悉的包装盒（如蜡笔盒），并将包装盒打开，让他们看到包装盒里装的是意料之外的东西（如勺子）（Perner, Leekam, & Wimmer, 1987）。接下来，研究者会问儿童两个问题：（1）在没有打开盒子之前，你认为里面装的是什么？（2）如果你的朋友没有看过这个盒子里的东西，他会觉得里面是什么？

图4-2　研究范式"意外转移任务"图解

图4-3 研究范式"骗人容器任务"图解

在第三种实验范式"外表—现实任务"（appearance-reality task）中，研究者会给儿童呈现一个具有迷惑性的物体，如一块看起来像石头的海绵，接下来，研究者会把这个物体给儿童，让他们判断这个物体究竟是什么（Flavell，1986）。

在一项元分析研究中，韦尔曼等人（Wellman，Cross，& Watson，2001）对使用这三种实验范式检验儿童错误信念的研究进行了分析，他们试图回答以下两个问题：（1）儿童在这三种实验范式中的表现是否具有年龄差异？（2）儿童在这三种实验范式中的表现是否会因任务的差别而存在差异？如图4-4所示，该研究支持了年龄差异的主效应。2.5—5岁的儿童在这三种实验范式中的正确率随年龄的增加而逐步攀升。此外，年龄的主效应在三种实验范式中都得到了支持，儿童在这三种实验范式中的表现并不会因为任务的差别而产生显著的差异。因此，该研究表明，儿童关于错误信念的认知在学龄前阶段飞速发展。

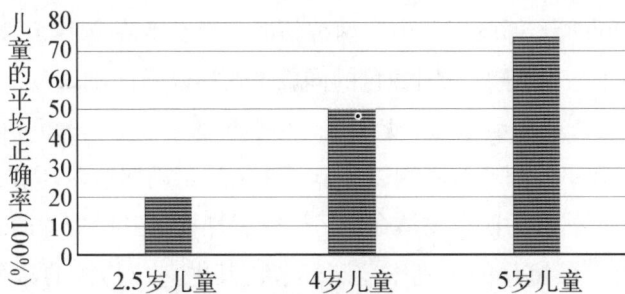

图4-4 不同年龄段儿童在三种实验范式中的平均正确率

（三）对信息的监控和选择

依靠直接的观察和探索得到第一手的信息是儿童获取知识、了解环境的重要途径。但是，在很多情况下，儿童无法通过直接探索来获得第一手的信息。

例如，儿童会被告知，要勤洗手以除去手上的细菌。细菌作为一种微小的存在，无法被儿童的肉眼观察到，那么儿童为什么会相信手上有细菌呢？又比如，儿童会在圣诞节的时候期待圣诞老人给他们送来心仪的礼物。但事实上，圣诞老人并不存在。从来没有见过圣诞老人的儿童，又为何会对圣诞老人的存在深信不疑呢？

在以上述例子为代表的情境中，儿童必须依赖信源（如父母、教师、其他长辈等）提供的信息来获取知识。那么，儿童会对信源所提供的信息不加辨别地照单全收吗？发展心理学的研究表明，学龄前儿童已开始具备对信源所提供的信息进行监控和选择的能力（Harris，2006；Harris & Corriveau，2014）。

哈佛大学的哈里斯等人（Harris & Corriveau，2014）长期以来从事这方面的研究。他们发现，在以科学和宗教知识为代表的领域，儿童通常无法通过直接观察来获取第一手信息。因此，儿童会倾向于有选择地采纳信源的信息来获取这些领域的知识。从学龄前期开始，儿童便开始主动地对信源所提供的信息进行甄别。甄别的重点并不在于信息本身的真伪，而在于信源本身是否可信。

首先，学龄前儿童会监控信源所提供的信息的准确率。在一个研究中，实验者会给儿童呈现三段录制的短片（Pasquini，Corriveau，Koenig，& Harris，2007）。每段短片中有两位信源（两位成年女性），她们年龄相仿，身高相似，但身着不同颜色的同款T恤衫以示区别（短片1，粉色和黄色；短片2，白色和紫色；短片3，红色和绿色）。每段短片由两个环节组成，即正确率监测环节和测试环节。在短片正确率监测环节，两位信源会分别给儿童熟悉的四个物体命名。研究者操控了三段短片的正确率监测环节。在第一段短片的正确率监测环节，其中一位信源的命名正确率为100%，而另外一位信源全部错误（0）。在第二段短片的正确率监测环节，其中一位信源的命名正确率为75%，而另外一位信源依旧全部错误（0）。在第三段短片的正确率监测环节，其中一位信源的命名正确率为100%，而另外一位信源的正确率为25%。在接下来的测试环节，两位信源会分别对4名儿童不熟悉的日常用品进行截然不同的命名。主试随后会问儿童，他们愿意采纳哪位信源的回答。

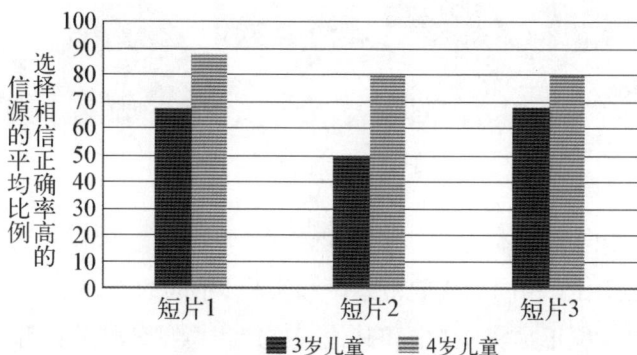

图4-5 不同年龄段儿童在三种实验情境中选择相信
正确率高的信源的平均比例

研究结果如图4-5所示，只有在其中一位信源的正确率达到100%的两个实验情境中，大部分3岁儿童才会选择采纳她的回答。而在4岁儿童中，他们对正确率高的信源的选择相对稳定，并不会因为她答错了其中一道题而对她信任锐减。这个研究结果表明，3岁儿童对于准确率的追踪停留在绝对准确的阶段，而4岁儿童已能更灵活地追踪准确率，愿意接受相对准确的信源。但总的来说，学龄前儿童已具备了通过追踪信源的准确率来评判信源所提供的信息真伪的认知能力。

其次，学龄前儿童会通过社会参照来鉴别信源的可信度（Corriveau，Fusaro，& Harris，2009）。在一项研究中，研究者设置了两个实验。在实验1中，主试会给儿童看一段短片。在短片中有四位信源，均为成年女性，她们身着不同颜色的纯色T恤衫，在她们面前的桌子上放着三个儿童不熟悉的物体。在前测环节，如图4-6所示，每当主试让信源们指出某一物体（如"Modi"）时，其中三位信源会指向同一个物体，而另外一位信源会指向一个不同的物体。在随后的测试环节，主试会让儿童在三个物体中指出哪个是"Modi"。研究结果表明，绝大多数3岁和4岁的学龄前儿童都会选

图 4—6　研究范式图解

择大多数人指向的物体。

实验 2 运用了相同的实验范式。和实验 1 不同的是，短片中只有三位信源，其中一位正是实验 1 中和其他三位产生意见分歧的信源。在实验 2 的前测环节，每当主试让信源们指出某一物体时，其中两位信源会用单手指向一个物体，而另外一位信源会用双手指向另一个物体。该实验的研究结果与实验 1 一致，学龄前儿童依然选择相信多数人。因此，综合以上两个实验的研究结果，学龄前儿童已具备了通过社会参照来衡量信源可信度的能力，即考量信源所提供的信息是否被多数人支持。

此外，学龄前儿童还会通过监测信源的表达方式来评判其可信度。例如，有研究表明，和有明显外来口音的信源相比，学龄前儿童更倾向于选择相信口音纯正的信源（Kinzler，Corriveau，& Harris，2011）。

综上所述，系列研究的结果一致表明，学龄前儿童并不会被动地、不加甄别地全盘采纳他人提供的信息。恰恰相反，从 3 岁开始，学龄前儿童已开始积极、主动地对他人的可信度进行多维度的监控，以确保他人提供的信息真实、有效。主动监控和选择信源的能力为儿童的知识积累和认知发展提供了重要保障。

五、亲社会行为的发展

亲社会行为指儿童自发的、以利他为目的的行为（Eisenberg，Spinrad，

& Knafo-Noam，2015）。亲社会行为对于儿童的社会性发展，特别是良好的同伴关系和积极的同伴交往的形成具有举足轻重的作用。亲社会行为能让儿童更容易被同伴接纳和喜爱，为儿童的良性社会互动的形成提供了可能（Berk，2012；Lightfoot，Cole，& Cole，2013）。也正因如此，亲社会行为被认为是衡量儿童的社交技能的核心指标之一。在3—6岁的学龄前阶段，儿童的亲社会行为大幅增加，这种上升的发展轨迹在学龄期（7—12岁）和青少年期（13—17岁）继续延续，并且呈现上扬的趋势（Eisenberg & Fabes，1998）。

举个亲社会行为的具体例子，儿童和他的同伴正在开心地玩耍，同伴不小心摔倒，磕破了皮，痛得哇哇大哭。在这种情境下，如果儿童能够将他的同伴扶起来，安抚同伴的痛苦，他便能和同伴发展出更紧密的同伴关系。那么，为什么亲社会行为会在学龄前期飞速发展？换言之，在哪些因素的推动下，学龄前儿童才有可能在上述情境中表现出扶起同伴并安慰他的亲社会行为？

发展心理学的研究认为，亲社会行为在学龄前期的飞速发展需要以认知和情绪的发展为基础（Hoffman，2000）。具体而言，能明确区别自我和他人的不同内在情绪状态是亲社会行为的一个必要认知基础。在上述情境中，要想诱发儿童的亲社会行为，他首先必须认识到，和自己此刻的欢欣不同，他的同伴正因为意外的摔跤而承受痛苦。在此认知基础上，儿童还必须具备共情的能力，即对同伴的痛苦感同身受的能力。只有具备了共情的能力，儿童才能对同伴的痛苦感同身受，进而表现出亲社会行为（Hoffman，2000）。

进一步的研究表明，尽管亲社会行为在学龄前期明显增加，但学龄前儿童对于是否应当采取亲社会行为存在不同程度的考量，换言之，儿童开始有选择、有针对性地表现出亲社会行为（Eisenberg，Spinrad，& Knafo-Noam, 2015；Hay & Cook，2007）。研究发现，与不正当的痛苦相比（如被抽屉夹到了袖子），若对方呈现的痛苦是正当的（如被抽屉夹到了手指）、可以理解的，3岁的儿童会更有可能对他人的痛苦产生共情（Hepach，Vaish，& Tomasello，2013）。

随着年龄的增长，儿童的亲社会行为在比例上会缓慢地下降，而对于是否应当展现亲社会行为的决策，儿童也加入了越来越多的考量因素。例如，和陌生人相比，儿童更有可能对熟悉的人表现出亲社会行为（Weller & Lagattuta，2013），而这种趋势和儿童体验到的情绪有关。如图4-7所示，与不同种族的对象相比，帮助同种族对象会诱发更高的正性情绪体验，而拒绝帮助同种族对象会诱发更高的负性情绪体验。

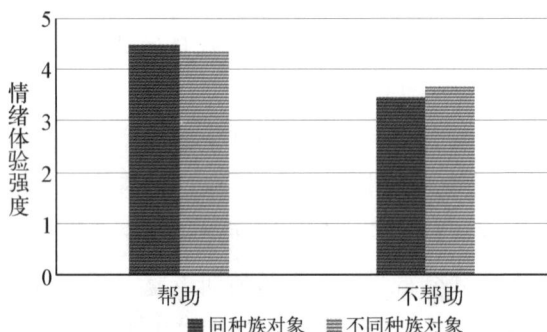

图4-7 儿童的亲社会行为决策和其情绪体验强度：
种族归属的作用

在这个研究的基础上，研究者进一步探索了性别的作用，如图4-8所示。研究表明，性别差异在女生当中尤其明显。对男生来说，帮助同性或异性的决策并不会引发情绪体验强度的显著变化；而对女生来说，帮助同性的决策会和更高的正性情绪体验联系在一起（Weller & Lagattuta，2014）。

此外，儿童也开始考量亲社会行为要付出的代价。当不需要付出任何

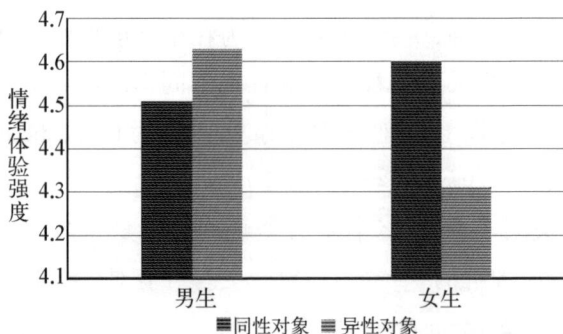

图4-8 儿童的亲社会行为决策和其情绪体验强度：性别的作用

代价的时候，亲社会行为在3—14岁年龄段的儿童中呈现线性增长的趋势；当需要付出代价的时候，亲社会行为在3—9岁年龄段的儿童中呈现线性递减的趋势（House et al.，2013）。

综上所述，随着儿童社会认知和共情能力的发展，他们开始具备了感同身受的能力，能够体察他人的想法和情绪。这些社会性发展为同时期亲社会行为的发展提供了可能，促使亲社会行为在学龄前期迅速增加。然而，这种迅速增加的趋势虽然大致持续到学龄期和青少年期，但儿童在亲社会行为的对象、情境等的选择上开始加入更多样化、更复杂的考量，从而使亲社会行为更具针对性和选择性。

第二节
家庭对学龄前儿童社会性发展的影响及其机制分析

作为儿童的主要成长环境，原生家庭对儿童的社会性发展具有举足轻重的影响，其影响机制不一而足，儿童在家庭中受到的熏陶、体验到的父母教养方式以及和父母日常互动的点点滴滴等，都在无形中塑造着儿童的社会认知，对情绪的理解、表达、调节，以及其亲社会行为的发展。接下来将针对之前介绍过的学龄前期社会性发展的里程碑事件，具体阐述家庭对学龄前儿童社会性发展的影响，以及使家庭的影响得以传承的机制。

一、家庭与儿童的自我调节

家庭的成长环境对儿童的自我调节能力的发展和塑造起着至关重要的作用。

在之前的章节中，我们已经提到父母的教养方式对婴幼儿的情绪自我调节的推动作用。父母在和婴幼儿互动中所展现的敏感性和反应性直接决定了他们是否能及时注意到婴幼儿的不适情绪唤起，并积极、有效、及时地应对，以调节婴幼儿的情绪唤起。因此，来自父母的有效的外部调节直接决定了婴幼儿的情绪体验是否健康。

随着婴幼儿情绪自我调节能力的萌芽，来自父母的影响开始逐步从提供外部支持过渡到情绪社会化，即通过日常的交流、诱导和示范帮助幼儿理解情绪体验和情绪表达的对应关系，习得符合社会和文化习惯的情绪表达方式与行之有效的情绪调节策略（Eisenberg，Cumberland，& Spinrad，1998）。父母的情绪社会化和儿童的情绪调节能力直接相关，进而影响儿童日后的社会交往技能和同伴关系的质量（Eisenberg，Cumberland，& Spinrad，1998）。

到了学龄前期，除了情绪自我调节，父母的重要影响还体现在儿童自我调节能力的其他重要维度上，包括认知和行为的自我调节。

在认知层面，学龄前儿童的认知能力迅速发展，他们开始以目标为导向，调节、分配注意力和整合认知资源。具体而言，学龄前儿童在努力控制能力、持续性注意（sustained attention）、执行功能（executive function）等方面都取得了长足进步。

研究发现，父母的教养方式和学龄前儿童努力控制能力的发展息息相关。例如，能促进学龄前儿童努力控制能力发展的父母因素包括母亲的反应性、以儿童为导向的思维方式（Kochanska，Murray，& Harlan，2000）、母亲在互动中对儿童的支持（Eisenberg, Spinrad, & Eggum, 2010）、母亲的积极教导方式（proactive parenting）等（Chang，Shaw，Dishion，Gardner，& Wilson，2015）。

研究还发现，儿童的努力控制能力和母亲的人格特质相关。例如，有研究表明，母亲的外向型人格特质和儿童在学龄前期的努力控制能力的增加具有正相关（Gartstein，Bridgett，Young，Panksepp，& Power，2013）。换言之，母亲的外向型人格特征越明显，儿童在学龄前期的努力控制能力增长得越快。虽然这两者之间的影响机制尚不明确，但是，研究者认为，这两者之间的关系可能意味着，外向型的母亲更有可能和儿童进行积极、正向的亲子互动，而这些良性的亲子互动能促进儿童努力控制能力的发展（Gartstein, Bridgett, Young, Panksepp, & Power, 2013）。

另外，值得一提的是，父母的教养方式对儿童努力控制能力的影响在学龄前期这一特定阶段尤其显著。例如，一项长程追踪研究对比了三个年龄段（3—7岁，11—12岁，13—14岁）的母亲教养方式和儿童努力控制能力之间的即时关系的强度。研究表明，儿童的努力控制能力在这三个年龄段相对稳定，而母亲教养方式和儿童努力控制能力之间的关联在3—7岁这个年龄段尤为显著（Tiberio, Capaldi, Kerr, Bertrand, Pears, & Owen, 2016）。该研究结果可能支持了学龄前阶段是儿童努力控制能力发展的关键时期这一假设，也因此，该阶段儿童努力控制能力的可塑性最强，也最容易受到父母教养方式的影响。而一旦定型，儿童的努力控制能力就会成为其气质特征的重要维度，并在学龄期、青春期乃至成年期保持相对稳定。

二、家庭与儿童的亲社会行为

现有文献认为，家庭对儿童亲社会行为的影响机制主要包括两个方面：其一，从遗传的生物性角度来说，家庭的影响可以通过基因得以表达；其二，从养育环境的角度来说，家庭的影响可以通过宽泛意义上的父母的教养方式得以实现。这两种作用机制协同合作、互为补益，和心理学经典的"遗传抑或环境"的争辩不谋而合。接下来将依次介绍这两种影响机制的研究现状。

（一）遗传的作用

从生物性的角度来说，儿童亲社会行为的个体差异在一定程度上受基因的影响（Eisenberg, Spinrad, & Knafo-Noam, 2015）。学界现有的关于这方面的认知大多来源于双胞胎研究。

具体而言，这些研究大多考察了两种不同类型的双胞胎，即同卵双胞胎（identical twins）和异卵双胞胎（fraternal twins）之间是否存在亲社会行为的差异。研究的假设是，这两类双胞胎的家庭成长环境类似，因此，双胞胎间的亲社会行为的个体差异可以归结为他们之间的基因差别。

此类考察基因对儿童亲社会行为的影响的研究大多运用量表施测的方法，主要依靠父母或教师的报告，也有少数针对学龄儿童的研究会用到儿童的自我报告。这些研究的结果大多支持了基因和双胞胎间非共享的家庭环境（例如父母的教养方式）对儿童亲社会行为的影响。例如，一项针对2—9岁韩国双胞胎儿童的研究表明，双胞胎亲社会行为的个体差异的55%能够被基因和非共享的家庭环境所解释（Hur & Rushton，2007）。另一项跨文化比较研究（包括来自英国、韩国和以色列的双胞胎样本）亦支持了基因的作用，同时，该研究还发现，双胞胎间共享的家庭环境也会对其亲社会行为的个体差异产生影响（Knafo，Zahn-Waxler, Davidov, Hulle, Robinson, & Rhee，2009）。

另外，还有一小部分此类研究运用了观察这一研究方法。一个针对荷兰双胞胎的研究发现，双胞胎间共享的家庭环境能解释约45%的亲社会行为差异（例如，向慈善机构捐款），而基因的作用并不显著（van Ijzendoorn，Bakermans-Kranenburg，Pannebakker，& Out，2010）。另一个针对3岁6个月大的以色列双胞胎的研究则支持了基因的作用：在服从性的亲社会行为中，基因能解释约34%的亲社会行为差异；在自发性的亲社会行为中，基因能解释约43%的亲社会行为差异，共享的家庭环境则没有显著影响（Knafo，Israel，& Ebstein，2011）。

总的来说，采用量表施测和观察此类研究方法的大多数研究支持了基因的作用，而且基因对儿童亲社会行为的影响呈现随年龄增加而相应递增的趋势（Knafo & Uzefovsky，2013）。研究者认为，基因影响的这一递增趋势可能和基因与环境的互动有关，环境和新的经验的输入会在一定程度上影响新的基因的表达，从而解释了其影响力递增的趋势（Knafo et al.，2008）。

（二）环境的作用

除了遗传因素的影响之外，家庭环境也是影响儿童亲社会行为的一大重要因素。大量关于父母教养方式的实证研究支持了父母或其他社会化推动者（如祖父母、年长的兄弟姐妹等）对促进儿童的亲社会行为的重要作用。

此类研究可以在广义上纳入父母教养方式（或父母对儿童社会化）的研究范畴，具体而言，涉及父母的温暖性（warmth）、反应性（responsiveness）、亲子关系质量（quality of parent-child relationship）、教诲（inductions and preachings）、暴力或惩治导向的管教方式（power-assertive，punitive techniques of discipline）、父母控制（parental control）、父母对于亲社会的价值观的引导（parental emphasis on prosocial values）和模仿（modeling）等形形色色的研究主题（Eisenberg，Spinrad，& Knafo-Noam，2015）。

首先，父母的温暖性以及健康、良好的亲子关系被认为有助于推动儿童与他人的联结感（sense of connection to others）。在此理论导向上，有关父母的温暖性对儿童亲社会行为的影响的研究结果却并不一致：一些研究支持了两者间的正向关系（Carlo，Mestre，Samper，Tur，& Armenta，2011；Kuppens，Grietens，Onghena，& Michiels，2009；Miklikowska，Duriez，& Soenens，2011）；一些研究则发现两者间有负向关系或没有显著的关系（Davidov & Grusec，2006；Eisenberg，Spinrad，& Knafo-Noam，2015）；还有研究支持两者间存在微弱关系，并且该关系中有其他的父母变量起到中介的作用（比如父母的情绪表达性）（Eisenberg，Spinrad，& Knafo-Noam，2015）。因此，父母的温暖性和儿童的亲社会行为间的关系尚未有确切的定论。

其次，和父母的温暖性相比，父母的反应性和儿童的亲社会行为间的关系更为紧密。在此类研究中，父母的反应性大多指父母在和儿童的互动中展现出来的敏感性、以儿童为导向、在情绪上能给予儿童支持和鼓励、积极的教养方式。这些研究的结果都一致地支持了父母的高反应性有助于推动儿童的亲社会行为（Bronstein，Fox，Kamon，& Knolls，2007；Davidov & Grusec，2006；Moreno，Klute，& Robinson，2008；Newton，Laible，Carlo，Steele，& McGinley，2014；Spinrad & Stifter，2006）。

再次，还有研究表明，与形成非安全型依恋的儿童相较，在婴幼儿期与父母形成安全型依恋模式的儿童，其行为中的亲社会倾向更明显（Diamond，Fagundes，& Butterworth，2012；Padilla-Walker，Harper，&

Jensen，2010；Yoo，Feng，& Day，2013）。这或许是因为，安全型依恋的儿童，其父母更有可能在互动中展现高敏感性、高反应性和高温暖性的教养方式。这或许也间接地为正性的父母教养方式对儿童亲社会行为的积极影响提供了佐证。

最后，与温暖性、反应性以及安全型依恋关系对儿童的亲社会行为的积极影响相对照，父母以暴力或惩治为导向的管教方式会阻碍儿童亲社会行为的发展。以体罚为例，虽然此类暴力的管教方式会收到即时的效果，即让儿童遵从父母当下的教导，但长远来看，这会对儿童的行为产生恶性的影响。因为暴力的管教只会让儿童迫于眼前的压力而暂时屈从，并不会让儿童心悦诚服、心甘情愿地接受父母的教诲。

的确，有研究表明，父母对儿童的体罚和儿童的亲社会行为、共情能力具有负相关（Cornell & Frick，2007；Laible，Eye，& Carlo，2008）。研究者认为，父母的粗暴管教方式和儿童亲社会行为之间的负性关系会随着儿童年龄和认知能力的增长而愈演愈烈，呈现恶性增长的趋势（Garner，2012）。

值得一提的是，在一项跨文化的实证研究中，父母的教养方式等家庭环境对儿童亲社会行为的影响在学龄儿童中（平均年龄9岁）并不明显，儿童亲社会行为却能显著预测父母的正性教养方式（Pastorelli et al.，2016）。这种模式在8个国家的研究中均得到了支持。综合之前的其他研究，该结果或许表明，父母的积极教养方式对儿童早期的亲社会行为有重要影响，而这种行为倾向一旦固定，父母教养方式的影响便不再显著。

三、母亲抑郁：学龄前儿童社会性发展的危险因素

来自家庭层面的一些危险因素会对学龄前儿童的社会性发展产生威胁。例如，父母间长期而频繁的争吵和矛盾、父母的婚姻不睦以及突如其来的家庭变故等，都会对学龄前儿童健康的社会性发展造成威胁（Lightfoot，Cole，& Cole，2013）。而父母的精神状态，特别是母亲的抑郁情绪，也是另外一个与学龄前儿童社会性发展关系密切的危险因素（Goodman，Rouse，Connell，Broth，Hall，& Heyward，2011；Goodman &

Tully，2006；Goodman & Tully，2008）。

现有的关于母亲抑郁的文献多关注通过临床诊断被确认为抑郁症（major depression）患者的母亲，而进一步的研究发现，亚临床的抑郁情绪，尤其是较为持久的抑郁情绪，也能对儿童的发展造成不容忽视的危害（Campbell，Matestic, von Stauffenberg, Mohan, & Kirchner, 2007）。这些亚临床抑郁情绪非常普遍，大约80%的1—7岁儿童的母亲都曾有过不同程度的抑郁情绪体验（Campbell，Matestic, von Stauffenberg, Mohan, & Kirchner, 2007）。而由于对母亲抑郁情绪缺乏关注，其在中国本土样本中的具体比例目前仍不可知，有待进一步的研究。

近年来不断涌现的关于母亲亚临床的抑郁情绪和其儿童发展的实证研究表明，母亲抑郁是导致儿童诸多社会性发展问题的危险因素。例如，当母亲出现抑郁情绪的时候，其学龄前儿童更有可能经历不安全的依恋关系、有问题的亲子关系（Wang & Dix，2013；Wang & Dix，2015）。和正常母亲的学龄前儿童相比，抑郁母亲的学龄前儿童还更有可能出现内隐和外显的行为问题、更强烈的负性情绪、较差的社会交往技能，以及焦虑、抑郁等精神疾病的先兆（Goodman & Tully，2006；Wang & Dix，2017）。

母亲的抑郁情绪如何妨碍儿童的社会性发展，即其具体的作用机制是什么？

如图4—9所示，在这方面最有影响力的理论模型认为，母亲抑郁对儿童社会性发展障碍的具体作用机制包括以下几个不同层面（Goodman & Gotlib，1999；Goodman & Tully，2008）。

首先，母亲的抑郁情绪会损害其展现健康、良性的教养方式的能力（Lovejoy，Graczyk, O'Hare, & Neuman, 2000）。受抑郁情绪困扰的母

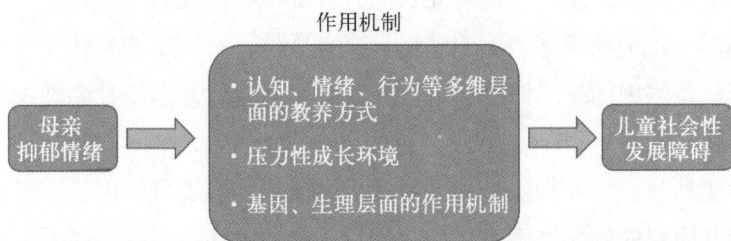

图4—9　母亲抑郁影响儿童社会发展障碍的作用机制

亲更有可能在和儿童的互动中表现出低敏感性、低反应性、粗暴的行为、社交退缩、高频率与高强度的负性情绪表达等，以及情绪层面的养育方式的恶化（Lovejoy，Graczyk，O'Hare，& Neuman，2000；Dix，Moed，& Anderson，2014）。

除了情绪和行为层面的恶化，抑郁母亲的教养方式还伴随着认知层面的恶化。具体而言，她们更有可能发展出对自我养育能力的低自我效能感；更有可能发展出对儿童及其淘气行为的负性评价和负性归因；也更有可能在和儿童的互动中，以自我、即时、短期的利益为导向（Dix & Meunier，2009）。因此，抑郁母亲在认知、情绪和行为层面展现的负性教养方式被认为是损害儿童社会性发展的一个重要作用机制。

其次，压力性成长环境可能是导致儿童社会性发展障碍的第二个重要影响机制。压力性成长环境主要指抑郁母亲的儿童所经历的来自父母的教养压力、与抑郁母亲互动的压力，以及与母亲的其他抑郁特征相关的可能诱发压力的环境（Gooman & Tully，2008）。当压力频繁地出现在儿童的日常生活中，构成儿童成长环境的常态，就有可能对儿童的社会性发展产生不利的影响。也有研究表明，压力性成长环境对儿童发展的损害受到儿童体验到的社会支持（如来自父亲的支持）的调节，即高社会支持是保护儿童免受压力性成长环境侵扰的重要因素（Brennan，Hammen，Katz，& Le Brocque，2002）。

最后，母亲抑郁对儿童社会性发展的损害也在生物层面通过基因得以证实（Goodman & Tully，2008），即母亲的抑郁可能通过基因实现易感性的遗传。基于基因的研究大多集中于母亲抑郁对儿童行为问题及其抑郁、焦虑情绪的影响。此类研究已积累了较多的实证证据，研究结果均支持基因在其中所起的作用。这些研究表明，抑郁母亲的儿童可能对这些社会性发展障碍，特别是抑郁、焦虑情绪具有易感性，在特定的负性环境因素的影响下，基因中的易感性特质可能被激发，从而使儿童的社会性发展障碍成为可能。

综上所述，母亲抑郁作为儿童社会性发展的重要危险因素，可能通过环境和基因层面的多维度作用机制进行传承。关注母亲的抑郁情绪对儿童的负面影响具有重要的现实意义。

实践专栏

解读学龄前儿童的攻击性行为

攻击性行为在学龄前儿童中尤为常见。随着儿童互动圈子的拓展，攻击性行为（如打人、推人等）屡见不鲜。儿童攻击性行为的对象有可能是父母，也有可能是同伴。对父母不满意，和同伴争抢一件受欢迎的玩具，对同伴行为的反感和反击，甚至为了吸引同伴的注意等，都可能诱发儿童的攻击性行为。

为什么这一年龄段的儿童会如此频繁地表现出攻击性行为？

学龄前儿童之所以会表现出如此高频的攻击性行为，主要基于以下两个因素。首先，他们的自我控制能力相对薄弱。很多时候，他们无法有效地抑制情绪或基于本能的冲动行为。例如，当生气的时候，他们会下意识地挥拳；当和同伴抢夺玩具的时候，他们会下意识地选择打人以达成目的。类似的攻击性行为在很大程度上都和儿童无法抑制下意识的冲动行为有关。

其次，学龄前儿童的社会认知能力还较欠缺。在他们的世界中，自我的意识占据着主导地位，一切都围绕着自我展开，他们的喜好和想法是不可侵犯的。当同伴试图抢夺玩具时，儿童没有办法理解同伴也许和他一样喜欢这个玩具，他只会觉得同伴在侵犯他，他需要及时使用攻击性行为保护自己的玩具。因此，不成熟的社会认知能力也进一步催生了儿童的攻击性行为。

父母应当如何应对儿童的攻击性行为？

虽然学龄前儿童会高频率地表现出攻击性行为，但随着他们自我控制能力和社会认知能力的发展，大部分儿童的攻击性行为都会在这一时期表现出明显的递减趋势，并随之保持稳定。但也有一小部分儿童的攻击性行为会保持居高不下的态势。一旦高攻击性行为趋于稳定，就会出现自我强化，使后期的干预愈发困难。因此，父母应当对此予以足够的重视，对学龄前儿童的攻击性行为进行适当、有效地引导和干预。具体来说，父母应当从以下两方面着手：

（1）父母应当以身作则，避免在和儿童发生冲突的时候，用暴力或粗暴的行为解决问题。父母的暴力行为会为儿童树立不良的榜样，助长儿童的攻击性行为。

（2）在攻击性行为发生后，父母应当立即干预。怒骂和责打并不是干预的最佳手段。相反，父母应当把儿童带到相对安静的地方，指出其行为的不当之处和造成的后果，以及可以替代的其他行为策略。此类谆谆善诱的引导才能更好地被儿童接纳，帮助儿童理解其问题行为的症结。

本章小结

学龄前期是儿童早期发展的重要阶段，尤其是在儿童社会性发展这一领域，学龄前期的儿童在情绪、认知、行为等诸多方面都经历着跃进式的发展。

具体而言，在这一时期，儿童的自我调节能力进一步增强，对自我的情绪、认知和行为的调节能力都有显著的提升。他们也因此能更好地以目的为导向，对自我的认知和行为资源进行整合，并能更好地根据场合调节自己的情绪。

在认知方面，学龄前儿童对自我和他人的认知都有巨大的进步。一方面，学龄前儿童的自我认知开始萌芽，尽管这种自我认知仍较为初步和粗浅，且多建立在外部的、物质的属性之上；另一方面，学龄前儿童的社会认知有长足进步，他们能更好地辨别他人的期望、想法和信念，也开始积极、主动地对信源进行监控以确保信息的正确性。这些自我认知和社会认知的发展使儿童朝着成为真正意义上的"社会人"又迈出了重要的一步。

伴随着自我调节能力和认知能力的发展，儿童的亲社会行为迅速发展，这也使得他们能更好地融入同伴群体，并为营造良好的同伴关系创造了条件。

总而言之，学龄前期见证着儿童在情绪、认知、行为等社会性发展层面的重要突破。这些社会性发展的特质往往具有较高的稳定性，对儿童日后的发展具有长久而深远的影响。

第五章
交互发展理论及其应用

　　正如物理学中经典的力的作用与反作用原理所阐述的，当一个物体受到来自另一个物体的作用时，它也势必同时对该物体施加等量的反作用，即作用与反作用是相互依存、不可分割的。这个物体间的相互作用原理同样适用于人际交往。

　　儿童发展无法脱离其所属的家庭环境、亲子关系、同伴关系、师生关系等。换言之，以亲子关系为主的人际关系构成了儿童赖以生存和发展的生态圈。儿童在被父母影响的同时，也会通过对父母、亲子关系等的反作用，主动塑造与选择成长的环境。

第一节
交互发展理论解析

在本书的第一部分，我们阐述了儿童早期发展中值得关注的社会性发展。从婴儿期、幼儿期，直至学龄前期，家庭成长环境，尤其是父母的教养方式，对儿童社会性发展中的情绪、认知和行为的方方面面都有着无可替代的重要影响。

但是，儿童发展仅仅是家庭成长环境的成果，被动地镌刻着来自父母、家庭环境的烙印吗？

从这个问题出发，交互发展理论（transactional model of development）就儿童和其家庭成长环境的关系给出了截然不同的描述（Sameroff，2009）。

一、交互发展理论的历史沿革

最早的交互发展理论试图从理论层面，以宏观的视角来解释人类的发展，即人类的发展体现了人和生存环境之间的互动。在理论上，它和有机体发展理论（organismic model of development）一脉相承，传承了心理学经典的"先天与后天"的博弈（Overton & Reese，1973）。"后天论"（epigenesis），即环境、经验对于人类发展的重要性，在最早的交互发展理论中被一再强调（Sameroff，2009）。

这一早期理论流派的另一大特点是强调人和环境之间的互动对人类发

展的影响（Sameroff，2009）。因此，在研究设计中，如果把人和环境割裂开来，仅仅用人的特征或环境的特征来解释人的发展，是有失偏颇的。但是，即便综合考量人的特征和环境的特征以预测人的发展，依然不够周全。与前者相比，后者有些许进步，将人和环境的因素都纳入考量，可是，它依然不是一个真正意义上的基于交互理论的研究设计（见图5-1）。这是因为，在这种设计中，人的特征和环境的特征依然被当作两个独立而非交互的因素，它们对儿童发展的作用和影响是相互独立、互不干涉的。因此，早期的交互理论虽然将环境的因素纳入考量，但人和环境之间并未实现真正意义上的"交互"。

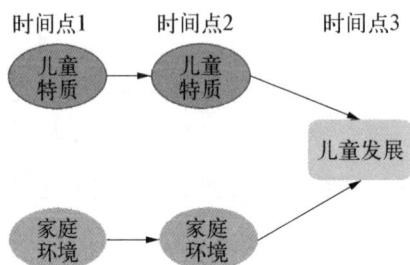

图5-1　早期交互理论图示　　　　图5-2　交互发展理论图示

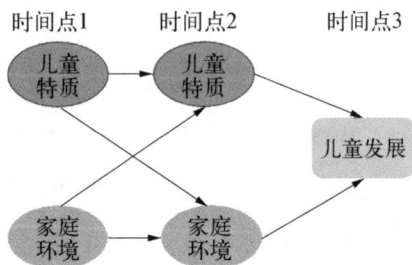

　　在早期交互理论的基础上，现代的交互理论充分将儿童因素和环境因素之间的互动融入研究设计中。该理论认为，儿童因素和环境因素随着时间轴的延伸相互影响，而儿童发展正体现了这两者间长时、多样的交互关系。与此理念相吻合，应用交互发展理论的研究在数据分析上也别有特色，即要在数据模型的建构上突出儿童自身因素和家庭环境因素间双向的、互为依存的关系（Sameroff，2009）。

二、交互发展理论的核心理念

　　在具体阐述交互发展理论的核心理念之前，让我们先来关注两个非典型的研究案例。

　　研究案例1：研究者试图探究为何有些在出生时有健康危机的新生儿（如早产儿）长大后并不会出现认知、情绪等方面的发展障碍问题

（Sameroff & Chandler，1975）。研究者们利用当时流行的研究方法，考察了生理缺陷对于儿童认知、情绪发展的主效应是否显著。然而，和研究假设相左，研究结果发现，生理缺陷的主效应并不显著，即这些出生时有健康缺陷的新生儿大部分都能茁壮、健康地成长，而并不会如设想中那样遭遇发展障碍的危机。那么，出生时的健康危机真的对儿童日后的发展无足轻重吗？

研究案例2：文献表明，受到虐待的儿童，他们的父母更有可能表现出一种特异性的人格特质。受此启发，研究者试图探究父母特异性人格特质和儿童虐待之间的关系。具体而言，他们的研究问题是，父母的忽视型、虐待型相关人格特质是否对儿童虐待存在主效应，即拥有此类特异性人格特质的父母是否更有可能虐待他们的孩子，从而导致儿童出现发展障碍。同样，和研究假设相左，研究结果显示，特异性人格特质对儿童虐待的主效应并不显著，即大部分拥有特异性人格特质的父母并不会忽视、虐待他们的孩子，从而造成儿童的发展障碍。那么，为什么这些"高危"父母并不会像设想中那样威胁儿童的健康发展呢？

研究者认为，在上述两个研究案例中，与研究假设相左的结果可能出于同样的原因，即两者都忽视了可能存在的交互效应（Sameroff，2009）。具体而言，在研究案例1中，儿童的家庭环境（如丰富的家庭资源）可能对儿童起到了保护作用。丰富的家庭资源或许能保证这些在出生时有健康缺陷的婴儿在后天有足够完善的营养摄入，父母在需要的时候有条件向专业人士、专业机构寻求帮助，以及父母有能力为儿童的认知发展提供足够丰富的经历和认知刺激。以上这些可能在很大程度上为儿童的发展保驾护航，弥补了儿童出生时的健康缺陷。

而在研究案例2中，少数儿童的确受到了父母的虐待，但他们的兄弟姐妹没有受到虐待。进一步研究表明，这些受到父母虐待的儿童更有可能具有困难型人格特质，而他们未受虐待的兄弟姐妹更有可能具有随和型人格特质。因此，之所以和研究假设存在出入，可能源于忽略了儿童的气质差异对父母教养方式的反作用，即困难气质的儿童更有可能惹怒父母，从而诱发父母高压、粗暴的负性教养方式；而随和气质的儿童更有可能欣然接受父母的指令和想法，对父母言听计从，从而大大降低了父母表现出负性教养方式的可能性。

以上两个研究案例分别是早期交互理论和现代交互理论的应用实例。研究案例1中所涉及的家庭环境的保护作用，虽考虑到父母因素和环境因素对于儿童发展的共同作用，却忽略了两者之间实质意义上的互动和相互影响，因此，它的研究设计体现了早期交互理论的研究理念。

相较之下，在研究案例2中所涉及的儿童因素和环境因素（父母教养方式）并不是割裂的、独立的存在，相反，儿童的气质会反作用于父母的教养方式，从而诱发不同的教养方式，而这两者的互动进一步解释了儿童是否更有可能受到父母的忽视或虐待。因此，它的研究设计体现了最新的交互发展理论的研究理念。

以上述两个研究案例为例，交互发展理论的其中一大核心理念就是不同层次的因素会相互影响、相互塑造，从而共同推动儿童发展（Sameroff，2009）。这种理念无疑和现实情境更为契合。毕竟，各种因素构成一个复杂的关系网，相互之间积极地交互以及活跃的作用与反作用，才更符合现实情境的写照，才更能体现人类发展的复杂与精妙。

交互发展理论的第二大核心理念是强调环境的可塑性，以及人类对于自身发展的积极主动的参与（Sameroff，2009）。

就儿童发展而言，该理论强调了儿童在自身发展过程中所扮演的积极角色。儿童的成长和发展并非单纯地反映了环境对儿童的影响，而是反映了在成长过程中儿童与其成长环境、成长经历的交互作用。发展中的变化也因此体现了儿童与其所处环境、经验的不断变化的交互方式，而促成变化的根本原因是由内在因素驱动的（Sameroff，2009）。具体而言，有时候需要儿童改变以适应新经验；有时候儿童的发展达到了一个新的水平，从而提升了儿童与环境的互动的复杂性、多样性。

举例来说，儿童上了一节游泳课，觉得意犹未尽。这个新的经验让他更愿意亲近水，对游泳这项运动也更有好感。在日后不断的游泳训练中，儿童的大运动能力便进一步得到了提升，促进了儿童的肢体能力的发展。这个例子正体现了新的经验和儿童主动适应之间的互动，而两者的互动又进一步促成了儿童的发展。

再举一个例子，幼儿语言能力的习得使其和父母的语言交流成为可能。语言能力的发展使幼儿能更直接、有效地表达自己的需求和想法，从而使幼儿和父母的沟通更加顺畅，让父母能更及时、更有针对性地回应幼儿的需求。这个例子体现了儿童自身的发展对其与环境因素间互动的影响。

总之，交互发展理论着重强调了儿童发展过程中儿童自身特质与其环境因素间的相互影响，以及两者间的互动对儿童发展的推动作用。儿童自身特质和环境因素互相影响，从而为儿童积极主动地建构自我成长环境提供了可能。因此，儿童发展的研究设计以及针对儿童发展问题的干预项目应充分将儿童因素和环境因素及其互动纳入考量。

第二节
交互发展理论在儿童发展中的应用：研究案例剖析

父母和儿童之间的互动构成了儿童早期社会性发展中至关重要的成长环境。尤其是在儿童开启幼儿园生活之前，和父母（或其他主要照顾者）的互动构成了其日常生活的主要组成部分。为此，父母的教养方式和亲子关系对儿童早期认知、情绪和行为等社会性发展的重要方面的影响得到了研究者的关注。而近年来，随着交互发展理论的普及和推广，在父母对儿童发展的影响这一研究领域，该理论得到了越来越多的关注和应用。

接下来将援引两个研究案例来具体阐述交互发展理论在儿童发展中的应用。这两个案例均从交互发展理论的视角出发，探究与家庭成长环境的互动如何推动儿童早期的社会性发展。

一、研究案例1：儿童自我调节和亲子关系的交互作用对儿童早期行为发展的影响

儿童早期社会性发展的一大核心任务便是推动其在情绪、认知和行为等社会性发展重要领域的自我调节。正如波斯纳和罗斯巴特（Posner & Rothbart，2000）指出的，了解儿童自我调节能力的发展是推动儿童发展和儿童精神病理学领域发展的一大关键目标。

在这个研究案例中，研究者指出，儿童的自我调节能力对于了解儿童与环境的互动有重要意义。

例如，在一个情境测试中，3岁的幼儿和他的父亲在客厅里玩拼图等玩具。几分钟之后，父亲会试图让儿童把拼图收拾好。此时，儿童是否会欣然遵从父亲的指令，在没有父亲帮助的情况下主动整理玩具，被认为是反映其早期自我调节能力的一个重要指标。但是，如果儿童公然违抗父亲的指令，又该如何理解这种行为呢？它是体现了儿童早期自我调节能力低，还是体现了儿童膨胀中的自我主张，抑或是该年龄段儿童在此种困难情境中的正常行为反应？

实际上，大多数在此类情境中公然违抗父母指令的幼儿并不会在日后发展出严重的行为问题，而这就需要研究者重新审视一个问题，即儿童发展早期诸如此类的行为问题和儿童日后的行为问题是通过何种影响机制联系在一起的？

（一）儿童自我调节的内涵

研究者认为，儿童自我调节的内涵应从三个方面理解，即多层系统的整合、实时的多样化机制以及变化中的发展情境（Olson & Lunkenheimer，2009）。

1. 多层系统的整合

儿童自我调节的概念中包含了多种系统间的相互协作，而这些系统的整合为情绪、认知、行为层面的自我调节提供了条件。

以上述例子中遵从父亲的指令这一自我调节行为为例，它包含了注意

力、行为和情绪等多个系统的协同合作。这些系统是否能够有序运作，协同推进儿童的自我调节，在很大程度上依赖儿童的内在因素，如气质特征和当时的生理状态（饥饿、疲乏）等，而这些内在因素又需要生理层面的控制系统来提供支持（如心率、呼吸等）。因此，自我调节往往意味着多个层面系统之间的协同合作和相互支持，仅仅依靠单一系统是无法完成的。

儿童的自我调节行为一方面对其环境因素产生影响，另一方面又不可避免地受到环境因素的影响。有研究表明，儿童自我调节技能的发展离不开儿童与其父母的日常互动。例如，儿童的攻击性、违抗行为更有可能从父母、兄弟姐妹和同伴处诱发充满敌意的、控制性的反馈，并更有可能形成一种恶性循环（Bell, 1971；Patterson & Bank, 1989）。在一个长程追踪研究中，研究者发现，进入幼儿园一年后，教师和幼儿已经能够很清晰地辨别出具有高攻击倾向的儿童，而这些儿童的攻击倾向在幼儿园中基本保持稳定。进一步的观察发现，与其他正常幼儿相比，对于这些具有高攻击倾向的幼儿，刚入园时其同伴并没有出现明显的行为反应差异。而在短短一年之后，这些具有高攻击倾向的幼儿（尤其是男孩）更有可能受到同伴的攻击性反馈，而后者会进一步助推幼儿的攻击倾向（Olson, 1992）。因此，从某种意义上说，这些具有高攻击倾向的幼儿作茧自缚，间接成为自身攻击性行为的受害者。

总之，儿童自我调节的概念包含了儿童自身多个层面系统的整合，包括生理层面、情绪层面、认知层面以及行为层面等，而儿童自我调节的发展实质上体现了儿童与父母、同伴等的社会交往对彼此的影响。

2. 实时的多样化机制

在实证研究中，人们习惯于把自我调节能力当作一个恒定的、连续的变量。虽然这种简易化操作为研究本身提供了便利，但与此同时，这也抹杀了自我调节的实时性特征（Olson & Lunkenheimer, 2009；Keenan, Jacob, Grace, & Gunthorpe, 2009）。具体而言，自我调节从本质上说包括了儿童对被情境唤起的情绪、体验等实时状态的调节，它可以细化到每分钟乃至每秒。在这一实时的调控中，自我调节会呈现上下浮动的趋势。例如，儿童的心率、呼吸、皮质醇分泌等都会呈现相应的浮动趋势。

例如，在一个压力性情境测试的研究中，研究者探查了7岁儿童在压力性情境中的自我调节反应（Lopez，2006）。研究发现，在压力情境下，儿童对压力的唤起、感受强度和长度等指标均由一连串复杂的神经机制调节。因此，在研究自我调节能力的时候，应充分考虑它的实时性。

3. 变化中的发展情境

儿童的自我调节能力与发展中的大脑系统和认知能力相呼应（Posner & Rothbart，2000；Rueda，Posner，& Rothbart，2005）。尤其是前额叶皮质，它的成熟为儿童的自我调节能力提供了必要的条件。自我调节能力的每一个重要发展阶段都伴随着不同层面的发展目标以及与之对应的能力指标。从这个意义上说，每一个发展阶段都是一个自我调节能力发展的节点，其发展的结果直接和儿童的自我调节能力挂钩。在每个发展阶段，随着儿童自身的成长和自我调节能力的不断提高，成长环境对于自我调节能力的影响也在悄然发生着变化。

例如，在婴儿期，情绪调节的主要任务是对生理层面的情绪唤起进行有效的调节。由于婴儿自我调节能力缺失，调节的效果在极大程度上依赖父母或其他照顾者。他们能否及时注意到婴儿的信号，并辅以行之有效的调节手段，决定了婴儿是否能从中受益。幼儿发展中的语言能力和肢体运动的能力虽然在一定程度上有助于增进其自我调节能力，但总的来说，幼儿的自我调节能力依旧很低，依赖父母的帮助。学龄前期的儿童则经历了自我调节能力的飞速发展，他们在情绪、行为和认知等层面的自我调节能力都有了显著增长。父母对学龄前儿童自我调节能力的影响也逐渐从提供工具性的外部帮助过渡到社会化，包括为儿童示范有效的调节策略，为儿童讲解符合社会规范和社会期望的调节方式，从而帮助儿童理解并习得有效的自我调节策略。

因此，儿童不断变化发展的生理机制和认知水平推动了其自我调节能力的发展。每个发展阶段的自我调节能力都面临截然不同的发展目标。相应地，父母及成长环境中其他环境因素推动儿童自我调节能力发展的方式也不可避免地变化着。

（二）亲子互动与儿童的自我调节及外显行为问题的关系

儿童和父母在家庭生态系统中并不是独立的个体，相反，他们互为依存。他们实时、多样的互动随着时间的推移越来越密集，并逐渐形成一套相对稳定的行为互动模式，形成影响儿童发展的不可忽视的微环境（Olson & Lunkenheimer，2009）。交互发展理论认为，这套行为互动模式的形成受父母和儿童的共同影响。作为社交互动的双方，父母和儿童对于互动、亲子关系有等量齐观的影响。双方的气质特征、互动以及在互动中逐步形成的既有行为互动模式，都在其中起到了重要作用。

既有文献认为，儿童和父母间的亲子互动和儿童行为问题（如外显行为问题）的关系，有可能反映了儿童自我调节能力的发展缺陷（Olson & Lunkenheimer，2009）。这个研究假设主要基于以下观点：父母和儿童的亲子互动是儿童早期自我调节能力发展的重要环境，对于儿童自我调节能力的发展有不可取代的影响（Sameroff & Emde，1989；Sroufe，1996）。具体而言，负性的亲子互动会妨碍儿童自我调节能力的发展（Eisenberg，Fabes，& Murphy，1996；Gottman & Katz，2002），而良性的亲子互动和积极的教养方式能促进儿童自我调节能力的发展和良好行为的习得（Denham，Workman，Cole，Weissbrod，Kendziora，& Zahn-Waxler，2000；Gotman，Katz，& Hooven，1996；Eisenberg，Zhou，Spinrad，Valiente，Fabes，& Liew，2005）。

早前的儿童发展研究大多集中于父母教养方式等环境因素对儿童自我调节能力的单方面影响上。然而，近年来，随着交互发展理论的推广和普及，该领域的实证研究纷纷开始将父母（如教养方式等）和儿童（如儿童的气质特征等）双方的因素同时纳入考量，但此类研究与交互发展模型的核心理念依然相去甚远。具体来说，关键问题在于，它们虽然考虑到了来自父母和儿童双方面的因素，但是它们的影响依然局限于单个因素对儿童自我调节的线性影响，缺少对因素间的互动作用的考察。

因此，真正体现交互发展理论模型的研究不仅应当考察来自父母和儿童的双重因素，更应当考察两者是如何在发展中相互影响的，从而共同推进儿童的发展。

下面，让我们来关注一个应用交互发展理论模型的实证研究（Lunkenheimer，Olson，Kaciroti，& Sameroff，2007）。该追踪研究考察了父亲、母亲和儿童的亲子互动，儿童的自我调节及其外显行为问题间的长时关系。如图5-3所示，在儿童3岁的时候，研究者分别录制了儿童和母亲以及儿童和父亲的亲子互动过程，并对儿童与母亲和儿童与父亲的情绪交互分别进行了编码。

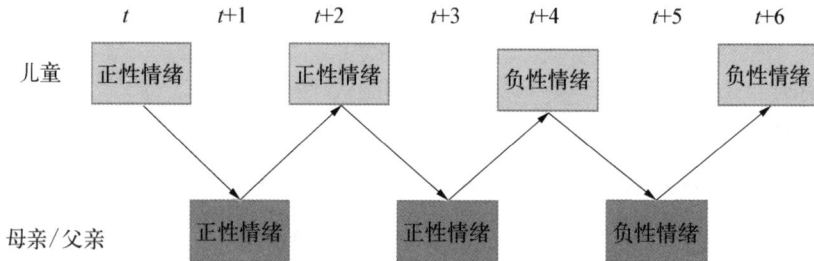

图5-3　儿童与母亲的实时情绪交互示例

研究发现，对父母的正性情绪能给予积极的回应，并表现出相应递增的正性情绪的学龄前儿童，他们在两年半后的外显行为问题较少。有意思的是，儿童自身的负性情绪并不能单独预测儿童日后的外显行为问题。因此，该研究运用交互发展理论模型证明，儿童与父母间的情绪互动而非儿童自身的情绪体验，对儿童行为问题的发展有重要的启示意义。

二、研究案例2：儿童的社会信息处理与攻击性行为的关系

在这个研究案例中，我们将以交互发展理论为出发点，考察儿童的社会信息处理与攻击性行为的关系。

社会信息处理理论（social information processing theory）认为，儿童的社会行为建立在其对社会信息的认知加工的基础上（Crick & Dodge，1994；Fontaine & Dodge，2009）。但是，儿童的认知加工对其社会行为的影响并不是一条单行线。相反，儿童对社会信息的认知加工模式往往建立在其过往与父母、同伴、师长等人的社会交往的经验的基础上。这些社交互动构成了儿童认知加工模式发展的素材，影响着其社会认知模式的走向。这种双向的互动模式不仅可以用来解释儿童的良性发展，还可以用来解释儿童的行为问题的发展，譬如攻击性行为。

例如，在和同伴的互动中经常遭到同伴拒绝的儿童，更有可能表现出让人反感的行为以赢得同伴的注意。他们还更有可能在愤怒、沮丧等情绪的驱使下，表现出指向同伴的攻击性、侵略性的行为。相应地，这些儿童的行为会进一步激起同伴的反感，遭到同伴的抵制与拒绝。如此循环往复，儿童的行为问题在与同伴的互动中不断被强化，久而久之，行为问题会变得越来越稳定，并最终达到自我强化。

在过去几十年中，儿童的行为问题这一研究领域得到了不断扩展和深化。研究的关注点包罗万象，从父母教养压力、反应性和儿童气质特征的交互（Shaw & Winslow，1997），父母抑郁情绪对儿童行为问题的影响（Choe，Olson，& Sameroff，2014；Wang & Dix，2017），到儿童和成长环境之间的互动对推动儿童行为问题的影响（Dodge & Pettit，2003；Granic & Patternson，2006）等。

尤其是关于儿童和成长环境之间的互动的研究，对儿童行为问题的发展和恶化有着重要的启示和现实意义。这是因为，以攻击性行为为代表的外显行为问题作为一种发散型外显行为问题，其危害往往会指向与问题儿童有社交交集的他人，包括父母、师长、同伴等。因此，与内隐行为问题不同，外显行为问题更有可能造成社会危害。研究外显行为问题如何在与自身的其他系统（如认知和情绪）、他人和成长环境的互动中被强化，以至步入逐步稳定、逐步恶化的发展轨迹，具有重要的理论与现实意义。

从交互发展理论的视角出发，该领域的研究可以依据两条脉络梳理：其一，研究关注儿童自身的多个系统之间（如行为、认知、情绪等）的互动对于推动儿童攻击性行为的影响；其二，研究关注儿童的认知、行为模式和社交经验之间的双向影响。接下来将具体阐述这两条脉络的研究理念。

（一）儿童自身认知、行为系统之间的互动

这类研究大多以社会信息处理理论为基础，探讨具有外显行为问题的儿童是否在社会认知层面出现扭曲和缺损，社会认知如何在现实情境中实时推动攻击性行为，以及攻击性行为的呈现如何营造具有敌意的社交体验，从而进一步强化有问题的社会认知模式（Fontaine & Dodge，2009）。

对此类研究而言，研究重点之一是敌意的环境、社交经验等并不会直接对儿童的行为问题产生影响，其影响往往是间接的，即通过作用于儿童的社会认知模式间接推动外显行为问题的发展。

具体来说，社会信息处理理论认为，儿童在社交情境中会对相关的信息、信号进行一系列环环相扣的处理和加工。如图5-4所示，这主要包括五个方面的信息处理（Crick & Dodge，1994）：

（1）信息的录入与编码。在这一初始环节，儿童会观察周遭情境，并有选择性地摄入其认为比较重要的社会信息与信号。有攻击性行为的儿童被认为具有选择性注意负性信息的倾向，即他们会更关注环境中对其不利的信号（如他人嘲讽的表情等）（Crick & Dodge，1994）。同时，他们摄入的信息量相对较少（Dodge & Newman，1981）。

（2）信息的解读。在这个环节，儿童会对之前摄入的信息和信号进行解读，对他人的行为和意图进行归因。尤其是敌意归因倾向，被认为和儿童的攻击性行为有密切的关系（Dodge et al.，2015；Dodge & Godwin，2013）。具体而言，在对方的意图并不明朗的情势下，具有攻击性行为的儿童更有可能判定该结果是由对方的敌意造成的。

（3）目标的澄清。在这个环节，儿童根据之前两个环节中的信息，对自己在该情境中期望达成的目标进行判断，而调节情绪唤起也是这个环节的一个重要任务。具有攻击行为倾向的儿童更有可能在这一环节确立会损

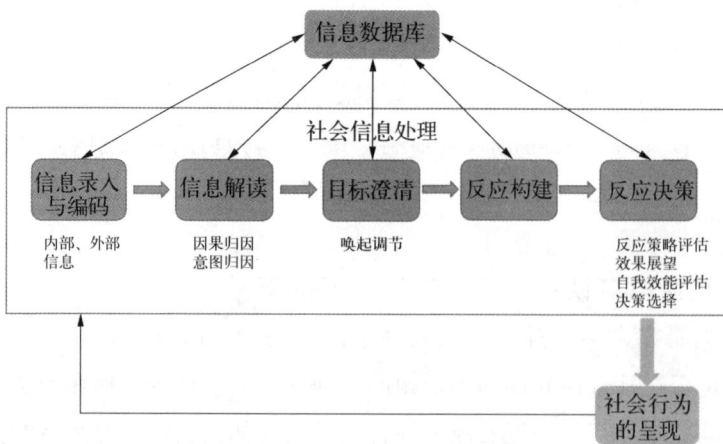

图5-4　社会信息处理理论模型

害社交关系的目标（Slaby & Guerra，1989），例如，选择进行报复。

（4）行为反应的构建。在这个环节，儿童会搜寻或构建在该情境下可能的行为反应策略。高攻击行为倾向的儿童更有可能提取或构建出攻击性、侵略性的行为策略（Wang & Dix，2015），而缺少其他替代的行为策略选项。

（5）行为反应的决策。在这个环节，儿童会对之前构建的可能的行为决策进行评估。该评估包括对行为策略本身的评估，其可能引起的后果的评估，以及依据自我效能感对能否执行该行为决策的评估。经过一系列评估后，最终胜出的行为决策会被付诸实施。具有高攻击行为倾向的儿童更有可能对攻击性行为策略具有选择性偏好（Fontaine & Dodge，2009）。

（二）儿童认知、行为模式与其社交经验的互动

值得一提的是，上述提到的一系列信息加工都建立在儿童根据以往社交经验所形成的信息数据库的基础上。在社会信息加工的每一个环节，都存在不同程度的和已有信息数据库的信息交换。实时的社会信息处理并不是凭空捏造的，而是建立在已有社交经验的基础上。这个信息数据库会随着儿童社交经验的增加而相应地丰富起来。

因此，从这个意义上说，与儿童的气质特征形成鲜明的区别，儿童的社会信息加工并不是一个稳定的个体特征。前者在人的一生中保持稳定并对人的行为产生单方面的重要影响，而后者的稳定是相对的，建立在儿童个人行为和社交活动的互动的基础上（Fontaine & Dodge，2009）。

从交互发展理论的视角出发，如图5-5所示，第二类研究关注具有高攻击行为倾向的儿童的认知、行为模式和社交经验之间的交互影响。

这类研究认为，儿童的社交互动为其社会信息处理模式提供了新的素材，可能会推动未来的社会信息处理模式发生改变。但是，从另一个角度，这些社交互动也为社会信息处理模式的稳定提供了条件。以下两个例子分别从主动和被动两个方面为上述观点提供了范例。

例如，从主动选择的角度，如果一个儿童认为采取攻击性行为能帮助他达成期望的社交目标，而采取亲社会行为会使他在社交互动中处于劣势，他就更有可能在类似情境中采取攻击性行为，并且避免其他可能需要

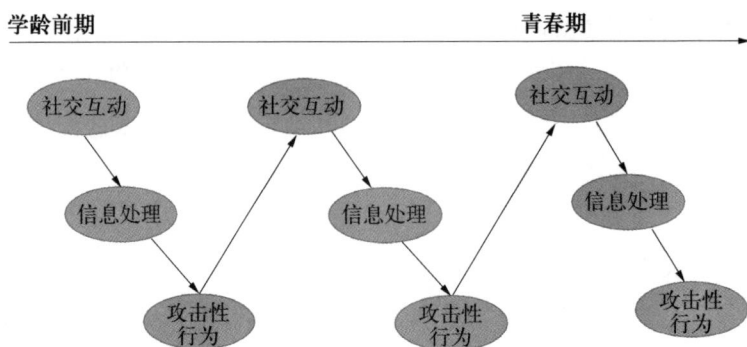

图 5-5　儿童社交互动、信息处理和攻击性行为的长时互动关系

亲社会行为的社交情境。由此，社交情境的单一化进一步强化了攻击性行为的功能性和必要性。

　　除了主动对社交情境进行选择，社交互动还可以通过被动的方式维持社会信息处理模式的稳定。例如，一个频繁在与同伴的互动中表现出攻击性行为的儿童，更有可能被同伴孤立，遭到同伴的拒绝与排斥。相应地，由于同伴的排斥，该儿童缺少了良性的同伴互动，而后者被认为与儿童良好社交技能的习得有密切关系（Vaughn，Vollenweider，Bost，Azria-Evans，& Snider，2003）。因此，同伴的排斥使得儿童可能会出于愤怒和沮丧的情绪而强化其攻击性行为，从而进一步限制了其可能遭遇的社交困境。

　　随着时间的推移，社交情境的倾向化愈加明显，这也使得攻击性行为一再被强化，而其实现良性逆转的可能性也相应变得越来越小。这一恶性循环或许可以解释为什么攻击性行为会随着儿童年龄的增长而日趋稳定。

　　当然，这并不意味着儿童的攻击性行为一旦形成便无可救药，再无挽回的可能。例如，一项大型的干预研究试图通过对学龄前儿童的社会信息处理模式进行干预，来减少其在青少年期的攻击性、侵略性行为（Dodge & Godwin，2013）。该干预研究已初步取得成绩。在学龄前期，研究者多管齐下，从多个维度对儿童的社会信息处理模式进行干预，包括培训儿童的社交技能，培训父母的教养方式，在幼儿园课程中加入推动儿童社会认知发展的板块，以及鼓励儿童与同伴进行良性社会互动，通过同伴帮助儿童纠正攻击性行为，并习得亲社会行为等。该研究发现，和控制组的儿童相比，经过多维度干预训练的学龄前儿童在九年级时攻击性行为明显减少（Dodge & Godwin，2013）。该研究因而支持了社会信息处理模式对儿童攻击性行为的积极影响。可以说，社会信息处理模式是一把双刃剑，它既可以使攻击性行为日趋稳定，又可以为纠正攻击性行为提供途径。如果得到及时且得当的干预，打破推动攻击性行为自我强化的恶性循环并非没有可能。

本章小结

在本章中，我们着重介绍了交互发展理论的历史沿革、内涵及核心理念。和早期的交互发展理论相比，可以说，如今的交互发展理论真正将儿童对其自身发展的积极性和主动性提到了核心位置。儿童的社会性发展并不只是单方面地体现了其成长环境的烙印，而且还在很大程度上体现了儿童内部因素（如气质特征）和其成长环境（如父母的教养方式）的交互作用。从这个角度来谈，儿童在塑造其成长环境的过程中亦发挥了积极的作用。

随着交互发展理论的推广，其在儿童发展领域得到了越来越多的关注和应用。以两个具体的研究领域为例，我们进一步阐述了交互发展理论应当如何应用于儿童发展领域。

第一个研究案例关注儿童的自我调节，从儿童与父母双方的实时情绪调节的角度，考察儿童与父母的情绪互动对于儿童发展的意义。第二个研究案例关注儿童的攻击性行为，通过儿童的社会认知加工模式和社交情境的互动，解释了儿童攻击性行为的形成和固化。

以上述两个研究领域为案例，交互发展理论在儿童发展领域的应用不应当只停留于粗浅的层面，即仅仅考量儿童自身因素和环境因素，并将其影响当作两条互不干扰、各自为政的平行线，而是应当在此基础上，充分考虑儿童自身因素和环境因素之间的互动，考察两者间的相互塑造和相互影响如何在发展的框架中发挥积极的作用。

　　综上所述，交互发展理论契合儿童发展的现实情境，更能反映儿童发展情境的复杂性和交互性，为儿童发展研究提供了一个实用且强大的理论工具。

第六章
儿童对家庭成长环境的影响

第一节
儿童影响家庭成长环境的理论框架

近几十年来，儿童对其家庭成长环境的主动选择和适应得到了越来越多的关注和支持，与之相伴随的是相应理论框架的不断涌现。相互反应倾向理论和差异感受性理论就是这股浪潮中极具代表性，亦为学界所推崇的典型理论。

这两个理论的共通点在于，它们都强调儿童在其成长中扮演的主动、积极的角色。而不同点在于，它们试图从不同的角度勾勒出儿童发挥主动性和积极性的机制。

例如，相互反应倾向理论认为，儿童和其主要照顾者（特别是母亲）之间形成的亲子互动构成了儿童发展的一个重要的近端生态环境，儿童对其自身发展的主动塑造正是通过其对亲子互动的影响得以实现。相比之下，差异感受性理论则从儿童自身的气质特征着手（如儿童的负情绪反应性），认为儿童独有的气质特征等是造成儿童发展的个体差异的重要因素。

接下来将依次介绍这两个理论。

一、相互反应倾向理论

相互反应倾向理论（mutually responsive orientation theory）由美国艾奥瓦大学心理学系的科昌斯卡（Kochanska, 2002）教授提出。该理论认为，儿童和母亲之间应当建立一种良性的亲子关系，这种亲子关系应当是亲密的、牢固的，并且应建立在相互配合和积极的情绪氛围的基础上。

此类具有高相互反应倾向的亲子关系之所以重要，主要在于它作为儿童成长的一个微环境，为儿童的社会化，尤其是行为规范、道德规则、文化理念的社会化提供了一个平台（Kochanska，2002）。具体而言，如果儿童和母亲形成了高相互反应倾向的亲子关系，儿童就会更欣然地理解、接纳并内化母亲的社会化影响，进而有助于提高社会化影响的成效。相反，如果儿童和母亲之间的相互反应倾向较低，儿童就更有可能抵触甚至拒绝母亲的社会化影响，遑论将之内化，而这就为儿童的社会化进程蒙上了阴影。

近年来的大量实证研究支持了上述论断（Kochanska，2002；Kochanska，Forman，Aksan，& Dunbar，2005）。与和母亲形成低相互反应倾向的儿童相比，和母亲形成高相互反应倾向的儿童的道德发展水平更高，包括道德认知的发展水平；呈现更多、更丰富的与道德相关的复杂情绪（如内疚、共情、关心他人等）；在有他人监督和无他人监督的情况下，都能呈现较多的道德行为。因此，这些研究支持了高相互反应倾向的亲子关系对儿童社会性发展的积极作用。

相互反应倾向的亲子关系多在幼年期形成，一旦成型便会成为一种较为稳定的特质，并在亲子互动中不断延续。例如，一项研究表明，相互反应倾向的亲子关系在7—15个月大的婴幼儿和他们的父母中就已能清晰辨识（Aksan，Kochanska，& Ortmann，2006）。

那么，如何定义相互反应倾向的亲子关系呢？相互反应倾向理论认为，此类具有高相互反应倾向的良性亲子关系应当具备两大不可或缺的要素，即相互反应性和共享的正性情绪。前者主要从认知和行为的维度，后者主要从情绪的维度，分别刻画了父母与儿童间的相互反应倾向的亲子关系。

其一，相互反应性（mutually responsiveness）。相互反应性主要指亲子关系的双方（儿童和母亲）都自觉自愿地对对方的需求和想法有积极的回应（Kochanska，2002）。一方面，母亲愿意聆听儿童的想法，对儿童的需求保持较高的敏感性和反应性。在儿童需要支持和帮助的时候，母亲能第一时间提供足够但不泛滥的支持。并且，随着儿童年龄的增长，母亲也能相应地为儿童提供适龄的帮助。另一方面，儿童能毫无抵触、真心实意地接受母亲的教导和影响。在母亲发出指令的时候，儿童能欣然接受；在母亲对儿童进行社会化教育的时候，儿童能理解并内化母亲的价值观和想法；在母亲对儿童提出期望的时候，儿童能努力实现母亲的期望。总之，亲子互动的双方都能欣然尊重并接受对方的立场和想法。

其二，共享正性情绪（shared positive affect）。共享正性情绪主要指儿童和母亲的良性亲子互动应当建立在积极的情绪氛围的基础上（Kochanska，2002）。母亲和儿童之间有大量的正性情绪的传递，亲子互动对双方来说都应当是和谐、愉悦、流畅的，而不应当充斥着令人反感、想要逃离和躲避的负性情绪。

相互反应倾向理论进一步认为，具备以上两大要素的良性亲子关系之所以能够形成，一方面固然少不了母亲在其中发挥的积极作用；另一方面，作为亲子互动的另一方，儿童在其中所起的作用亦不可小觑（Kochanska，2002）。

在推动建立高相互反应倾向的亲子关系的过程中，母亲和儿童缺一不可。亲子关系的走向和质量并不是母亲或儿童的个人特质可以全权决定的，也并没有任何一方能在其中起决定性、主导性作用。换言之，母亲和儿童的个体气质、性格特征等都会对亲子关系的塑造产生影响，双方特质的影响可以说并驾齐驱。并且，亲子关系的质量并不是"1+1=2"那么简单。母亲和儿童的气质、性格特征等会在互动的过程中相互影响、相互改变、相互适应，产生"1+1=0"的缩减效果，抑或"1+1=3"的放大效果。例如，负情绪性（negative emotionality）较高的儿童往往会在与他人的互动中感受到或表达出较高频率、较高强度的负性情绪。这种犹如火山般时时刻刻会"喷发"的儿童，势必会让其母亲承受较大的教养压力。如果母亲碰巧也具有高负情绪性的特征，她就更有可能在儿童出现负性情绪的时候，难以抑制心中的熊熊怒火，用负性情绪和言行作出反应。负性情绪在互动中的不断叠加、升级只会让母亲和儿童两败俱伤，损害亲子关系的质量。相反，如果其母亲的负情绪反应性较低，且自我调节能力较好，她更有可能在儿童出现负性情绪的时候，调节自己和儿童的负性情绪，从而避免负性情绪在互动中不断增强。

也有实证研究表明，儿童和母亲双方的气质特征都会在他们的亲子关系中反映出来。例如，研究者分别考察了同卵双胞胎和异卵双胞胎以及具有血缘关系的兄弟姐妹和领养的兄弟姐妹，与他们的母亲形成的相互反应倾向的亲子关系（Deater-Deckard & O'Connor，2000）。从基因研究的角度出发，该研究旨在探究母亲与儿童所形成的相互反应倾向的亲子关系在家庭内（同一家庭的兄弟姐妹中）和家庭间（不同类型的兄弟姐妹关系）的个体差异，以及可能的导致个体差异的原因。研究结果表明，家庭内的相互反应倾向的亲子关系呈现中等程度的相关（$r = 0.45$），而这种相关在很大程度上能被兄弟姐妹间的基因相似性解释。

此外，儿童的气质特征，如对生气、愤怒等情绪唤起的应激性或在情绪被唤起的情况下是否能被有效安抚等，也被发现能对相互反应倾向的亲子关系起到促进或阻碍作用（Kochanska，2002）。的确，与一个脾气暴躁、应激性高且不能被轻易安抚的儿童相比，一个脾气温和、应激性低且更容易被安抚的儿童，显然会更容易也更有可能和母亲形成互惠互利、积极和谐的高反应倾向的亲子关系。

除了儿童的气质特征对相互反应倾向的亲子关系的作用外，母亲的特质也会在这其中起到不可忽视的作用。例如，有研究发现，能设身处地地感受儿童的情绪和想法的母亲更善于和她们的孩子形成高相互反应倾向的亲子关系（Kochanska，1997）。

另外，母亲的心理健康状况也和亲子关系的质量紧密相关。例如，有研究表明，母亲在儿童发展早期的持续的亚临床抑郁情绪体验，会削弱她们对儿童的敏感性，从而进一步损害她们和儿童形成的相互反应倾向的亲子关系（Wang & Dix，2015）。

综上所述，相互反应倾向理论从亲子关系的角度提出了儿童在其自身社会化发展中的积极作用。儿童自身的气质特征和母亲的气质特征相互影响、相互适应，共同塑造、推动了亲子关系的走向，而亲子关系的质量也直接为儿童的社会化发展提供了最为重要的微环境，与儿童的社会性发展息息相关。

二、差异感受性理论

和上文提及的相互反应倾向理论相比，差异感受性理论着重强调儿童自身的气质、特征等个体特质在儿童社会性发展中的作用。换言之，该理论从儿童自身特质的角度着手，强调儿童在其社会性发展中具有主动性。

差异感受性理论由美国加州大学戴维斯分校的贝尔斯基（Jay Belsky）教授提出（Belsky & Pluess，2009）。差异感受性理论受进化论的启发，认为人与人之间应当存在发展弹性（developmental plasticity），即对外界环境因素的易感性（vulnerability）的个体差异。儿童发展弹性的个体差异进一步与其成长环境产生交互作用，进而决定了儿童发展轨迹的个体差异。

该理论涵盖了"天性"和"教养"两方面的影响因素。一方面，儿童对环境因素的易感性在很大程度上由儿童的基因特质等生理性条件所决定，体现了"天性"对儿童发展的影响；另一方面，教养方式、成长环境通过作用于儿童的发展弹性和对环境的易感性来影响儿童发展，体现了"教养"的影响。

具体而言，差异感受性理论认为，成长环境对儿童的影响并非等量齐观，而是存在着显著的个体差异。尤其是儿童的个体特征，在其中起了重要作用。换句话说，儿童的个体特征会在一定程度上调节成长环境对其产生的影响。一些特定的儿童在行为、气质上的特质可能会使其对环境因素更为敏感，从而更容易受到环境因素的影响，即对环境的易感性更高（Belsky & Pluess，2009）。

差异感受性理论进一步认为，儿童对家庭成长环境的易感性是一把双刃剑。这意味着，与对成长环境易感性较低的儿童相比，一方面，易感性较高的儿童更有可能受到恶劣的成长环境的侵害。不利的环境因素可以包括成长环境中远端和近端的多种因素，如受到父母的虐待、低敏感性和反应性的父母教养方式等近端因素，或者生活变故、社区贫困、不利的同伴文化等远端因素。另一方面，易感性较高的儿童也更有可能从良好的成长环境中获益，为其健康成长增加助力。因此，对儿童的发展而言，对环境的高易感性究竟是福是祸，在很大程度上取决于该儿童所处的成长环境的质量。因此，差异感受性理论通过解读儿童的个体特质如何影响其对成长环境的易感性，凸显儿童在其成长过程中扮演的积极主动的角色。

那么，儿童的易感特质有哪些具体指征呢？差异感受性理论认为，儿童易感特质的指征可能包括基因和行为两个维度。

　　首先，从基因的维度来说，已有实证研究初步证实，一些特定的基因和儿童的高环境易感性相关。例如，存在于X染色体上的MAOA基因（neurotransmitter-metabolizing enzyme monoamine oxidase A gene），该基因的低活性被发现和儿童的高环境易感性有关（Caspi et al.，2002）。其他类似的基因包括5−HTTLPR基因（serotonin-transporter-linked polymorphic region）、HTR2A基因（serotonin receptor gene）、DRD4基因（dopamine receptor D4）以及DRD2基因（dopamine receptor D2）等（Belsky & Pluess，2009）。另外，值得一提的是，这些基因往往通过与成长环境发生交互作用产生影响，近年来涌现的有关基因 × 环境（G×E）的新兴实证研究为此提供了极好的佐证（Belsky & Pluess，2009）。

　　其次，从行为的维度来说，已有实证研究发现，儿童的易感性特质还可以通过一些行为、气质指标辨别出来，其中最具代表性的行为指针包括儿童的困难气质和高负情绪反应性（Belsky，2005）。具有困难气质的儿童往往对新鲜事物和新环境的适应能力较差，较容易被激怒并表现出激烈的负性情绪，而一旦被激怒，这些儿童往往不能被轻易安抚（Berk，2012）。和困难气质类似，高负情绪反应性也被认为是儿童较稳定的一种气质特征（Rothbart & Bates，2006）。与低负情绪反应性的儿童相比，具有高负情绪反应性的儿童通常具备负性情绪相对易唤起、强度高的特点，其在负性情绪的表达上通常也较为激烈（Rothbart & Bates，2006）。

　　现有的实证研究支持了困难气质和高负情绪反应性是儿童易感性特质的行为指标（Belsky & Pluess，2009）。例如，一个长程追踪研究表明，儿童的负情绪反应性特质会在母亲的抑郁情绪体验和儿童随后的适应不良之间起调节作用。具体来说，与具有低负情绪反应性的婴儿相比，具有高负情绪反应性的婴儿更有可能受其母亲的抑郁情绪的荼毒，从而在3岁时表现出低社会交往技能、较差的亲子关系、行为问题等适应不良的状况（Dix & Yan，2014）。

　　另一个针对小学生的研究发现，儿童的困难气质，尤其是高应激性，会在母亲不良的教养方式和儿童外显行为问题之间起调节作用。具体而言，和低应激性儿童相比，高应激性儿童更有可能受母亲严苛、敌意的教养方式的影响，从而在一、二年级的时候发展出外显行为问题（Morris，

Silk, Steinberg, Sessa, Avenevoli, & Essex，2002）。

　　以上两个实证研究均以儿童的易感性特质为指标，支持了具有高易感性特质的儿童更有可能受环境中危险因素（如母亲的抑郁情绪以及不良教养方式）的影响这一观点。此外，还有实证研究从相反的角度出发，支持了此类儿童也更有可能从有利的环境因素中获益的观点。

　　例如，有实证研究表明，与低敏感性母亲的16—19个月大的幼儿相比，当母亲表现出高敏感性的教养方式时，具有困难气质的男性幼儿更有可能从母亲敏感的教养方式中获益，其外显行为问题在随后的6个月中增幅较小（van Aken, Junger, Verhoeven, van Aken, & Deković，2007）。

　　除了困难气质和高负情绪反应性，儿童的冲动性（impulsivity）也可能是易感性特质的一个行为指征（Belsky & Pluess，2009）。例如，在一个针对9—12岁青少年的横断研究中，研究者发现，当这些青少年的母亲采用较为一致的管教措施时，他们的抑郁症状相对较轻微；而当青少年的母亲采用前后不一、极其善变的管教措施时，他们的抑郁症状相对较严重（Lengua, Wolchik, Sandler, & West，2000）。

　　冲动性作为儿童易感性特质的行为指征在最近的一个实证研究中亦得到了支持。一个针对6—12岁荷兰儿童的纵向研究发现，只有在具有高冲动性的儿童群体中，母亲的高反应性才可以在2年内预测儿童外显行为问题的递减趋势；而在具有低冲动性的儿童群体中，母亲的高反应性对儿童外显行为问题的积极作用并不明显（Slagt, Semon Dubas, & Aken，2016）。以上两个实证研究初步支持了儿童的冲动性有可能是其易感性特质的行为指征之一。

　　另外，最近的一个元分析也进一步支持了差异感受性理论（Slagt, Dubas, Deković, & van Aken，2016）。该元分析的结果表明，具有高易感性特质（如高负情绪反应性、困难气质等）的婴儿更有可能受到不利环境因素的侵害，同时也更有可能从有利的环境因素中获益。

　　综上所述，差异感受性理论认为，儿童在基因或行为层面的易感性特质会使其更容易受到环境因素的影响。一方面，当环境因素较为恶劣时，高易感性儿童更有可能深受其害；而另一方面，当环境因素较为有利时，高易感性儿童亦更有可能从中获益。儿童在其成长过程中具有的主动性和积极性，以及对其成长环境的反作用，正是通过这种途径得以体现的。

第二节
儿童影响家庭成长环境的作用机制

相互反应倾向理论和差异感受性理论分别从亲子关系的角度和儿童易感性特质的角度，强调了儿童在其自身成长中的积极作用。本节将以这两大理论流派为基础，进一步分析儿童是如何主动影响其家庭成长环境的，即儿童影响其家庭成长环境的作用机制是什么。

一、澄清迷思

在正式进入这一议题前，有必要澄清有关这一议题的三大迷思。

迷思一：家庭是儿童唯一的成长环境。

其实，家庭并不是儿童唯一的成长环境。广义的成长环境还包括家庭以外的成长环境，例如，儿童在幼儿园、学校等家庭以外的场所与同伴和教师的社交互动，幼儿园和学校的氛围，儿童居住的社区的环境，儿童父母的职场体验，乃至整个社会的文化、风气和价值观等。总之，成长环境可以是微观的，也可以是宏观的；可以是具象的，也可以是抽象的。这些林林总总的不同形式、不同维度的成长环境一起构成了儿童成长环境的"生态圈"。

不过，在诸多成长环境中，家庭成长环境的重要性毋庸置疑。它是儿童浸润时间最长，和儿童关系最为紧密，亦对儿童产生最大影响的近端生态环境。其他远端的生态环境往往通过作用于儿童的家庭成长环境对儿童产生切实的影响。因此，在本节中，我们将围绕儿童对家庭成长环境的反作用展开论述。

迷思二：儿童对家庭以外的成长环境的影响十分有限。

其实，儿童对成长环境的影响并没有止步于家庭成长环境。儿童可以通过直接或间接的方式反作用于其他层面的成长环境。

例如，有纵向研究表明，对具有困难气质的儿童来说，幼儿园的经历更有可能对其青少年早期的学业成绩、认知发展、社会技能等发展领域产生影响（Pluess & Belsky，2010）。这个研究结果可能表明，儿童的气质特征会影响其在幼儿园的同伴关系和师生互动。具有困难气质的儿童更有可能在与同伴、教师的社交互动中遭遇挫折和社交困难，也更有可能诱发同伴、教师产生负性的回应和反馈。这些与他人互动的负性经验可能会进一步对儿童发展造成长期且持久的伤害。

迷思三：儿童"主动"塑造家庭成长环境是指儿童有主观意愿。

其实，这里的"主动"之所以与"被动"相区分，主要原因并不是儿童是否有意识、是否在主观上有影响其家庭成长环境的意愿，即儿童是否想要这么做，关键点是儿童是否会对家庭成长环境产生实实在在的影响。一言以蔽之，儿童对家庭成长环境的"主动"塑造是根据结果而非主观意愿来衡量的。

总之，澄清以上三个迷思有助于更好地厘清思路。对于儿童对家庭成长环境影响的关注并不是以偏概全地抹杀其他成长环境的作用，也不意味着儿童对成长环境的影响仅仅局限在家庭的范围内。

二、儿童的气质特征与父母教养方式的互动关系

那么，儿童如何反作用于其家庭成长环境，从而对自身的发展产生影响呢？总的来说，儿童主动作用于其家庭成长环境的机制主要围绕父母教养方式、亲子互动等方面展开。儿童的情绪、认知、行为、气质等个体特质，会通过与父母的日常互动淋漓尽致地表现出来，并诱发父母相应的回应与反馈。换言之，儿童对成长环境的主动选择和适应往往通过作用于其父母而实现。

上述作用机制在理论上可纳入"基因和环境的交互作用"这一范畴，即具有生理基础的个体特质和外在成长环境的交互作用构成了儿童对其成长环境施加影响的主要机制（Scarr & McCartney，1983）。具体来说，儿童的个体特质可以通过与父母互动中表现出的情绪、行为等得以表达，进而形成相应的微环境（Scarr & McCartney，1983）。

在操作层面上，根据环境的不同维度进行细化，就可以将基因与环境的交互作用落实到不同研究领域。例如，儿童的气质特征如何与父母的教养方式互动，从而诱发不同的教养方式等。正如柯林斯等人（Collins, Maccoby, Steinberg, Hetherington, & Bornstein, 2000）提出，儿童的气质特征可能引发一连串的人际反应，而后者会进一步将儿童置于危险之中或对儿童起保护作用。

从20世纪90年代开始，"基因和环境的交互作用"这一研究议题在儿童发展领域得到了越来越多的关注和应用。该领域的研究范式大多着眼于探查不同气质类型的儿童是否会对成长环境（尤其是父母的教养方式）有不同的反应（Bornstein，1995；Plomin & Rutter，1998）。具体地说，该领域的研究目前可以分为两个分支：（1）父母的教养方式对不同气质类型的儿童的差异性影响；（2）比较不利程度较高和较低的成长环境对不同易感性特质儿童的差异性影响（Collins，Maccoby, Steinberg, Hetherington, & Bornstein, 2000）。

研究发现，不同儿童特质会诱发不同的教养反应。例如，婴儿研究发现，以高负情绪反应性为代表的高应激性、高唤起度的困难气质特征，往往会从婴儿父母处诱发故意漠视、躲避或胁迫性的管教方式，父母也较少和这类困难气质的婴儿有积极、正性的互动（Collins，Maccoby, Steinberg, Hetherington, & Bornstein, 2000；Paulussen-Hoogeboom，Stams, Hermanns, & Peetsma, 2007；Paulussen-Hoogeboom，Stams, Hermanns, Peetsma, & van den Wittenboer, 2008）。还有研究发现，婴儿多动、冲动等困难气质特征能显著正向预测父母展现的敌意、苛刻的教养方式，而后者会进一步正向预测婴儿10年后的外显行为问题（Bates，Pettit, & Dodge, 1995），即由婴儿的困难气质诱发的负性教养方式在婴儿的困难气质和其行为问题中起中介作用。

另一个纵向研究将学龄前儿童（3岁6个月）作为被试。研究发现，母亲的负性教养方式在儿童的负情绪反应性和抑郁、焦虑症状中起中介作用（van der Bruggen，Stams，Bögels，& Paulussen-Hoogeboom，2010）。换句话说，具有高负情绪反应性的儿童更有可能从母亲处诱发拒绝、回避的行为，而后者能显著预测儿童1年后（4岁6个月）的抑郁、焦虑症状。

以上两个研究均将正常家庭，即有血缘关系的母子作为被试。也有纵向研究将特殊家庭，即没有血缘关系的收养家庭作为研究对象，其研究结果进一步印证了上述结论。

例如，一个纵向研究将9—27个月大的婴幼儿和他们的养父母作为研究对象。该研究发现，当幼儿的负情绪反应性增加时，父母的负性教养方式亦会随之增加，而母亲的养育效能感会相应递减（Lipscomb，Leve，Harold，Neiderhiser，Shaw，Ge，& Reiss，2011）。这一研究结果表明，以负情绪反应性为代表的儿童困难气质会给儿童与父母的互动蒙上阴影。换句话说，和此类儿童互动可能会让其父母感受到巨大的养育压力，从而更有可能采用负性、胁迫的方式镇压儿童负性情绪的表达，以期缓解眼前的压力。当这种高强度的镇压手段难以奏效时，母亲可能会对自己是否有能力管束儿童心生疑惑和忧虑。鉴于这个研究结果基于没有血缘关系的收养家庭，因此，研究结果可以排除基因的影响，从而更加支持儿童的负情绪反应性和父母的负性教养方式在行为层面存在联系这一结论。

综上所述，大量实证研究表明，儿童的气质特征会通过作用于儿童的家庭成长环境，尤其是父母的教养方式，对儿童的成长产生积极主动的影响。这些实证研究也因此引发了一个具有重要理论意义和现实意义的话题，即儿童的气质特征和家庭成长环境之间是否存在匹配的问题。具体而言，家庭成长环境和儿童之间是否存在着"因材施教"的可能性，即根据儿童的气质等个体特质提供与之相匹配的成长环境和教养方式，而这能否最大限度地推动儿童健康、良性的发展？

早在20世纪70年代，父母教养方式领域的研究者就已针对上述问题给出了高屋建瓴的理论框架。托马斯和奇斯（Thomas & Chess，1977）提出的拟合度模型（goodness-of-fit model）指出，类似于数据分析的建模，儿童的气质特征和其成长环境之间也存在着关于拟合度的考量，当儿童的气质特征和其所浸润的成长环境拟合度较高、匹配较好时，就能在最大程度上促进、优化儿童的发展。反之，如果儿童的气质特征和其成长环境拟合度较低、匹配较差，就会对儿童的发展产生阻碍，甚至有可能导致儿童出现不同程度的适应不良。

从这一意义上，或许可以说，拟合度模型从作用机制的角度对差异感受性理论进行了补充：后者试图描述儿童的高易感性特质会使其更有可能受成长环境的影响，而前者试图解释为什么这些高易感性特质的儿童更容易受成长环境的影响；即后者着重回答"谁"，而前者着重回答"为什么"。

具体来说，拟合度模型指出，这些具有困难气质的儿童之所以更容易出现适应不良的问题，主要原因在于儿童的气质特征与其所体验到的父母教养方式并不匹配（Berk，2012）。在婴儿期，这些困难气质的儿童较少受到敏感、细致的呵护（van den Bloom & Hoeksma，1994）。在幼儿期，他们的父母倾向于在和儿童的互动中使用敌意、惩罚性的教养方式，无法为儿童的自我调节和努力控制能力的发展提供足够的支持。当儿童忤逆或不遵从父母的指令时，父母就会承受更大的教养压力，进而更有可能采用高压的教养方式，以暴制暴（Bridgett et al.，2009；Paulussen-Hoogeboom, Stams, Hermanns, & Peetsma, 2007）。这种不良的互动方式循环往复，周而复始，使儿童的困难气质不断强化（Pesonen et al.，2008）。

反之，如果这些具有困难气质的儿童从婴儿期开始就能得到父母的悉心呵护，能在表现出负性情绪时得到父母良好的引导，能在父母的社会化中习得良好的自我调节技能和社交技能，能与父母形成良性互动、相互回应的亲子关系，那么，困难气质的儿童就有可能受到匹配度高的成长环境的庇护和帮助，减少其出现适应不良的可能性。

实践专栏

如何养育具有困难气质的儿童？

养育具有困难气质的儿童对父母来说是一个不小的挑战，会给父母造成不小的教养压力。这类儿童就像一座随时可能喷发的活火山，一旦发作往往较难安抚。那么，父母应当如何养育具有困难气质的儿童呢？

首先，对于此类儿童，以暴制暴是不可取的。用暴力的方式压制会进一步激化儿童的消极情绪，还会为儿童作出不好的示范，使其认为暴力是解决问题的方法。

其次，与以暴制暴相比，耐心地疏导儿童的消极情绪，并帮助儿童习得良好、有效的情绪调节策略才是正本清源的方法。具有困难气质的儿童会频繁体验到强烈的消极情绪，而强烈的消极情绪的表达在一定程度上源于儿童薄弱的情绪调节能力。父母对儿童的敏感体察和耐心正是帮助儿童提高情绪调节能力的法宝。换言之，父母可以利用儿童消极情绪爆发这一契机，让儿童了解自己体验到的情绪，懂得在出现此类情绪时应当如何调节。

最后，有一些儿童可能会将消极情绪作为要挟父母、强迫父母妥协的手段。基于以往和父母的互动，这类儿童会发现，一旦自己表现出强烈的消极情绪，父母会立刻妥协，满足自己的愿望。久而久之，儿童便会将此手段"发扬光大"，在需要父母妥协的时候时不时地利用这一手段。在这种情况下，父母的一味妥协和屈从反而会助长儿童的消极情绪的爆发。因此，父母应当有意识地具体问题具体分析，避免盲目满足儿童的需求。

总之，和具有困难气质的儿童相处是一门艺术，需要父母投入额外的耐心和爱心，正确、有效地引导儿童，这种引导需要父母长期坚持才能见效。

本章小结

　　本章旨在阐述儿童如何对其成长环境，尤其是对以父母教养方式为代表的家庭成长环境产生主动的选择与适应，从而在某种程度上影响自身的发展与成长。在本章的第一节，我们关注了致力于解决这个问题的两个颇具影响力的理论流派，即相互反应倾向理论和差异感受性理论。前者从亲子互动的角度阐述了儿童对其成长环境的反作用，后者从儿童自身特质的角度出发，指出具有某些高易感性特质的儿童更有可能受环境的影响。

　　本章的第二节在澄清了有关儿童对其成长环境的影响的三个迷思的基础上，深入探讨了儿童对其家庭成长环境产生影响的具体作用机制。总的来说，儿童的气质特质会通过诱发不同的父母反应和反馈，主动地反作用于其成长中最重要的微环境，即父母的教养方式。具有高负情绪反应性、高冲动性等特质的困难气质儿童，往往会在互动中为其父母带来相当大的教养压力，导致父母更有可能以暴制暴，以粗暴、敌意、胁迫性的方式作出回应，而这些不利的教养方式会进而妨碍儿童的发展。当儿童的气质较为随和时，父母使用类似负性教养方式的可能性就会相对较低，从而降低了儿童出现适应不良的可能性。

　　综上所述，儿童的气质特征与其成长环境之间的匹配对儿童的发展尤为重要。困难气质并不意味着此类儿童一定会发展出适应不良，如果父母能为之提供积极、正性的教养方式，适当地鼓励和引导儿童，就能为儿童的健康成长保驾护航。

第七章
母亲抑郁与儿童发展的交互作用

  《自然》杂志曾在2014年以"抑郁"为主题推出特刊，指出抑郁已成为人类最普遍的情绪疾病之一。作为一种情绪疾病，抑郁不仅会对个人日常生活、社交功能等诸多方面造成困扰，亦会对其周围的人造成困扰。

  母亲抑郁时，儿童会深受其害，但儿童也会影响母亲的抑郁情绪，这两者相互影响、相互强化、互为因果。这可能意味着，要打破这个恶性循环，需要充分考虑来自母亲和儿童双方面的因素。

第一节
母亲的抑郁情绪及研究工具

　　基于抑郁发病率的研究指出，女性的抑郁发病率是男性的3倍，其中，处于孕期、围产期乃至整个育儿期的母亲是抑郁的易感人群，这些阶段的抑郁发病率大致相当（Kessler，2006）。

　　我们通常所说的母亲抑郁其实包含两种不同的状态。第一类母亲患有经临床诊断并确认的抑郁症（major depression）。这类母亲的抑郁症状通常比较持久，亦比较严重，且复发率极高。大约有80%的抑郁症患者经历过至少一次的复发。也因此，早期的母亲抑郁研究多关注此类患抑郁症的母亲。第二类母亲有亚临床的抑郁症状（depressive symptoms），这类症状并未经过临床诊断的确认，因此容易被忽视。但是亚临床的抑郁情绪也可以具有较高的稳定性和持久性。最近的一项历时27年的追踪研究表明（Najman et al.，2017），母亲的抑郁情绪在这相当长的时间内保持着较为稳定的水平（如图7-1所示）。

　　近年来，母亲的亚临床抑郁情绪开始被学界关注。其中一大重要原因是，不断累积的实证研究结果指向同一个结论，即亚临床的母亲抑郁情绪，尤其在其较为持久和稳定的情况下，已经足以对儿童的认知、情绪、行为等重要发展领域造成不容忽视的创伤（Goodman，2007；Goodman & Tully，2006；Goodman，Rouse，Connell，Broth，Hall，& Heyward，2011）。而另一个重要原因是，和临床确诊的抑郁症相比，亚临床的抑郁情绪的发病率更高。基于西方的研究数据，抑郁症在母亲中的发病率约为6%—

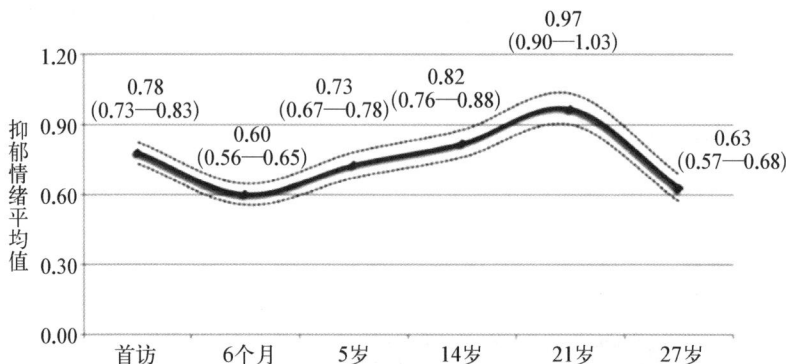

图7-1　母亲抑郁情绪的长期发展趋势图

17%（Kessler，2006），而据初步统计，亚临床的抑郁情绪的发病率更高，约有80%的1—7岁儿童的母亲曾有过抑郁情绪体验（Campbell，Matestic，von Stauffenberg, Mohan, & Kirchner, 2007）。

在心理学研究中，亚临床的母亲抑郁情绪通常在两个维度上测评，即类别（categorical）维度和连续（dimensional）维度。最常用的两种自评的抑郁情绪量表均采用了后一个维度，即在连续维度上量化母亲的抑郁情绪体验。

这两种常见的抑郁情绪量表是"贝克抑郁量表（第二版）"（Beck Depression Inventory，Second Editon，BDI-II）（Beck，Steer，& Brown，1996）和"CES-D抑郁自评量表"（Center for Epidemiological Studies-Depression Scale，CES-D）（Radloff，1977）。这两个量表的中文版本都曾在针对中国本土样本的研究中应用过，具有较好的信度与效度（Wang，Armour，Wu，Ren，Zhu，& Yao，2013；Yang，Wu，& Peng，2012）。

这两个量表在形式上比较类似，均由母亲对自己在过去一周中出现的抑郁情绪进行自评。两者最主要的不同之处在于，"CES-D抑郁自评量表"要求被试根据相应的情绪体验出现的频率进行打分。例如，其中的一个项目为"我觉得很伤心"，被试需要对这个项目进行自评，0 = 很少或基本没有（一星期中少于1次），1 = 有一些（一星期中有1—2次），2 = 有几次（一星期中有3—4次），3 = 经常或总是（一星期中有5—7次）。

现行的"贝克抑郁量表（第二版）"于1996年发布（Beck，Steer，

Ball，& Ranieri，1996）。与"CES-D抑郁自评量表"不同，"贝克抑郁量表（第二版）"对相应的情绪体验均有四种描述，并按积极（中性）到消极的顺序排列，被试需要在其中选出最契合其情绪体验的项目。例如，其中一个项目包括：我从未对自己感到失望（0）；我有时会对自己感到失望（1）；我对自己感到厌恶（2）；我非常怨恨自己（3）。

虽然在具体的形式上有所差别，但以上两种量表的计分方式大致相同。在上述两个量表中，母亲的抑郁情绪依据各个项目的总分来判断，分数越高代表抑郁情绪越严重。如表7-1所示，"CES-D抑郁自评量表"的得分在16分及以上，代表被试的抑郁情绪较为严重，已达到临床相关的抑郁水平（Radloff，1977）。"贝克抑郁量表（第二版）"在分值的划分上更为细致，将分数从低到高划分为四档，分别对应不同程度的亚临床抑郁情绪（Beck，Steer，Ball，& Ranieri，1996）。

表 7-1　抑郁量表的得分及其对应的抑郁程度解读

量　表	总　得　分	所对应的抑郁程度
CES-D	0—15	轻度的亚临床抑郁情绪
	≥ 16	重度的、临床相关的抑郁情绪
BDI-II	0—13	极少的亚临床抑郁情绪
	14—19	轻度的亚临床抑郁情绪
	20—28	中度的亚临床抑郁情绪
	29—63	重度的亚临床抑郁情绪

不过，值得注意的是，这两个量表的分数仅能作为母亲抑郁情绪及其相关症状的参考，并不能代替临床意义上的诊断。作为研究工具，这两个量表测得的母亲抑郁程度在命名上必须和临床意义的抑郁症相区别，故通常会用抑郁情绪或抑郁症状来代替。

第二节

母亲抑郁对儿童发展的不利影响

母亲抑郁领域的早期研究已经明确，母亲抑郁是儿童发展的一个重要危险因素（Goodman & Gotlib，1999；Goodman，2007；Goodman, Rouse, Connell, Broth, Hall, & Heyward, 2011）。但随着人们对亚临床的母亲抑郁情绪的了解不断加深，大量的实证证据表明，即便是亚临床的母亲抑郁情绪，也和其儿童的适应不良有着持久而密切的关系（Goodman & Tully，2006）。

在本章中，"母亲抑郁"这一标签既包括临床意义上的患抑郁症的母亲，也包括体验到亚临床抑郁情绪的母亲。我们将盘点母亲抑郁这一儿童发展的重要危险因素在婴儿期、幼儿期、学龄前期以及学龄期，对儿童的认知、情绪、行为等重要发展领域的不利影响。

一、母亲抑郁与婴儿的社会性发展

已有实证研究表明，母亲抑郁对婴儿的情绪、行为、认知和生理等社会性发展的重要领域均有不利的影响（Goodman & Tully，2006）。

婴幼儿期作为儿童发展的初始阶段，是各个重要发展领域萌芽、奠基的发展时期。因此，来自父母的敏感、细致、积极的教养方式在这一儿童发展的早期阶段显得尤为重要。

对婴儿来说，母亲的高敏感性、高反应性的教养方式是帮助其对内在和外在的情绪、生理的唤起进行有效调节，以及建立安全型依恋的必要条件。而研究发现，在抑郁症状的干扰下，母亲往往不能为婴儿提供其所需的高敏感性、高反应性的教养方式（Lovejoy，Graczyk，O'Hare，& Neuman，2000）。因此，婴儿在情绪调节和依恋关系的建立等社会性发展的重要方面，势必会受到负面影响。而一旦儿童的早期发展出现滞后，又势必会引发连锁效应，导致其在后期发展中因为发展基础的薄弱或必要技能的缺失，不能和同龄儿童一样获得快速、飞跃式的发展。基于以上理念，研究者认为，母亲抑郁情绪的发病时间可能会和儿童的适应不良有密切关系：母亲抑郁情绪出现时，儿童的年龄越小，其对儿童发展造成的伤害越大（Goodman，2007）。

实证研究表明，和正常母亲的婴儿相比，抑郁母亲的婴儿会在行为、情绪等社会性发展的诸多方面出现适应不良的症状。

比如，实证研究表明，和控制组的婴儿相比，抑郁母亲的婴儿会表现出更多的负性情绪、更多的抑郁情绪、更多的自我指向的情绪调节策略（如扭头、闭眼、吸吮手指等），以及更有可能与其母亲建立不安全的依恋关系（Field，1992；Goodman & Tully，2006；Gotlib & Goodman，1999；Tronick & Reck，2009）。这些婴儿还会出现更多的生气的面部表情和较少的感兴趣的面部表情（Field，Pickens，Fox，Gonzalez，& Nawrocki，1998）。

抑郁母亲和其婴儿的互动也充斥着不和谐的噪声和问题，使婴儿和母亲无法形成积极、良性、协调的互动（Field，2002；Tronick & Reck，2009）。婴儿已经具备了觉察母亲的异样情绪状态的能力，会试图修复和母亲的正常互动，然而，当这种修复的努力被证明是徒劳时，婴儿会出现失望的情绪和暗示沮丧的行为，例如抗议、扭头等（Field，2002）。长此以往，婴儿可能会为了避免失望而尽量避免与抑郁母亲发生互动。比如，在和母亲及陌生人的互动中，婴儿会出现更少的目光接触、更多的目光回避（Granat，Gadassi，Gilboa-Schechtman，& Feldman，2017）。另外，如图7-2所示，随着母亲抑郁症状的增加，婴儿的害怕情绪亦会有较大幅度的增加（Gartstein，Bridgett，Rothbart，Robertson，Iddins，Ramsay，& Schlect，2010），而后者能显著预测婴儿在幼儿期的焦虑水平。

与情绪、行为领域的大量实证研究相比，有关抑郁母亲婴儿的认知发展的研究相对来说较为匮乏。但初步的研究表明，如果母亲的抑郁情绪在婴儿出生后的前6个月保持稳定的态势，那么，在婴儿1岁的时候，其在"贝利婴幼儿发展量表"（Bayley Scales of Infant and Toddler Development）

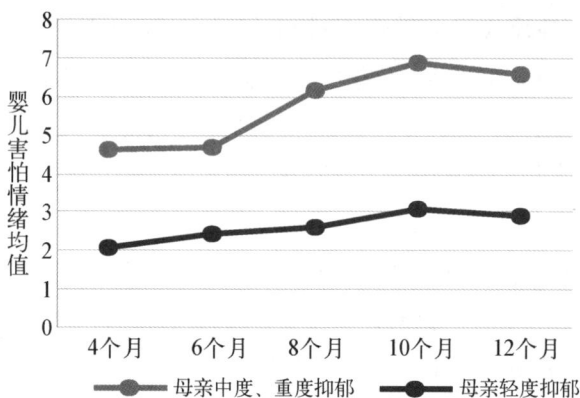

图 7-2　母亲抑郁情绪和婴儿害怕情绪发展走势图

上的认知和运动方面的表现明显滞后于同龄人（Field，1992）。

　　除了行为、情绪、认知领域的适应不良，抑郁母亲的婴儿还被发现在大脑发育等生理层面与正常母亲的婴儿有区别。例如，在和母亲互动的时候，抑郁母亲的婴儿会分泌更多的唾液皮质醇，这可能表示，和抑郁母亲的互动会诱发婴儿更大的压力（Field，1992；Hertsgaard，Gunnar，Erickson，& Nachmias，1995）。

　　此外，抑郁母亲的婴儿亦呈现出脑电波（electroencephalography，EEG）的异常。研究表明，和他们的抑郁母亲一致，抑郁母亲的婴儿在与母亲互动的时候，右前额叶区域会出现相对较高的激活（Field & Diego，2008）；而与之相比，正常母亲的婴儿通常会在左前额叶区域出现相对较高的激活。这一激活模式在抑郁母亲的婴儿3个月大的时候便已能测得，且会在随后的幼儿期、学龄前期保持稳定（Field & Diego，2008）。在社交情境下，左前额叶区域的激活通常和趋近、接近的取向有关；右前额叶区域的激活通常和回避、退缩的取向有关。因此，研究者认为，这一异常可能意味着，抑郁母亲的婴儿在与母亲互动的时候会倾向于行为抑制和社交退缩（Field & Diego，2008）。

二、母亲抑郁与幼儿、学龄前儿童的社会性发展

　　和母亲抑郁对婴儿的不利影响相比，有关母亲抑郁对幼儿期和学龄

前期儿童的影响的研究更为丰富。现有的研究均一致指向母亲抑郁对该阶段儿童的社会性发展有着重要的不利影响，包括情绪、行为、认知等重要领域（Goodman & Tully，2006；Goodman，Rouse, Connell, Broth, Hall, & Heyward, 2011）。在母亲抑郁对幼儿期、学龄前期儿童的影响这一研究领域中，其研究主题、研究范式和研究结论等都较为相似，因此，这里将把幼儿期和学龄前期整合起来进行阐述。

首先，研究发现，抑郁母亲的儿童存在情绪发展方面的问题。和正常母亲的儿童相比，抑郁母亲的儿童会表现出较多的消极情绪和较少的积极情绪；他们的情绪调节也更容易处于紊乱的状态，通常无法行之有效地调节情绪（Feng，Shaw, Kovacs, Lane, O'Rourke, & Alarcon，2008；Maughan，Cicchetti, Toth, & Rogosch，2007）。和控制组的儿童相比，抑郁母亲的儿童还会表现出更多的焦虑、害怕的情绪（Gartstein，Bridgett, Rothbart, Robertson, Iddins, Ramsay, & Schlect，2010）。有研究者认为，这些情绪本身有可能就是儿童后期抑郁、焦虑症状的初始征兆（Goodman，2007）。

抑郁母亲的儿童也更有可能在亲子互动和同伴互动中出现问题。在营造与母亲的亲子关系方面，抑郁母亲的幼儿更有可能和母亲形成不安全的依恋关系，无法在与母亲的互动中习得一套有条理的、稳定的依恋行为策略（Teti，Gelfand, Messinger, & Isabella，1995）。相应地，这些儿童和其母亲的关系也较为疏离，会在与母亲的互动中较少表现出积极情绪，也会对母亲的言语和行为较为抵触（Wang & Dix，2013；Wang & Dix，2015）。

在和同伴交往的社交技能方面，抑郁母亲的学龄前儿童的社会交往技能也通常较差（Dix & Yan，2014；Wang & Dix，2013）。这些儿童（尤其是男孩）更有可能在和同伴互动的时候，表现出侵略性、攻击性的行为（Hipwell，Murray, Ducournau, & Stein，2005），也更有可能被同伴拒绝和孤立（Cummings，Keller, & Davies，2005）。

其次，大量的实证研究聚焦在母亲抑郁对幼儿和学龄前儿童的行为发展的影响这一领域。这些研究一致表明，母亲抑郁是儿童行为问题发展的一大重要危险因素。和控制组的儿童相比，抑郁母亲的幼儿和学龄前儿童更有可能出现内隐行为问题（internalizing behavioral problems）和外显行为问题（externalizing behavioral problems）（Dietz，Jennings，Kelley，& Marshal，2009；Goodman & Tully，2006；Goodman，Rouse, Connell, Broth, Hall, & Heyward, 2011；Leckman-Westin，Cohen，& Stueve，2009；Wang & Dix，2013）。这些行为问题通常较为稳定，且在幼儿期和学龄前期会共存，很难将它们剥离开来（Vaillancourt et al.，2017）。

最后，除了上述情绪、行为方面的发展问题，抑郁母亲的儿童还会在认知发展上出现滞后。例如，研究表明，母亲抑郁能显著地反向预测儿童在3岁时的认知发展（Wang & Dix，2013），尤其在儿童的负情绪反应性比较高的情况下（Dix & Yan，2014）。

综上所述，大量实证研究已经表明，母亲抑郁对于幼儿期和学龄前期儿童的社会性发展的诸多方面都有不可忽视的不良影响。一方面，这些适应不良的症状可能使儿童在早期发展这一重要阶段处于劣势，在必备技能的习得、关键领域的发展上处于滞后状态，从而使其在后续的发展中，因缺乏相应的社会化准备而无法赶超同龄人；另一方面，这些症状本身可能就是儿童后期发展问题的先兆，尤其是抑郁、焦虑等精神疾病的先兆。

因此，幼儿期、学龄前期是对抑郁母亲的儿童进行干预的一个重要阶段。以外显行为问题为例，在一般儿童群体当中，它在学龄前期有较大幅度的下降。但对部分暴露在高危险因素下的儿童来说，外显行为问题会不减反增，并且会在这一阶段稳定下来，在随后的发展阶段中通过自我强化的模式表现出高度的稳定性。因此，选择合适的阶段进行干预，对干预效果有着直接的积极影响。再加上得当的干预手段，其对扭转抑郁母亲对儿童发展的不良影响有着不可估量的潜在社会价值。的确，最近的一个文献也指出，该阶段是对抑郁母亲的儿童进行干预的最佳时期，初步的干预结果也较为理想（Goodman & Garber，2017）。这为未来的干预研究提供了初步的支持。

三、母亲抑郁与学龄儿童的社会性发展

对年幼的婴幼儿和学龄前儿童来说，他们的发展状况通常是由他人报

告的，例如父母（特别是母亲）或幼儿园教师。而他人的报告由于各种局限，往往存在或多或少的偏差，难以真实地还原儿童发展状况的全貌。

以幼儿的焦虑、害怕等内隐性情绪问题为例，父母或教师如非足够细致，可能根本无法觉察幼儿存在此类情绪问题。即便父母、教师观察到了幼儿的异常，他们对于症状严重程度的评判也不可避免地受自身认知能力、认知偏差等诸多因素的影响，从而使报告出现测量误差。

但是，尽管他人的报告存在上述诸多局限，但它依然在针对年幼儿童的实证研究中得到了广泛应用。究其原因，主要在于他人报告是取得这一阶段儿童发展评估的最直接、最具操作性的数据收集手段。虽然也有研究者试图让学龄前儿童进行自我报告，但得到的数据内部一致性系数偏低，从而导致研究结果的准确性和可信度大打折扣（Harter & Pike，1984）。

随着儿童进入学龄期，这一情况大有改观。学龄儿童在认知、语言等领域的迅猛发展使其更有可能成为研究的被试，通过儿童自我报告来对其发展水平进行评估也逐渐成为可能。通过儿童的自我报告对其情绪、认知、行为等社会性发展领域进行评估，也开始成为研究这一年龄段儿童状况的主要手段之一（Goodman & Tully，2006）。儿童自我报告的形式可以多种多样，量表测评、情境测试、访谈等都是常用的研究手段。

首先，基于儿童的自我报告，研究发现，抑郁母亲的儿童更有可能出现与抑郁相关的社会认知偏差。例如，和对照组的儿童相比，这些儿童更有可能因为不尽如人意的结果而责备自己，他们的自我概念的发展较差，倾向于认为自己不被他人喜欢，也通常较少使用积极、正性的词汇进行自我描述（Goodman，2007）。在模糊情境下（即同伴的意图、目的并不明朗的社交情境中），抑郁母亲的儿童还更有可能对他人的意图进行敌意归因，认为他人的行为是由充满敌意的动机所驱使的，也因此更有可能采取攻击性、侵略性的行为策略作为反击（Wang & Dix，2015）。

其次，抑郁母亲的儿童在入学后还会在认知、行为、社交等发展领域出现林林总总的适应不良。基于大数据的追踪研究表明，母亲持久而稳定的抑郁情绪（尤其是当其发生在儿童发展的早期阶段，如婴幼儿期），能显著预测儿童入学后的适应不良。具体地说，这些儿童的学业成绩通常较差，社会交往技能欠缺，发展出内隐与外显行为问题的可能性更高（Wang & Dix，2015；Yan & Dix，2014；Yan & Dix，2016）。这些适应不良的症状可能导致儿童无法顺利度过幼升小这一关键过渡时期，对学校这个新的环境产生适应困难，无法融入同伴群体中，亦不被教师看好。这些压力性的社交经验进而以恶性循环的方式，进一步对儿童的适应不良产生强化效应。

最后，在这一阶段，母亲抑郁对儿童心理健康的不良影响也开始凸显。该主题的实证研究表明，和对照组儿童相比，抑郁母亲的儿童的抑郁情绪发生率更高（Goodman，Adamson，Riniti，& Cole，1994；Malcarne，Hamilton，Ingram，& Taylor，2000；Goodman & Tully，2006）。在这些儿童中抑郁情绪的发生率为20%—41%，具体数字取决于父母抑郁症状的严重程度、父母双方是否都有抑郁情绪以及其他家庭、环境因素（Goodman & Tully，2006）。

例如，一项纵向研究对抑郁母亲的儿童从婴儿期开始直至青少年期进行了长达16年的追踪（Murray，Arteche，Fearon，Halligan，Goodyer，& Cooper，2011）。该研究旨在考察，与正常母亲的儿童相比，抑郁母亲的儿童是否是抑郁的易感人群，即他们是否更有可能患上抑郁、焦虑等精神健康问题。研究的结果和其假设基本一致。在这16年的追踪中，抑郁、焦虑症状在抑郁母亲的儿童中的发生率约为41.5%，而在对照组的正常母亲儿童中，发生率仅为12.5%。

更进一步，抑郁母亲的儿童不仅仅是抑郁情绪的高危人群，他们还是其他诸多精神疾病或心理疾病的易感人群。和对照组相比，抑郁母亲的儿童更有可能患有社交恐惧症（social phobia）、注意缺陷障碍、分离焦虑等其他焦虑障碍（Biederman，Faraone，Hirshfeld-Becker，Friedman，Robin，& Rosenbaum, 2001；Luoma，Tamminen，Kaukonen，Laippala，Puura，Salmelin，& Almqvist, 2001；Goodman & Tully，2006）。

综上所述，实证研究已经在母亲抑郁对儿童发展的影响这一研究领域累积了大量证据，这些证据一致支持了母亲抑郁对于儿童发展的不良影响。无论是经临床诊断确诊的患抑郁症的母亲，还是亚临床的具有抑郁情绪的母亲，一旦持久地稳定在某一抑郁水平，就有可能在无形中对儿童的发展造成伤害。

第三节
母亲抑郁影响儿童发展的作用机制

接踵而至的一个重要问题是，母亲抑郁如何对儿童发展造成伤害，即其中的作用机制是什么？接下来的内容将围绕这一问题展开，探讨母亲抑郁影响儿童发展的作用机制，以及这些作用机制可能会受哪些因素的影响。

在这一领域中，最受关注的理论模型由美国埃墨里大学的古德曼（Sherryl Goodman）教授和斯坦福大学的高特利布（Ian Gotlib）教授提出（Goodman & Gotlib，1999）。

古德曼教授是母亲抑郁这一研究领域的资深专家，其带领的研究团队长期从事有关母亲抑郁和儿童发展的研究，在这一领域著作颇丰，极具影响力。

如图7-3所示，古德曼教授和高特利布教授提出，母亲抑郁影响儿童发展的作用机制主要有四个大类，包括抑郁情绪的遗传性、内在的神经调节机制紊乱、母亲的不良教养方式、压力性环境因素。接下来将逐一阐述这四个作用机制。

一、抑郁情绪的遗传性

当母亲有抑郁情绪的表征时，其抑郁情绪以及相关的认知、情绪、社交领域的功能障碍，可能会通过DNA（deoxyribonucleic acid, DNA, 脱氧核糖核酸）遗传直接对儿童产生影响。相应地，DNA遗传也可能会通过影

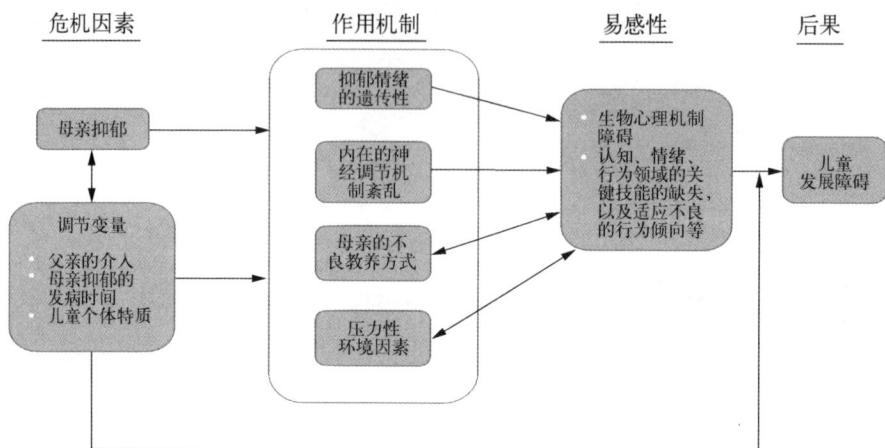

图 7-3　母亲抑郁影响儿童发展的理论框架图

响内部的生物性调节机制，导致儿童对于抑郁等情绪疾病的易感性呈现增加的趋势。

该理论还认为，另一种可能性是抑郁母亲的儿童可能会遗传母亲在人格气质、思维模式、人际互动、对环境因素的感受等方面的高易感性表征，后者继而导致儿童更容易发展出抑郁等情绪障碍。例如，抑制性气质、害羞、负性情绪反应性、低自尊、负性的认知偏差等均可能与儿童对抑郁的高易感性有关。这些因素可能会通过影响儿童对于特定环境的趋近或逃离的选择，以及对环境中特定因素的选择性关注和回应等方式，间接地对儿童发展障碍产生影响（Goodman & Gotlib，1999）。

二、内在的神经调节机制紊乱

第二个可能的作用机制是儿童内在的神经调节机制的紊乱。该理论指出，抑郁母亲的婴儿可能生来就存在神经调节机制方面的功能缺失或紊乱。后者会进一步导致儿童在情绪、认知、行为等领域的自我调节出现障碍，从而提高儿童发展出抑郁等发展障碍的概率（Goodman & Gotlib，1999）。

虽然该理论并不能确认，这种可能与生俱来的神经调节机制的功能障碍究竟是源于相关基因的影响，还是源于不利的孕期经验的影响，但是，该理论认为后者的可能性会更大一些（Goodman & Gotlib，1999）。具体来说，母亲的产前抑郁可能导致母体内的神经内分泌的失调、供给胎儿的血流减少等不利于胎儿成长的内环境，从而导致胎儿出现发育迟缓或异常。这种胎儿发育问题在经临床确诊的抑郁症母亲群体中可能更为突出。分娩后，幼儿的发育问题可能会通过行为表征得以彰显（如婴儿的高负情绪反应性、行为抑制等），而这些相对较为稳定的行为表征又会通过提高幼儿对不利成长环境的易感性，使幼儿更有可能受到不利环境因素的侵害而形成发展障碍。

三、母亲的不良教养方式

第三种可能的作用机制是抑郁母亲的不良教养方式（Goodman & Gotlib，1999）。抑郁情绪会对母亲提供积极、良性的教养方式的能力产生损害（Dix & Meunier，2009；Field，2010；Lovejoy，Graczyk，O'Hare，& Neuman，2000）。那么，这里就浮现出几个重要问题：抑郁母亲的不良教养方式有哪些具体特点？母亲的抑郁情绪如何对其教养方式产生损害？为什么抑郁母亲的不良教养方式会阻碍儿童发展？这几个问题将逐一得到解答。

（一）抑郁母亲不良教养方式的特点

大量的实证证据支持，母亲的抑郁情绪往往会导致其在和儿童互动的时候，表现出不良的教养方式，而这些不良的教养方式会通过认知、情绪、行为等多个维度体现出来（Dix & Meunier，2009；Field，2010；Lovejoy，Graczyk，O'Hare，& Neuman，2000）。具体来说，抑郁母亲的不良教养方式有以下四个特点：

第一，不良的教养方式会在情绪层面得以表达（Dix & Meunier，2009；Field，2010；Lovejoy，Graczyk，O'Hare，& Neuman，2000）。随着母亲抑郁情绪的增加，一方面，她们更有可能在和儿童互动的时候抑制其情绪表达，无论这种情绪表达是正性的还是负性的。因而，她们更有可能呈现出一张面无表情的中性脸，且不会随着情境、体验的变化出现相应的面部表情。这就使她们更有可能从情绪的层面和儿童保持距离。另一方面，她们更有可能对儿童展现出较强烈的负性情绪，尤其是在儿童的表现使其深感困扰的情况下，她们的负性反应会表现得更加明显（Dix，Moed，& Anderson，2014）。

第二，随着母亲抑郁情绪的增加，她们更有可能在和儿童互动时出现退缩倾向（Cohn，Matias，Tronick，Connell，& Lyons-Ruth，1986；Dix & Meunier，2009；Wang & Dix，2013）。这种社交退缩主要体现在行为的层面，即抑郁母亲更有可能表现出低反应性，在空间上和儿童保持距离，对儿童的需求置若罔闻，一副"事不关己，高高挂起"的态度。

第三，随着母亲抑郁情绪的增加，她们更有可能在和儿童的互动中表现出粗暴的倾向（Cohn，Matias，Tronick，Connell，& Lyons-Ruth，1986；Dix & Meunier，2009；Wang & Dix，2013）。粗暴的教养方式亦主要体现在行为层面，即抑郁母亲对儿童的敏感性较低，容易忽视儿童的感受，并倾向于用粗暴、胁迫的方式和儿童进行肢体接触。

第四，随着母亲抑郁情绪的增加，她们更有可能对儿童采取不恰当的管教方式，这些管教方式在尺度和方式上或过于宽松或过于严苛，且常常具有前后不一、惩罚性多过教育性的特点（Dix & Meunier，2009；Leung，& Slep，2006；Lovejoy，Graczyk, O'Hare, & Neuman, 2000）。

值得一提的是，并不是所有的抑郁母亲都会展现千篇一律的不良教养方式，也并不是所有具有同等抑郁情绪的母亲都会造成同等程度的损害。例如，笔者之前的研究发现，抑郁程度相当的母亲在粗暴和退缩这两个行为维度上存在差别。通过对抑郁母亲在儿童出生后头两年出现的粗暴型和退缩型教养行为进行潜类别分析，笔者发现，在抑郁母亲和其幼儿的互动中会表现出如图7-4所示的三种不同类别的教养方式（Wang & Dix，2013）。

第一类母亲表现出高粗暴、低退缩的教养行为。这一类母亲约占样本的23%。她们在和幼儿互动的大部分时间里，都会表现出粗暴型教养方式。

第二类母亲在粗暴和退缩这两个维度上的指数均较高，她们约占样本的12%。这类母亲在和幼儿的互动中会展现出旗鼓相当的粗暴和退缩这两

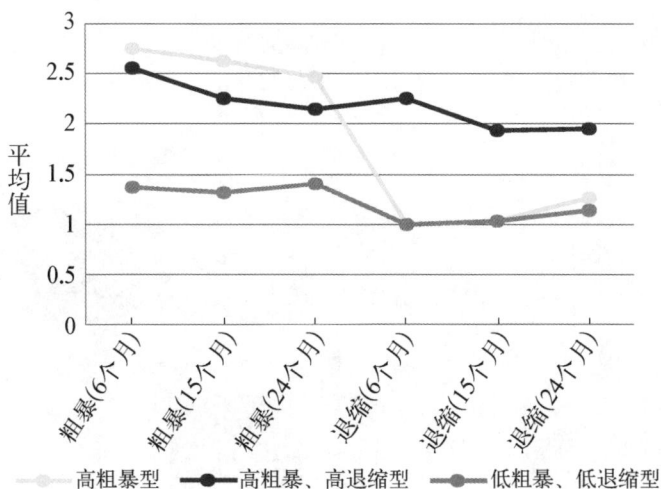

图7-4　抑郁母亲教养方式的潜类别图

种看似有些矛盾的教养行为。具体说来，有时候她们会很粗暴，有时候她们会退缩。

和前两类母亲相比，第三类母亲在粗暴和退缩这两个维度上的指数均相对较低，她们占样本的大多数（65%）。尽管同样受到抑郁情绪的困扰，这一类母亲在大多数时间里依然能和幼儿进行积极、有意义的互动。

进一步的研究发现，尽管这三类抑郁母亲的抑郁程度相当，她们在一些环境因素上却存在显著的差别。和高粗暴型以及高粗暴、高退缩型这两类抑郁母亲相比，低粗暴、低退缩型抑郁母亲所处的家庭环境较好，父亲会较多地介入育儿中，其婚姻关系也较为融洽，这些积极的环境因素可能起到了保护作用，使其在身受抑郁症状困扰的情况下，未将危机转嫁到儿童身上（Wang & Dix，2013）。

（二）母亲的抑郁情绪如何对其教养方式产生损害

既然母亲的抑郁情绪会对其教养方式产生不同程度的损害，那么这种损害是如何产生的，即其中的机制是什么？

美国德克萨斯大学奥斯汀分校的迪克斯（Theodore Dix）教授及其研究团队在一篇综述文章（Dix & Meunier，2009）中提出了"行动—控制

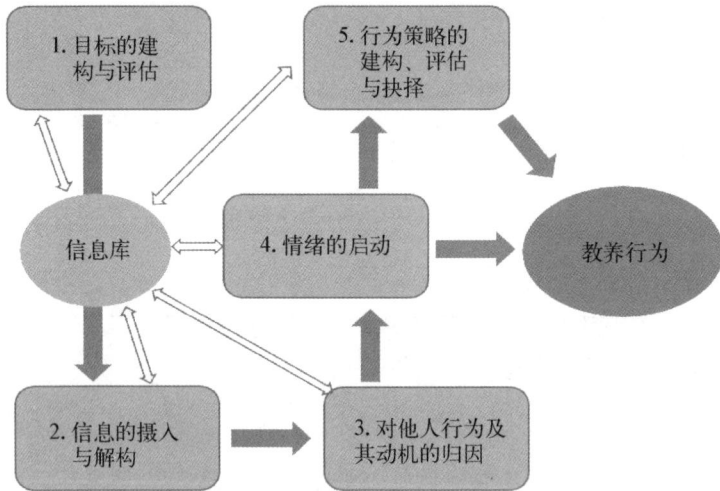

图7-5　母亲抑郁影响其教养行为的理论模型图

模型"（action-control framework），以此解释抑郁情绪如何损害母亲的教养方式。

　　如图7-5所示，教养行为的背后有一整套认知机制，这些认知机制包括目标的建构与评估、信息的摄入与解构、对他人行为及其动机的归因、情绪的启动，以及行为策略的建构、评估与抉择。这些认知机制的每一个环节都会和母亲自身的信息库进行信息的交互。一方面，当下的信息处理会通过从信息库提取相应的信息储备来简化信息处理（如相应情境下已有的行为策略）；另一方面，新的经验和策略（如学会的新的策略）等会存储到信息库中，为下次的信息处理提供方便。总之，该理论认为，抑郁母亲之所以会呈现出无法让人满意的教养行为，可能在很大程度上是源于抑郁情绪对其认知机制造成的损害。具体地说，"行动—控制模型"认为，母亲的抑郁情绪会对目标的建构与评估、信息的摄入与解构、对他人的行为及其动机的归因、情绪的启动以及行为策略的建构、评估与抉择等上述认知机制造成认知偏差（见表7-2）。这些认知偏差多以母亲自身的利益为导向，缺乏对儿童状态的体察和关注，不利于推动儿童的社会化发展。因此，这些认知偏差被认为进一步推动了抑郁母亲的不良教养方式，损害了儿童的正常社会性发展。

表 7-2　母亲抑郁影响其教养方式的认知机制

	认知偏差的具体表征
目标的建构与评估	• 抑郁可能会导致母亲出现更多以自我为导向，而非以儿童为导向的行为目标（例如，如何缓解自己的负性情绪唤起） • 抑郁可能会导致母亲在与儿童的互动中倾向于选择简单、不费力的目标（例如，即时镇压儿童的哭闹） • 抑郁可能会导致母亲倾向于选择和眼前利益（例如，即时制止儿童的哭闹）而非长远利益（例如，促进儿童情绪调节能力的发展）相一致的行为策略 • 抑郁可能会导致母亲为儿童设立不切实际、与儿童实际年龄和发展水平不相符的目标
信息的摄入与解构	• 抑郁可能会导致母亲减少对儿童的关注，减少对有关儿童的信息的摄入与解构 • 抑郁可能会导致母亲增加对自我的关注
对他人行为及其动机的归因	• 抑郁可能会导致母亲倾向于对儿童作出负性的评价 • 抑郁可能会导致母亲倾向于对儿童的行为进行负性归因（例如，儿童做错事是故意刁难母亲） • 抑郁可能会导致母亲形成自我认知的偏差（例如，低自我效能感、无法掌控儿童）
情绪的启动	• 抑郁可能会导致母亲在和儿童的互动中减少正性、积极的情绪 • 抑郁可能会导致母亲在和儿童的互动中增加负性、消极的情绪
行为策略的建构、评估与抉择	• 抑郁可能会导致母亲生成较少的行为策略 • 抑郁可能会导致母亲偏好低敏感性、低反应性或胁迫性的教养方式

（三）不良的教养方式为什么会妨碍儿童发展

这个问题或许可以从以下三个方面进行解读：

其一，教养方式的损害会在与儿童的互动中，从母亲的认知、行为、情绪等多个维度得以体现，使得母亲无法胜任其作为养育者和教导者的职责，无法以积极、鼓励、支持的姿态推动儿童的社会性发展。而与父母的积极互动正是儿童早期社会性发展中最重要、最不可或缺的成长环境，它为儿童关键技能的习得创造了条件。因此，与母亲的积极互动的缺失可能会造成儿童在早期发展的关键阶段，因缺乏相应的、合宜的社会化教导而在重要技能的习得和关键领域的发展方面出现滞后（Goodman & Gotlib，1999）。

其二，社会学习理论认为，模仿是儿童社会化的一个重要途径（Bandura，1977）。在和抑郁母亲的互动中，母亲负性的、粗暴的行为和失败的情绪调节策略等，都会在无形中为儿童提供不良的示范。儿童可能从这些互动中模仿母亲的消极言语和行为、负性的情绪表达等，从而为儿童情绪、行为问题的萌芽和发展埋下伏笔。

其三，抑郁母亲在互动中对儿童表现出的负性评价、负性情绪等，可能都会成为儿童构建自我认知、自我概念的重要素材。长此以往，儿童可能会觉得母亲之所以有这种负性的表现，是因为自身存在缺陷，从而造成儿童的自我认知偏差以及较低的自尊水平等（Wang & Dix，2015），后者会进一步对儿童的社会性发展造成不利影响。

四、压力性环境因素

第四种可能的作用机制是母亲与儿童所处的压力性环境因素。在有关抑郁的研究文献中，压力被认为是诱发抑郁的一大重要因素（Billings & Moos，1982；Gotlib & Hammen，1992）。对于抑郁母亲的儿童，和抑郁母亲的负性、消极的互动会给儿童造成巨大的压力。例如，有研究发现，和对照组的儿童相比，抑郁母亲的儿童会在和其母亲的互动中分泌出较多的唾液皮质醇，而后者被认为是衡量人体压力水平的一个可靠指标。这表明，和抑郁母亲的互动会给儿童造成不容忽视的压力。

除此之外，抑郁母亲的儿童还得承受方方面面的来自环境因素的压力。例如，这些儿童可能会面临父母间旷日持久的争吵与冲突，以及父母间充斥着负性情绪的互动（Gotlib & Beach，1995）。因此，家庭的负性情绪氛围可能会对儿童发展造成不利的影响。此外，压力性环境因素可能还包括贫困、暴力等。

综上所述，澄清母亲抑郁影响儿童发展的可能作用机制有助于设计出有的放矢、有针对性的干预项目，从而使理论研究更好地转化为社会效益。

近年来，以上述模型为蓝本的干预研究开始流行。例如，最近发表的一篇文献试图从作用机制的角度对母亲抑郁和儿童适应不良这两者的关系进行干预（Goodman & Garber，2017）。该文献重点阐述了两条有效的干预途径。其中一条途径是从源头上对危机因素本身，即母亲抑郁进行干预。减轻母亲的抑郁症状能有效改善其儿童的适应不良。第二条途径则是对母亲抑郁影响儿童发展的一个主要作用机制，即抑郁母亲的不良教养方式进行干预。研究证明，改善抑郁母亲的教养方式也能有效地缓解、减轻母亲抑郁对儿童发展造成的不利影响。这些初步的干预研究结果为未来的干预研究提供了范本。

第四节
儿童对母亲抑郁的反作用

在上一节中，我们着重关注了母亲的抑郁情绪是通过何种途径使儿童产生适应不良的。值得一提的是，母亲抑郁和儿童适应不良这两者之间的关系并不是单行道，而是双向车道。换言之，一方面，母亲抑郁会通过多种渠道对儿童的发展造成损害；另一方面，儿童的气质特征或业已萌芽的适应不良亦可能反作用于母亲，使母亲的抑郁情绪恶化。

在母亲抑郁这一领域的早期研究中，研究者大多将研究焦点集中在母亲抑郁对儿童的影响这一主题上，致力于探查母亲抑郁对儿童发展造成了哪些影响，以及这些不利影响背后的作用机制。但是，随着交互发展理论的兴起与普及，母亲抑郁和儿童适应不良的双向影响的理念得到了越来越多的关注。在家庭这个生态圈内，正如儿童会受到来自家庭的方方面面的影响，儿童作为母亲日常社交互动的重要对象之一，其一举一动、一言一行也不可避免地会对母亲产生影响。

需要注意的是，母亲抑郁对儿童的影响，和儿童对母亲抑郁的反作用，这两者并不是两条相互独立、永不相交的平行线。相反，交互发展理论认为，这两者之间具有交互的态势，相互塑造，相互影响（Shaw, Gross, & Moilanen, 2009）。

其实，在父母教养方式这一领域，儿童影响力模型（child effects models）（Belsky, 1984；Belsky & Jaffee, 2006）并不是一个新鲜的概念。父母教养方式领域的专家，美国加州大学戴维斯分校的贝尔斯基（Belsky, 1984）教授就曾提出，父母的教养行为并不是由父母单方面决定的，而是体现了来自父母和儿童的双方面的影响，例如，父母和儿童的个体特质等。

这一理念同样在帕特森（Gerald R. Patterson）教授的教养方式理论中得到了生动体现。他提出，儿童对父母的忤逆和违抗在一定程度上是由父母的教养方式强化的（Patterson, 1982）。在儿童对父母的指令或要求置若罔闻，甚至公开抵触的情况下，儿童和父母之间的负性情绪、胁迫行为等会在彼此的互动中相互强化。一方面，儿童的忤逆行为和抵触情绪不断升级；另一方面，父母对儿童的负性情绪和胁迫行为亦随之呈现螺旋状的上升趋势，导致父母的教养行为不断恶化。

近年来，在母亲抑郁这一研究领域也开始有不断累积的实证证据支持儿童影响力模型（Shaw, Gross, & Moilanen, 2009）。这些研究既包括了不同年龄段的儿童以及儿童不同的个体特征，亦包括了不同抑郁程度的母亲。例如，在针对婴儿的研究中，有研究者发现，婴儿的高应激性和母亲的抑郁症状相关联（Murray，Stanley，Hooper，King，& Fiori-Cowley，1996）。另一个追踪研究探查了儿童的情绪表达和额叶脑电波的不对称性对母亲抑郁情绪的影响（Forbes，Shaw, Silk, Feng, Cohn, Fox, & Kovacs, 2008）。研究结果表明，在具有高右侧额叶激活的儿童当中，当他们具有高负性情绪表达的特质时，他们的母亲更有可能在一年或两年后发展出抑郁情绪。

在之前的章节中，我们已经提到过，母亲的抑郁情绪与儿童的行为问题有显著的关联（Cummings & Davies，1994；Goodman & Tully，2006），即母亲的抑郁情绪是儿童行为问题的一个重要的、不容忽视的危险因素。换个角度来说，儿童的行为问题是否会对母亲的管教造成压力，使本就饱受抑郁情绪困扰的母亲症状恶化呢？

对于此问题，答案是肯定的。已有研究显示，儿童行为问题能反作用于母亲的抑郁情绪，使母亲的抑郁情绪进一步恶化。

有研究发现，幼儿（特别是男孩）的行为问题和其母亲持续性的、较高的抑郁情绪相关联，而后者能进一步显著预测儿童在青春期的反社会行为（Gross，Shaw，Burwell，& Nagin，2009）。类似的儿童行为问题和母亲抑郁情绪的显著关系在其他一些实证研究中也得到了支持（Gross，Shaw，Moilanen，2008；Shaw，Gross，& Moilanen，2009）。幼儿（包括女孩）在2岁时的忤逆能预测其母亲抑郁情绪的增加，而后者进一步预测了儿童在4岁时的较高的外显行为问题（Gross，Shaw，Moilanen，Dishion，& Wilson，2008）。另外，还有研究发现，母亲的抑郁情绪和儿童的行为问题之间的发展趋势通常保持一致。当其中一个增长或减少时，另外一个亦会相应出现增长或减少的趋势（Nicholson，Deboeck，Farris，Boker，& Borkowski，2011）。

那么，为什么儿童的行为问题能对母亲的抑郁情绪产生反作用，诱使母亲的抑郁情绪进一步恶化呢？

其主要原因可能在于，儿童的行为问题会给儿童与母亲的互动蒙上阴影。当儿童表现出较为明显的外显行为问题时，他们乖张、不受控制的行为以及忤逆的态度等都会极大地增加母亲的教养压力，从而为抑郁情绪的恶化提供可能。

有纵向研究表明，和努力控制能力较差的儿童相比，努力控制能力较强的儿童，其3岁时的外显行为问题能显著预测10岁时母亲的抑郁情绪的减少（Choe，Olson，& Sameroff，2014）。这个研究结果在一定程度上为上述推断提供了佐证。努力控制能力较强的儿童更有可能抑制自我的外显行为问题倾向，从而可能使其外显行为问题在学龄前期逐步减少并稳定，而减少的外显行为问题可能有助于母亲抑郁情绪的减少。相反，努力控制能力较差的儿童，可能无法有效调节自我的行为问题倾向，从而使其外显行为问题在学龄前期保持较高的水平并逐步稳定，形成自我强化的态势。而后者会进一步对母亲的管教造成压力，导致母亲的抑郁情绪进一步恶化。

总之，儿童对母亲的抑郁情绪亦会产生反作用。这就意味着母亲抑郁和儿童适应不良这两者间会形成恶性循环：随着母亲抑郁的增加，儿童更有可能发展出适应不良；而后者又可能反过来进一步作用于母亲的抑郁情绪，导致母亲抑郁情绪的恶化。

本章小结

在这一章，我们以母亲的抑郁情绪和儿童的适应不良之间的关系为主题，重点阐述了母亲抑郁和儿童适应不良这两者间的交互作用。

一方面，儿童深受母亲抑郁情绪的损害，随着母亲抑郁情绪的增加，儿童在认知、情绪、行为、心理健康等方面出现适应不良的概率不断攀升。我们具体探讨了其中的作用机制，即母亲的抑郁情绪如何推动儿童出现适应不良。

另一方面，母亲的抑郁情绪也会受到来自儿童因素的影响，尤其是儿童的行为问题，很有可能给本就饱受抑郁情绪困扰的母亲造成不可小觑的教养压力，从而导致母亲抑郁情绪的进一步恶化。

综上所述，母亲的抑郁情绪和儿童的适应不良相互影响、相互强化、互为因果。因此，在对母亲的抑郁情绪和负性教养方式进行干预的同时，还要将儿童自身的特质纳入考量。只有这样，才能真正实现正本清源的目的。

第八章
正面管教

　　对很多父母来说，始终在儿童面前保持积极的教养方式恐怕很难，尤其在面对性格比较暴躁、脾气执拗的儿童时。毕竟，教养是一种充斥着情绪的体验，而父母的情绪也会在很大程度上对他们的行为和认知产生影响。

　　当父母的消极情绪被儿童唤起时，有些人会转而运用更简单、粗暴的方式压制儿童。这样做虽然能解父母的燃眉之急，但从长远来看，无益于儿童的社会化进程，甚至为儿童树立了不当的榜样。相比之下，正面管教才是更符合儿童发展规律，有利于推动儿童社会化进程的积极有效的管教方式。

第一节
正面管教的内涵

正面管教是父母积极的管教方式的统称，涵盖面较广。它不仅包括父母、教师在行为层面应当如何与儿童互动，而且包括如何与儿童进行交流，以及如何为儿童营造积极、融洽的家庭氛围等诸多方面。

与正面管教不同，负面的管教方式通常会采用粗暴、消极的手段来胁迫儿童，使其被迫服从父母的指令或立即停止不适宜的问题行为。负面管教既包括体罚儿童，用粗暴的方式拽儿童的手臂、头发或摇晃儿童的身体，也包括用言语羞辱、嘲弄儿童等热暴力的方式，以及故意对儿童不理不睬、拒绝眼神接触、忽视儿童等冷暴力的方式（Miller，2007）。

和负面的管教方式相比，正面管教主要有以下三大特点：

首先，正面管教以促进儿童的社会化为目标。其目的在于，通过正面管教帮助儿童矫正问题行为，习得社会性发展的重要技能，以及帮助儿童掌握社会规则、道德理念以及良好的价值观和世界观。因此，正面管教是以儿童为中心、以长远目标为导向的管教方式。

与此相区别，消极的管教方式通常会从父母本身的利益出发，以短期目标为导向。例如，当儿童大哭大闹的时候，父母可能会为了让儿童立即停止哭闹的行为（即眼前利益），而选择责骂儿童，暴力镇压儿童的哭闹行为。这种简单粗暴的方式虽然能暂时平息哭闹，但无益于儿童的社会化进程，为儿童树立了不当的榜样。

其次，正面管教以非暴力、非强权的方式进行。在正面管教中，父母并不是居高临下的"统治者"，而是和儿童处于平等地位的"合作者"。采用正面管教的父母会通过摆事实、讲道理的方式让儿童心悦诚服地接受管教，而不会通过自上而下的暴力方式强行让儿童服从。从长远来说，前者有助于儿童理解并接受相应的规则和理念，能推动儿童的社会化进程；后者则有碍于儿童对规则的理解和内化，甚至会让儿童对父母产生抵触情绪，离间父母和儿童的亲子关系。

最后，正面管教主张因人而异，充分考虑儿童在发展阶段、能力水平和性格、气质等方面的个体差异。对儿童来说，并没有一种可以推而广之的最好的正面管教方式，只有和该儿童的个体特征最合适、最匹配的正面管教方式。因此，父母和教师需要在充分了解儿童个体特征的基础上，逐渐摸索出最行之有效的正面管教方式。

第二节
正面管教的策略

正面管教通常会对不同类型、不同程度的问题行为进行鉴别，并区别对待。但最重要的是，正面管教主张从积极的途径入手引导儿童的行为发展。换句话说，与时时刻刻关注儿童的问题行为、对儿童的问题行为予以指正相比，更契合正面管教的策略是，关注儿童的积极行为，并在儿童表现出积极行为、值得鼓励的行为时加以肯定和表扬，以此来巩固、推动儿童的良好行为的发展。

接下来将逐一阐述正面管教的三大策略。

一、忽视无伤大雅的轻微问题行为

儿童的问题行为应当被区别对待。一些较为轻微的问题行为并不会对他人造成伤害，也不会引起他人的反感（如一边吃饭一边玩等）；一些较为严重的问题行为则可能会对他人造成身心伤害，或与社会规范、道德理念相悖（如打同伴、咬同伴等）。如果父母对这些不同性质的问题行为一视同仁，采取相同的干预策略，就会让儿童束手束脚、不胜其烦。毕竟，谁也不希望有人整天在身边耳提面命，时时刻刻地纠正自己的行为。

相比之下，更合宜的策略是对儿童的问题行为进行区分并采取不同措施，即着重、优先干预较为严重的问题行为，而忽视无伤大雅的轻微问题行为。不过，忽视无伤大雅的轻微问题行为并不意味着这些问题行为会被无视，听之任之，而是意味着，用更容易被儿童接受的替代策略对其进行积极、有效的引导。

（一）替代策略一：转移注意力

当儿童出现轻微的问题行为时，父母不必忙着让儿童立刻停止这种行为，而是可以通过转移注意力进行干预。例如，在餐馆吃饭时，儿童拿着筷子敲击碗盘，试图"演奏音乐"，这可能会让父母觉得很难堪。不过，就事论事，这种行为倘若发生在家中，还是一个培养儿童对音乐的兴趣的良好契机，但在餐厅就餐这个特定情境下，这一行为就被贴上了问题行为的标签。在这个情境中，父母大可不必忙着呵斥儿童，父母可以用其他更安静的游戏来吸引儿童的注意力。一旦有了让儿童更感兴趣的游戏，"音乐演奏"自然能停下来。

再举一个类似的例子。在超市购物的时候，儿童可能忙着往购物车里放糖果、薯片、饼干等各类零食。这时，父母可以通过让儿童帮忙寻找购物清单上的物品、让儿童帮忙推购物车或让儿童整理购物车里的物品等任务，使儿童参与到购物中。在父母提出希望得到帮忙的时候，儿童通常会欣然答应，而一旦他们的注意力集中在"任务"上，便不会忙着为自己添置零食了。

总之，对于轻微问题行为，转移注意力通常会是一个较为有效的干预策略。

（二）替代策略二：引导儿童用积极的行为替代问题行为

在轻微问题行为发生的时候，引导儿童用积极的行为替代问题行为也是一个较为有效的干预策略。例如，儿童吃饭时会用袖子抹嘴巴。父母甚至不用指正这个行为，只需递给儿童一张餐巾纸，告诉他嘴巴脏了可以用餐巾纸擦就能解决问题。类似的不动声色的干预行为一方面不会引起儿童的反感，另一方面又能起到教化的作用，教会儿童用积极的行为来替代问题行为。

二、及时制止对他人造成伤害或有损公平的问题行为

和前一类较为轻微的问题行为相比，有些问题行为较为严重，如果不及时制止可能会对他人造成伤害。在这类严重的问题行为发生时，父母、教师应当及时应对，立即制止。

在此类问题行为情境中，父母、教师之所以要及时干预，除了因为如果不对问题行为进行及时干预，可能会使后果更为严重之外，还有另外一个重要原因就是，父母、教师是儿童社会化的重要影响因素，儿童对行为规范、道德理念的理解和认知在很大程度上依赖成人的引导。例如，每当儿童因争抢玩具而咬同伴的时候，父母、教师都会及时制止。这就向儿童传达了一个重要信息，即咬人这个行为是不被允许、不被接受的。相反，如果父母有的时候及时制止，有的时候又对咬人的行为视而不见，这种矛盾的反应会让儿童觉得很困惑，不能帮助儿童明确认识到，咬人这个行为是不被允许的。

另外，年幼的儿童需要在行为发生后得到即时的反馈，才能帮助他们在行为本身和反馈之间建立联系。例如，在语言表达能力和自制能力还较为薄弱的幼儿中，咬人这种问题行为相对较为普遍。在咬人行为发生后，父母、教师应立即制止，并为儿童指出这个行为的后果以及更积极、更合理的替代策略。父母、教师可以向儿童明确说明："嘴巴是用来吃东西的。

你看，咬人会很疼，就是因为你咬了小明，他才哭得那么伤心。如果你真的很想玩这个玩具，可以拿另一个玩具和小明交换，或者和他轮流玩。"如果父母、教师不立即制止和干预，而是在事后才对儿童进行说教，往往不能使儿童在问题行为和说教之间建立联系，也就不能对问题行为起到积极引导的作用。

除了立即制止儿童的问题行为并进行明确说明，对此类严重问题行为的干预还有另外两个值得注意的地方。

首先，不能让儿童因问题行为而得到"奖励"。在刚刚提及的因为争抢玩具而咬人的情境中，虽然父母制止了儿童的行为并进行了明确说明，但假如过后儿童依然如愿以偿地得到了他试图争抢的玩具，这就相当于变相"奖励"儿童，强化了其咬人行为，因为儿童可能会认为咬人的行为可以卓有成效地帮自己实现目的。一旦儿童出现了这种错误的认知，他们就更有可能在日后的类似情境中继续采用咬人的方式来达到自己的目的。

其次，带儿童离开当前的环境。问题行为的发生通常具有情境效应。例如，在咬人的情境中，儿童之所以会出现这种问题行为，可能是受到情境中其他环境因素的影响，如环境过于嘈杂、小朋友很多而有趣的玩具很少，又或者有大龄的儿童争抢玩具，做了不好的示范，等等。类似的情境因素都有可能对儿童产生影响，使他们更容易出现问题行为。因此，当问题行为发生后，应当带儿童离开当前的环境。这么做一方面可以使儿童冷静下来，另一方面可以使儿童远离不良环境。

三、强化积极行为

正面管教的第三大策略在于关注、强化儿童的积极行为。对儿童积极行为的关注能向儿童传达积极的信息，让儿童知道这个行为是符合社会期望的，是被鼓励的。另外，对积极行为的关注还具有"奖励"的意义，让儿童觉得积极行为能得到父母、教师的表扬和肯定，从而让他们更愿意展现积极行为。

那么，积极行为的强化可以通过哪些途径得以实现呢？具体来说，主要有以下四种途径：

第一，为儿童的行为设置明确的界限。儿童需要知道什么行为是不被提倡、不被允许的，什么行为是被鼓励的。每当儿童出现不被允许的问题行为的时候，父母都会以一贯的方式进行干预；而每当儿童出现被鼓励的积极行为的时候，父母都会及时给予肯定和赞扬。这种统一的管教方式能帮助儿童理解不同行为的性质，理解什么该做、什么不该做。

第二，用简单明了、积极的方式与儿童进行交流（Miller，2007）。在与儿童交流的时候，父母、教师需要用简单明了的语言直白地告诉儿童他们应该做什么，而不是告诉他们不应该做什么。例如，儿童在走廊上奔跑的时候，父母不应该说"不要跑"，而应该说"慢慢走"。和"不要做什么"这类的负性指令相比，"做什么"这样的积极指示更加简单、直白，也更能被儿童接受。

此外，幼儿的语言理解能力较低，在处理语言信息的时候，年幼的儿童通常会优先关注、理解句子中的关键词。如果父母的指令过于冗长或复杂，可能会增加幼儿理解的负担，使幼儿对父母的指令产生误解。例如，如果父母说"不要碰桌子上的蛋糕"，儿童接收到的信息也许会是"碰……蛋糕"。因此，父母、教师应尽量简化指令，用简洁明了的方式与儿童交流，并且指令的内容不宜过多，每次只集中传达一点。这样积极、简明的交流方式才更符合儿童认知发展的规律。

第三，营造积极、良好的亲子关系。积极、良好的亲子关系对儿童的社会化有积极的作用。当父母和儿童形成积极、良性的亲子关系时，儿童更有可能欣然接受父母的指示。儿童积极、主动的配合会使社会规则、道德理念的内化更有可能，从而为父母影响、推动儿童的积极行为提供便利。反之，如果父母和儿童的亲子关系较为糟糕，充斥着矛盾，就会使儿童对父母持有戒备、抵触的态度。相应地，他们不太愿意从心底接受父母的指示和教导，从而为行为的社会化制造了障碍。因此，营造积极、良好的亲子关系可以为父母推动、强化儿童的积极行为提供条件。

第四，给予儿童足够的关注。父母、教师对儿童的关注是儿童成长的养料。对年幼的儿童来说，父母、教师的关注可以产生积极的影响，有助于提升儿童的自尊，使儿童茁壮地成长。

父母、教师的关注可以通过以下三个方面展现出来（Miller，2007）：

一是眼神接触。父母、教师应当来到儿童的身边，尝试和儿童建立眼神接触。有些生性较为害羞或是需要时间预热的儿童可能会在一开始对眼神接触很抗拒。在这种情况下，不宜操之过急，要有足够的耐心等待儿童主动过来。

二是蹲下身，和儿童的视线保持同一高度。成人和儿童的身高差距过大，仰视容易让儿童对成人产生距离感，不利于培养儿童对成人的信赖。因此，如果能蹲下身和儿童说话，将更容易让儿童消除抵触，使其愿意接受和听从成人的指示与教导。

三是适当的肢体接触。父母、教师可以通过适当的肢体接触来传达对儿童的关注。例如，可以把一只手轻轻地搭在儿童的肩上或手臂上，也可以轻轻地握起儿童的一只手或双手。这种肢体接触能增加儿童的注意力。

总之，给予儿童足够的关注能使儿童更愿意接受父母、教师的教导，从而为积极行为的塑造和培养提供条件。

本章小结

本章对正面管教的含义及具体策略进行了详细的阐述。对年幼的儿童而言，能得到来自父母、教师的正面管教具有持久而深远的积极意义。

儿童早期社会性发展的轨迹在很大程度上受到家庭、学校的影响。父母、教师的努力能帮助儿童更好地控制自我的情绪和行为，帮助儿童了解社会规则和道德理念，帮助儿童形成符合社会期待的行为……在这个过程中，父母和儿童势必会产生冲突和碰撞。因此，应用合宜、得当的正面管教方式，这样不仅能减少父母和儿童的冲突，避免亲子关系的恶化，而且能使儿童欣然接受父母的教导，减小儿童社会化的阻力，增进儿童社会化的效果。

反之，若父母试图采用斥责、体罚等暴力、消极的方式管教儿童，就可能引发儿童愤怒、失望或惧怕的消极情绪，离间亲子关系。情况严重时，甚至有可能使儿童对父母的言行产生排斥和抵触，不愿意积极配合父母。因此，从长远而言，消极、暴力、以强权为特征的管教方式会阻碍儿童的社会化进程。

另外，父母暴力、消极的管教方式本身就为儿童树立了不好的榜样，会使儿童在遇到问题和挫折的时候，倾向于使用同样的方式来解决问题。父母的暴力管教方式还有可能在部分情绪较为急躁的儿童中引发消极的连锁效应，诱发并助长儿童的暴力倾向，使本该和谐、亲密的亲子互动成为硝烟弥漫的"战场"。

综上所述，负面、暴力的管教方式对儿童发展有百害而无一利，只会成为滋生儿童发展问题的温床。因此，父母和教师应在与儿童互动的过程中，秉持促进儿童健康社会化的目标，尽量运用正面管教的方式来推动儿童的社会性发展。

第九章
儿童早期行为发展解读

　　很多时候，儿童的一些行为会让新晋父母手足无措、无所适从。如何解读儿童表现出来的行为，如何推动儿童积极行为的养成，恐怕是萦绕在很多父母心中的困惑。其实，准确地解读儿童的行为并不困难。

　　行为发展是儿童早期社会性发展中的一大核心领域，儿童的行为往往反映了其所属年龄段的发展特征、发展规律和行为模式。只要把握了这些内在规律，便能摸准脉搏，了解儿童行为背后的驱动因素。

第一节
儿童早期社会行为解读

在具体阐述儿童早期的典型行为之前，有必要对可能存在的一大迷思进行澄清，即所有儿童都会无一避免地表现出其所在年龄段的"典型"行为。

其实并非如此。这里所说的"典型"行为是指在某一特定年龄段的儿童中比较常见的行为。但这并不意味着，所有该年龄段的儿童都会出现这些行为，亦不意味着在所有儿童中这些行为的表现程度都会大致相当。恰恰相反，儿童存在不容忽视的个体差异。这些个体差异不仅会影响该"典型"行为在某一特定儿童身上体现出来的可能性，亦会影响该"典型"行为在某一特定儿童身上体现的程度。

一、婴儿期

（一）婴儿是否会蓄意大声啼哭

对于新手父母，婴儿的大声啼哭一定是让人记忆深刻的，尤其是长时间的大声啼哭。在这种情况下，很多新手父母不免手足无措，甚至心生愤懑，将之归因为婴儿的蓄意捣乱。

其实，在出生的头一年，婴儿并不具备蓄意捣乱的能力。他们的认知能力还非常有限，并没有思考、策划"捣乱"行为的能力。相反，他们的啼哭更多是基于本能的对内外刺激的反射行为。换言之，婴儿的啼哭大多是由其内在的生理因素驱动的。婴儿长时间地啼哭往往不是他们主观上有此意图，并非他们蓄意为难父母，而是其内在机体不适的反映。例如，感觉到饥饿、过热、需要换干净舒适的尿布、过度刺激而导致的疲累等内在因素，都有可能成为婴儿啼哭的直接诱因。因此，父母切不可因为婴儿持久啼哭而迁怒于他们，粗暴地对待他们。这么做不仅于事无补，反而可能使婴儿的不适感进一步增强。相反，父母应当对婴儿表现出足够的宽容与耐心，细致地逐一排查可能引起婴儿不适的原因。只要能对症下药，消除引起婴儿不适的诱因，必然能使婴儿停止啼哭。很多时候，父母温柔的声音、轻柔的安抚本身就是婴儿最好的安慰剂。

此外，被打乱的生活作息也可能是引起婴儿不适的一个重要诱因。婴儿对日常生活的作息特别敏感。在和父母的日常互动中，婴儿慢慢建立了作息的观念。例如，每天早上几点醒来、隔多久吃奶、几点午睡等都会成为婴儿日常生活作息的一部分。坚持有规律的作息能让婴儿对环境更有安全感和可控感，而有规律的作息一旦被打乱，就可能会使婴儿无法适应，引起婴儿的焦虑和啼哭。因此，父母应当帮助婴儿建立有规律的作息，并尽量使其保持稳定。

除了作息的规律，婴儿还会在和父母的互动中逐渐发展出对其养育环境和养育方式的认知。例如，婴儿习惯了家中安静、平和的氛围和父母轻柔的语调与抚摸，一旦置身于嘈杂、吵闹的环境中，婴儿就有可能受到惊扰，从而大声啼哭。父母若能及时认识到这一点，带婴儿离开嘈杂的环境，便能有效缓解婴儿的啼哭。

因此，与其对婴儿的啼哭怒目相向，父母不妨将婴儿的啼哭看成婴儿和父母交流的一种独特"语言"，以耐心、细致的方式进行回应，及时帮助婴儿排遣和疏解烦恼与不适。

（二）婴儿为什么喜欢黏人

有些婴儿特别喜欢黏在父母或其他照顾者的身边，一旦父母离开了他们的视线，就会立刻大哭大闹。如果没有父母或其他照顾者的陪伴，婴儿甚至会拒绝入睡。长此以往，难免让父母心力交瘁，不堪其扰。婴儿的这种黏人行为可以从两个方面进行解读。

首先，这种黏人行为可能和婴儿有限的认知能力有关。婴儿并没有掌握物体恒常性（object permanence）的概念。换句话说，当父母或照顾者不在婴儿的视线范围内，他们并不能认识到，父母或照顾者只是暂时去了别的地方，过会儿一定还会回来。相反，婴儿会认为，如果看不见父母或照顾者了，他们就一定是消失了。这种由失去父母或照顾者引发的本能的恐惧和担忧，驱使婴儿时时刻刻保持警惕，"监控"着父母或照顾者的动向。

这种情况有望随着婴儿的认知能力的发展得到改善。通常半岁左右的婴儿就逐渐发展出物体恒常性的概念，能够理解并不是看不见父母或照顾者，他们就不存在了。伴随着认知水平的提升，婴儿的黏人行为能够在一定程度上得到改善。

其次，这种黏人行为也可能和婴儿与母亲或其他主要照顾者间发展出的依恋关系有关。依恋关系通常在婴儿半岁左右开始形成。前文已述，依恋关系的发展是婴儿期社会性发展的重中之重，其质量不仅会对婴儿当下的发展有重要意义，而且会对婴儿日后的发展，尤其是人际交往，产生持久而深远的影响。

在和婴儿的日常互动中，父母对婴儿是否能够足够敏感和体贴，是否能够及时有效地帮助婴儿舒缓不适的情绪，在很大程度上决定了婴儿和父母的依恋关系的质量。若父母足够细致、敏感，父母和婴儿间就会形成安全的依恋关系。反之，若父母对婴儿时而体贴、时而疏离，这种前后不一的方式就会使父母和婴儿之间形成矛盾型依恋。形成矛盾型依恋的婴儿会逐渐发展出一套特定的依恋行为模式，即通过放大其依恋行为来吸引父母的注意，确保父母能在近旁对其悉心照顾，而这也可能导致婴儿的黏人行为有增无减。

以上是对婴儿黏人行为的两种最有可能的解释。因此，在日常和婴儿的互动中，父母应当持久地给予婴儿悉心的呵护，而不是在心血来潮时才对婴儿呵护有加。只有这样，婴儿和父母之间才能形成安全的依恋关系。此外，随着婴儿认知水平的提高，婴儿的黏人行为会慢慢减少。

（三）婴儿是否能读懂他人的身体语言

早在语言能力发育之前，儿童就已经具备了辨识他人身体语言的能力。

对婴儿来说，虽然他们还没有能力用语言和父母交流，但他们已经能够通过"阅读"父母的面部表情、语气、语调、音量等体会父母的感受和想法。早在3个月大的时候，婴儿就已经能够感知父母在互动中显露出的消极、负性情绪，并被这种消极、负性情绪影响。

当处于陌生、新奇的环境中，婴儿还能够通过解读父母的面部表情来决定自己的行为。当父母流露出担心、恐惧的神情时，婴儿会相应地表现得很警觉，停止探索环境；相反，当父母流露出积极、鼓励的神情时，婴儿便会受到感染，放心大胆地去探索环境。

因此，父母不应当忽视身体语言的重要性。从某种程度上说，身体语言对婴儿的重要性甚至超过了语言本身。在语言能力还很低的情况下，婴儿正是通过解读身体语言来体会父母要传达的信息。因此，运用身体语言传达积极的信息能促进婴儿和父母的情感联结，为婴儿的社会化发展奠定基础。

（四）什么是婴儿的习得性无助

当婴儿长期在不可预测、无法掌握的养育环境中成长，他们可能会发展出习得性无助（learned helplessness）这种不良的认知模式（Honig，1986；Honig & Wittmer，1992；Miller，2007）。

习得性无助主要是指人缺乏自我掌控感，认为自己无法对其生活产生积极影响的不良心态（Honig，1986）。有些父母可能会觉得，只要满足了婴儿的基本生活需求，就无需对婴儿的啼哭太过在意。其实不然，若长此以往，婴儿会觉得自己的需求得不到父母的回应与满足，既然啼哭不能带来任何实质性的改变，不如放弃努力。

这种认知模式的形成会对婴儿的发展造成不可估量的损害。这会使婴儿更有可能成为其成长环境的被动接收者，放弃主动塑造、影响环境的努力。这种主动性的丧失不仅会使婴儿倾向于从和他人的互动中退缩，还会使婴儿在重要技能的习得上处于劣势，使他们在认知、动作、语言、情绪等各个发展领域都处于相对滞后的阶段。

因此，父母应当尽可能地对婴儿的信号有所回应，制造和婴儿进行良性互动的机会，如为婴儿读书、逗婴儿玩等，而不是只顾着自己忙碌，将婴儿置于一边不管不顾。这种良性、积极的互动会对婴儿的社会性发展大有裨益。

二、幼儿期

　　幼儿期是承上启下的一个重要发展阶段。这一时期的幼儿在认知、动作、语言等重要发展领域均有飞跃式的发展。大动作能力（gross motor skill）的发展让幼儿开始从爬行过渡到独立行走，乃至奔跑。这一动作能力的重要发展极大地推动了幼儿自主性的发展，使幼儿开始体验到独立自主的快感。随着语言能力的爆发式发展，这种独立自主也逐渐从肢体领域拓展到认知、社交等领域。从按照自己的想法探索想去的地方，到尝试在和父母的互动中表达自己的喜好，幼儿的自主性也在这点点滴滴的互动中逐步累积和发展起来。

　　这里将以幼儿期几个有代表性的问题为线索展开论述，这些问题包括：幼儿能否控制他们的情绪和行为？如何与害羞的幼儿互动？为什么幼儿的占有欲那么强烈？为什么有些幼儿会对他们的毯子、绒毛玩偶等物件产生依恋？

（一）幼儿能否控制自己的情绪和行为

　　幼儿的情绪表达较为丰富。一方面，幼儿的情绪体验已基本完备。他们不仅能体验开心、伤心、惊奇、愤怒等基本情绪，也开始能体验嫉妒、羞愧等复杂情绪。因此，和日益完善的情绪体验相对应，他们的情绪表达也很丰富。另一方面，幼儿尚未学会隐藏自己的情绪，情绪体验的自我调节机制也尚未健全，这些均使得幼儿的情绪表达较为丰富、直白，开心时喜形于色，伤心时号啕大哭。因此，幼儿虽然能在一定程度上控制他们的情绪表达，但这种控制能力很低，需要父母宽容、耐心地疏导他们的情绪。特别是当幼儿表现出高强度的负性情绪时，更需要父母的帮助以恢复平静。

　　在行为方面，幼儿的自我控制能力较低。他们的认知能力也较低，通常无法预想事情的后果。这也使得他们的行为较冲动、鲁莽，无法根据事情可能的不利后果矫正自己的行为。因此，他们更需要父母在旁边即时指出行为的不妥之处，以及这些行为可能造成的严重后果。父母还需要为幼儿的行为设置明确的界限，让他们清楚地明白什么事情可以做，什么事情不可以做。此外，在幼儿出现不恰当的行为时，父母给予的管教要始终如一。

举个例子，在和小朋友互动的时候，不能不经他人的同意抢玩具，更不能为了玩具而打人、咬人等。一旦出现了这些问题行为，父母应当及时制止。有些父母在这种情境下可能会一味地责骂幼儿，但这并不是理想的策略，幼儿并不能从中学到教训，也无法习得类似情境下更合宜的行为策略。因此，更重要的是，父母应当指出这个问题行为对他人造成的伤害（例如，小朋友很痛、很伤心等），指出在这种情境下可供替代的、更合适的策略（例如，可以和小朋友轮流玩等），而且不能让幼儿因为问题行为而达到目的（例如，虽然制止了幼儿的打人行为，但还是让他通过打人得到了玩具）。只有这样，幼儿才能更好地理解自己的问题行为的后果，学会在类似的情境中可供替代的行为策略，从而有效降低问题行为出现的概率。

（二）如何与害羞的幼儿互动

在和他人的互动中，有些幼儿会显得非常害羞，对陌生人异常抗拒。在有陌生人靠近的时候，他们会显得很紧张，甚至会躲在父母的身后，试图让陌生人看不见自己。

这样的场景对很多父母来说并不陌生。不管父母怎么催促、鼓励，让害羞的幼儿和陌生的叔叔、阿姨打招呼，几乎都不太可能实现。有时父母催促得越急迫，幼儿就越排斥。其实，对于害羞的幼儿，他们通常需要较长的时间"预热"。在幼儿没有准备好的情况下，父母一味地逼迫只会适得其反，进一步激发幼儿的抵触情绪。

相比之下，更好的应对方式应当是，适当地引导和鼓励幼儿。与此同时，父母应当对幼儿发出的信号足够敏感，如果幼儿没有准备好，不要急着把他推出去。毕竟，对于大部分幼儿，家人是他们最主要的社交对象，幼儿和家人以外的陌生人互动的社交经验少之又少。因此，父母应当以加倍的包容和耐心，让幼儿多接触陌生人，多接触陌生的环境，慢慢培养其社交能力。

那么，从另外一个角度来说，应当如何与害羞的幼儿互动呢？首先，要认识并尊重害羞的幼儿在与陌生人互动中可能产生的不适。因此，不要在幼儿还有明显的抵触心理的时候，急着去接近他们或试图用善意的微笑来打动幼儿，这些举措通常并不会奏效。这个时候应该做的是，和幼儿保持一定的距离，避免和他们产生直接的眼神接触。你可以试着和其他幼儿互动，以此来吸引害羞的幼儿的注意。也许，他们会被你的游戏吸引。虽然依旧会保持一定的距离，但他们会试图偷偷地朝你这边张望。等到他们的"预热"完毕，害羞幼儿的抵触心理就会减弱。

因此，和害羞的幼儿互动，最重要的就是要有足够的耐心，等待幼儿卸下防备。如果过于急迫，反而会吓到幼儿，进一步抑制他们进行社交互动的意愿。

（三）为什么幼儿的占有欲那么强烈

幼儿的占有欲特别强烈，用通俗的方式描述幼儿对占有欲的理解，恐怕是这样的："我的是我的，你的还是我的；我看到的是我的，我玩过的是我的，我想要的还是我的。"这个看似夸张的逻辑，在幼儿看来却是理所当然。

这是因为，幼儿尚处于以自我为中心的阶段，在他们的概念中，只有自我，没有他人。所以，幼儿没有足够的认知能力来理解别人可能也对这个玩具感兴趣，也会想要这个玩具。

这或许可以解释，为什么幼儿间的争执绝大部分都会围绕玩具的"所有权"而展开，而且通常相当激烈，互不相让。当双方都毫不怀疑地觉得这件玩具应当归自己所有时，又有什么理由能让他们中的任何一方放弃呢？

同理，让幼儿与他人分享自己的东西在很大程度上也与该阶段幼儿的发展水平格格不入。也许父母会觉得幼儿不愿意分享自己的东西未免太过小气，但对幼儿来说，自己的东西统统"价值不菲"，即使用"钻戒"来形容也毫不过分。试问母亲又是否会愿意和他人分享自己的钻戒呢？

因此，父母应当充分尊重幼儿对自己的东西的占有欲，不应在幼儿不愿意的情况下，强迫幼儿和同伴分享自己的东西。但这也并不意味着，父母就不应当鼓励幼儿作出分享的行为。相反，父母应鼓励幼儿的分享行为，让幼儿选择自己愿意分享的物品，给幼儿讲解分享行为会给同伴带来的快乐，并且积极鼓励他的分享行为，从而进一步强化这一行为。总之，分享行为的社会化并不能一蹴而就，父母应尊重幼儿发展的特点，耐心地加以引导和鼓励。

（四） 为什么幼儿会对一些物件产生依恋

　　幼儿经常会对一些物件产生特别的情感联结，例如毛绒玩偶、枕头、毯子等触感柔软的物件。有些幼儿会和这些产生特别依恋的物件形影不离，就算吃饭、睡觉、玩耍也不肯放下；而这个物件一旦丢失，幼儿必定会情绪崩溃。有时，就算父母找来一件看上去一模一样的替代品，幼儿也并不领情，因为对幼儿来说他们所依恋的物件是独一无二、不可取代的。

　　幼儿对物件产生特殊情感联结的现象在幼儿期尤为突出。随着幼儿进入学龄前期，即3岁左右，这种情况就会在很大程度上得到改善（Miller，2007）。如果说幼儿和特殊物件形影不离是出于情感的需要，那么学龄前儿童对物件产生特殊情感联结则是习惯使然。

　　那么，为什么幼儿会和某些物件产生特殊的情感联结呢？这个现象可以从两个方面进行解释。

　　首先，对幼儿来说，这类具有特殊情感意义的物件在某种意义上是其与母亲的依恋关系的外化。对生长在高度工业化的现代社会的幼儿来说，他们在幼年时期和母亲的肢体接触越来越少。例如，从出生伊始，婴儿便会有自己的婴儿床、汽车安全座椅、各种式样的摇篮、玩具等。这些形形色色的婴幼儿装备在解放了父母的同时，却压缩了婴幼儿在母亲怀里的美好时光。另外，绝大部分母亲在产假结束后都会重新投入全职的工作，不太可能全天候地在婴幼儿的身边予以照顾、抚慰。但是，与母亲进行亲密接触、被母亲拥抱的这种与生俱来的渴望，并不会因此而减少分毫。因此，他们需要一个特殊的物件来替代、填充缺失的那部分来自母亲的拥抱和爱抚。这就好像母亲一直陪在他们身边，能让他们在有情感需求的时候，随时随地地向其寻求拥抱和安慰。

　　其次，这类具有特殊情感意义的物件可以理解为幼儿进行自我情绪调节的手段。在婴儿期，婴儿绝大部分的情绪困扰都要倚赖父母的帮助才能解决。例如，伤心的时候需要父母的宽慰，害怕的时候需要父母的安抚。而到了幼儿期，随着幼儿自我调节能力的萌芽和发展，他们开始在一定程度上对情绪进行自我调节。这类具有特殊情感意义的物件就相应地成为幼儿自我情绪调节的工具。在害怕、伤心、不知所措的时候，有了这些特殊物件的陪伴，幼儿就能更轻松地恢复心情。简而言之，这类特殊物件可以被当作一个过渡品。对有些幼儿来说，从以父母为主的情绪外部调节到以自我为主的情绪内部调节并不是水到渠成那么简单，必然伴随着挣扎和不适应。尤其是幼儿，他们的自我调节能力很低，出现强烈的情绪体验时可能无法实现自我调节。因此，他们需要一个外在物件帮助他们过渡，使他们更好地实现自我情绪调节。

综上所述，对某一物件产生特殊的情感联结是幼儿期幼儿的常见行为。因此，父母无须介意幼儿的这一行为，一旦幼儿度过了这个发展时期，情况自然会得到改善。

三、学龄前期

（一）学龄前儿童是否有自我的概念

在学龄前期，儿童在社会认知领域经历着飞跃性的发展。一方面，心智理论的发展让学龄前儿童能更好地理解他人的想法、立场、动机的独特性；另一方面，自我概念的发展也让学龄前儿童对于自我的认知开始萌芽，并随着儿童阅历的增长不断丰富。当然，自我概念的发展与丰富是一个极为长期的过程，从学龄前期开始，跨越了整个青春期（甚至后青春期）。可以说，自我概念是人的自我认知和社交经验不断交互作用的长期过程。因此，相对而言，学龄前儿童的自我概念还较为简单、比较浅显。

那么，学龄前儿童的自我概念是怎样的呢？首先，他们的性别意识开始萌芽。他们清楚地知道自己的性别，并会通过外形特征、服饰、行为等外在指征来判断他人的性别。换言之，他们的脑海中已经清晰地形成了关于男孩和女孩的性别脚本（尽管还较为初步），男孩和女孩应该是什么样的，男孩和女孩应该做什么事，等等，都是性别脚本的一部分。例如，学龄前儿童会说，男孩应该留短发，女孩应该留长发；只有女孩才能穿裙子；在被问到谁打扫卫生、做家务时，他们都会指向女性玩偶。

这一阶段的儿童在玩伴的选择上也更具倾向性，明显倾向于和同性别的同伴玩耍。例如，女孩更愿意和女孩玩耍，而男孩更愿意和男孩玩耍。这种情况在该阶段的儿童中极为常见。和同性别的同伴玩耍能够帮助儿童巩固、发展他们正在萌芽的性别意识，丰富他们的性别脚本。因此，学龄前儿童的性别意识已初步形成。虽然在这一阶段，他们的性别脚本还较为粗浅，但已经能够对他们的行为起指导作用。

其次，除了性别意识，学龄前儿童对自我的认知、评判，即自我同一性也开始萌芽。这一阶段的儿童对自己的认知通常会围绕客观的、外在的特征构建。例如，家庭成员、自己的外貌特征（例如，黑色的头发、棕色的眼睛）、拥有的玩具、喜欢去的地方或喜欢的游戏，以及自己的行为或能力（例如，"我跑得很快"）等，都是学龄前儿童在自我描述中经常会涉及的方面。

但是，学龄前儿童的尚处于发展中的自我概念还有很多不足之处。例如，学龄前儿童基于外在特征的自我认知通常较为零散，不成体系。另外，他们对自我的评价在准确度上有待提高。具体来说，他们的自我评价通常会较为乐观、积极。这是因为该阶段儿童的认知具有局限性，即他们在很大程度上会混淆自己的真实能力和自己想要达到或期望拥有的能力。因此，当父母发现儿童有类似倾向的时候，不要误以为儿童在故意吹牛或夸大其词，并因此而忧心忡忡。父母要明白，这一现象是儿童正常发展规律的反映。父母应该做的是，对儿童多一分宽容和耐心。

（二）学龄前儿童是否有责任的概念

学龄前儿童在社会认知上的发展使其开始有能力明白责任的概念。一方面，心智理论的发展使他们能够进一步认识到，他人的想法和自己的想法不一样，自己想要的未必就是他人所喜欢的。以和同伴争抢玩具为例，学龄前儿童能够认识到，同伴和自己一样迫切地想要这个玩具，如果拿不到这个玩具，同伴也会很伤心。另一方面，学龄前儿童开始认识到行为和动机的联系，他们开始意识到，行为的后果并不是评判行为的唯一标准，行为背后的动机也应该纳入考量。例如，在弄坏了同伴的玩具后他们会说："对不起，我不是故意的。"这就表示，他们已经能够明白，是否有意为之非常重要。

同时，学龄前儿童也开始形成对行为规范和道德准则的初步理解。具体来说，他们开始能够区分事情的严重程度，知道什么事情是不合适的，什么事情是绝对不被允许的。例如，在幼儿园教师上课的时候说悄悄话是不合适的；而打人、不经允许拿别人的东西是道德层面的错误，是绝对不被允许的。因此，学龄前儿童对这些行为规范和道德准则的认识和理解使他们能够以此为标准衡量和评判自己的行为。

最后，在情绪发展的层面，学龄前儿童的共情能力也开始萌芽。他们开始有能力设身处地地为他人设想、感受他人的情绪。例如，当同伴跌倒受伤时，他们能感受到同伴的疼痛和伤心，上前抚慰同伴。

综上所述，学龄前儿童在认知和情绪上的发展使他们开始能认识到责任的概念。父母能做的就是在可能的范围内给予儿童行动的自由，让他们自己体验事情的后果。此外，在事情发生后，耐心为儿童解释事情的后果，强化儿童对行为和后果之间联系的认识，并适时指出在该情境下可供替代的策略。这样，父母才能帮助儿童更好地理解和掌握责任的概念。

（三）学龄前儿童为什么喜欢玩"过家家"游戏

学龄前儿童热衷于玩"过家家"游戏。他们会玩茶话会，拿着"茶壶"有模有样地向"杯子"里倒"水"；他们会想象自己是医生，正在帮生病的"小朋友"看病；他们会拿着积木，假装它们是新鲜出炉的美味蛋糕，并急不可待地放在嘴边"品尝"一口，还会舔舔嘴唇，仿佛真的吃到了蛋糕……仔细观察过学龄前儿童玩耍的父母、教师，对这些"过家家"的场景应当并不陌生。为什么学龄前儿童这么热衷于"过家家"的游戏呢？

婴儿用感官来构建世界。他们对于世界的印象大多来自触觉、味觉、嗅觉和听觉等，也正是在用感官探索环境的过程中，婴儿的感知觉不断发展。而幼儿认知能力的发展让他们多了一种探索世界的途径，即除了了解物体的外在特征，他们还开始了解物体的内在特征和用途等。例如，一块积木对婴儿来说只是一个看起来色彩斑斓，摸起来有点硬，但啃起来不太舒服的物体。但对幼儿来说，他们已经认识到，积木能用来搭成各种各样的形状。不过，幼儿的认知依然具有局限性——"积木只是积木"，他们不能超越物体本身的属性将它和另外的东西联系在一起。

在此基础上，学龄前儿童的认知能力进一步发展，想象力的发展使他们能够赋予物体更多的意义。例如，在想象的世界里，一块积木不仅仅是一块积木，它还可以是一个茶杯、一个蛋糕，甚至一只恐龙……正是想象力的发展，使"过家家"这种游戏方式成为可能。因此，可千万别小看"过家家"，它代表了学龄前儿童认知能力的一个重要飞跃，它也为学龄前儿童了解生活、了解世界提供了新的重要途径。用皮亚杰的话来说，儿童正是通过玩耍来进行学习的。

因此，父母应当鼓励学龄前儿童的"过家家"游戏，在可能的情况下参与到儿童的"过家家"游戏中。父母的参与可以起到积极的作用，它不仅能够提升儿童的积极性，还能够在和儿童的互动中增进交流、巩固亲子关系，使儿童更有可能遵从父母的教导。另外，这还是一个推动儿童社会化的良好契机，父母可以借此机会，让儿童了解相应的规则。例如，在看病的"过家家"游戏中，父母告诉儿童在生病时应该怎么处理，去医院就诊会有哪些流程等。

（四） 如何教学龄前儿童用语言表达自己的情绪

和语言能力欠缺的婴幼儿相比，学龄前儿童的语言能力已有了突飞猛进的发展。尽管他们的语言表达有时仍会词不达意，但他们已基本能用简单的语句进行自我表达。与尚在发展中的语言表达能力相比，他们的语言理解能力更为突出。

因此，学龄前儿童已经具备了用语言表达自己情绪的能力，父母应当鼓励学龄前儿童多用语言来表达自己的情绪体验。这还不仅限于表达自己的积极情绪，例如"我很开心"，还应当重点鼓励儿童表达自己的消极情绪。在儿童表达消极情绪的时候，很多父母通常会倾向于抑制、镇压这种表达，说"不许哭""不要吵"等。但这些话对儿童来说并没有太多的教育意义，因为儿童不知道，在他们体验到消极情绪的时候，除了哭闹还能如何应对。还有一些父母甚至会采用暴力手段镇压儿童的哭闹，但粗暴的言行非但不能解决问题，还会为儿童作出不好的示范，甚至可能进一步激怒儿童，为亲子关系蒙上阴影。

因此，当儿童生气的时候，父母应当克制自己的负性情绪和冲动行为，试着平静下来，用语言和儿童交流。例如，妈妈可以问孩子："你是不是生气了？能不能告诉我你为什么生气？"以此来引导儿童用语言，而不是用歇斯底里地哭嚎表达情绪。在儿童表达了自己生气的原因后，父母首先应当肯定其情绪体验的合理性，并在此基础上引导儿童采取更为合适的情绪表达方式。一旦儿童理解他们的情绪会被重视，他们的问题通过表达能够得到解决，他们就会明白，与毫无意义的哭嚎相比，用语言表达自己的情绪才是更有效的解决办法。这其实也是父母对儿童进行情绪社会化的一个重要目标，即鼓励儿童通过语言更好地调节情绪体验。

第二节
儿童早期问题行为成因解析

一、问题行为的界定

在具体阐述儿童问题行为的概念之前，我们首先回顾一下儿童行为发展的轨迹。

在儿童早期，特别是婴幼儿期，幼儿对社会规范、行为准则缺乏认知，同时他们的自我克制能力又相对薄弱。这就导致幼儿的行为通常受其内在情绪、动机因素所驱动，随兴所至，缺乏相应的外在约束机制对其行为进行校正。到了学龄前期，随着父母、教师等多渠道的社会化，学龄前儿童开始理解并接纳社会、文化对于社会行为的准则和规范。在此基础上，他们还开始用社会期待和行为准则作为衡量自我行为的标杆。当自己做了错事，他们会觉得内疚；当自己的行为不符合行为规范，他们会觉得羞愧；而当自己的行为符合，甚至超过了社会期望，他们会觉得自豪。再加上学龄前儿童自我控制能力的发展，大部分儿童的问题行为（如攻击性等暴力行为）通常会在学龄前阶段呈现大幅减少或下降的趋势。

那么，如何界定儿童的问题行为呢？总的来说，儿童问题行为这一宽泛的术语其实囊括了以下三种不同层面的问题行为（Miller，2007）：

其一，儿童问题行为包括与社会期待、公认的行为准则、行为规范有出入的行为。例如，在教师上课的时候大声说话。

其二，儿童问题行为包括不合时宜、不合情境等不恰当的行为，或不成熟的行为等。例如，在同伴受伤的时候，非但不予以安慰，反而幸灾乐祸地大笑。

其三，儿童问题行为还包括率性冲动、欠缺考虑的行为。例如，在下楼梯时随意推搡同伴，而并不考虑这么做可能导致同伴摔跤、受伤等。

值得一提的是，在不同的年龄段，由于儿童认知能力、自制能力以及行为发展能力存在差异，儿童对于自我行为问题的认识也具有不同。相应地，父母在面对儿童的问题行为时，应当充分考虑儿童自身发展的规律，并以此为依据，对儿童的行为提出符合该年龄段发展规律的期望。例如，当幼儿爬到桌子上时，幼儿本身并不会意识到这种行为是不恰当、有安全隐患的行为，会被父母视为调皮捣蛋。相应地，父母不应对幼儿的这一行为过分懊恼，而是应当积极、耐心地对其进行引导，让幼儿明白这种行为是不合适的。但是，对学龄前儿童来说，他们已经可以意识到这个行为的不当之处。如果学龄前儿童依然这么做，可能是出于其他动机的驱使，例如，想要通过这样的出格行为来引起父母的关注等。因此，同一个行为体现在幼儿或是学龄前儿童身上，其性质和行为背后的动机可能截然不同，所以父母也应具体问题具体分析，对应对策略进行相应的变通。具体来说，在上述例子中，如果是幼儿表现出了该行为，父母可以把幼儿从桌子上抱下来，让他（她）在更安全的环境中爬行（如爬行垫等），并向幼儿明确指出在桌子上爬行的不当之处。对于幼儿来说，和直接阻止问题行为相比，转变情境往往是更有效的干预手段。但如果是学龄前儿童表现出了该行为，父母则应当明确地指出这种行为可能导致的后果及其安全隐患等，并提出可供替代的选项。如果依然不奏效，父母则可以使用正面的管教方式。例如，如果这个行为依然继续，周末就不会带他（她）去最喜欢的公园玩等。这种管教方式用剥夺儿童最喜欢的玩具、活动等特权来让儿童体会到其问题行为可能产生的后果。

此外，对于儿童问题行为的界定可以分为以成人为中心和以儿童为中心这两种方式（Miller，2007）。

首先，以成人为中心的界定方式是指，以儿童的行为可能对成人造成的困扰、后果等作为评定问题行为的主要依据。例如，如果儿童在野餐时不小心弄撒了果汁，把果汁泼在了草坪上，父母也许并不会特别生气。因为，他们并不需要去打扫泼在草坪上的果汁。但如果儿童在吃饭时不小心弄撒了果汁，把果汁泼在了桌子上或是家里的地毯上，情况就不一样了。父母可能会勃然大怒，因为他们得费时费力地进行清扫。因此，以成人为中心的界定方式会依据该行为给父母造成的困扰的程度，认定后者，而非前者，是问题行为。

这种以成人为中心的界定方式具有局限性。具体来说，它可能会使儿童产生疑惑：为什么父母会对同样的行为有截然不同的反应呢？而就儿童的问题行为来说，父母或其他照顾者应就该问题行为作出一致的反应和管教方式，才能更有效地帮助儿童纠正该问题行为。如果父母就同一问题行为的反应会随着他们的情绪、心情或是其他主观因素的变化而变化，儿童就有可能认为，在某些情况下，他们的问题行为是可以被忽视、被容忍的。这便在无形中滋长了儿童的问题行为。

其次，和以成人为中心的界定方式相比，更合适的方式是从儿童的角度出发来界定问题行为。具体来说，以儿童为中心的界定方式从儿童的发展水平、动机以及可能给儿童造成的长远影响等角度着眼，来判断问题行为及其严重程度。这种界定方式的优点在于，它能让父母从行为本身出发，就相应的行为采用一致的管教方式，从而更有效地帮助儿童纠正不当的行为。

总之，对于儿童问题行为的界定需要根据儿童的年龄段和相应的发展阶段进行相应的考量。此外，父母应尽量避免情绪化和随意性，从儿童的角度出发来界定问题行为，并在儿童表现出不当言行的时候给予一致的反应。

二、问题行为的成因解析

在儿童出现问题行为的时候，很多父母往往会把责任归结在儿童身上，试图从儿童身上来寻找问题行为的成因。其实，儿童问题行为的产生并不仅仅是儿童本人的责任。很多时候，儿童的问题行为都能从他们的父母和家庭环境中找到根源。

在这一小节，我们将重点关注儿童的问题行为背后的一些较为常见的驱动因素。这些驱动因素兼顾了儿童与父母两个方面，有助于获得对儿童问题行为的更全面的理解。

（一）父母对儿童不切实际的期望

有时，父母对儿童的期望不一定符合儿童的发展规律。

例如，很多望子成龙的父母打着"不让孩子输在起跑线上"的旗号，从幼儿园开始就对儿童进行启蒙培训，使得儿童的休闲时间被各种英语班、绘画班、钢琴班等课外辅导班挤占。当儿童表现出不配合的情绪，想要玩耍的时候，父母便会很生气，觉得儿童不能理解自己的苦心。对于幼儿园阶段的儿童，适量的课外班固然能够帮助他们扩展兴趣、开阔眼界，但过量的课外班会扼杀他们的兴趣，过度损耗他们本就处于发展中的注意力，打击儿童通过玩乐来理解世界、探索世界的积极性。因此，父母期望儿童能欣然地参加各种课外辅导班并在每一节课上保持足够的注意力，对学龄前儿童来说，是一个不切实际的期望。

类似的不切实际、不符合儿童发展规律的期望，不仅会让父母在得不到回应和满足时，表现出对儿童的消极情绪和言行，疏离父母和儿童间的亲子关系，而且会让儿童对父母产生不满和抵触，拒绝听从父母的指令，由此催生问题行为。

（二）儿童不成熟的自制力

不成熟的自制力是另外一个催生儿童问题行为的重要因素。有时候，尽管儿童在主观上想要遵从父母的指令，表现出合宜的行为，但是，由于其薄弱的、不成熟的自制力，他们可能没有办法很好地克制自己的冲动行为。

例如，有的儿童在很兴奋的时候会不假思索地推同伴或打同伴。他们在主观上并没有要伤害同伴的意图，也知道打同伴是不对的、不合适的。但是，当他们处于特别开心、特别兴奋的状态中，他们没有足够的自制力来延迟或抑制自己的冲动行为，来不及思考这类行为可能导致的后果。如果父母或教师因此责罚幼儿，并不能有效地纠正儿童的这一问题行为。但是，倘若父母和教师能分辨儿童这一问题行为是源于其不成熟的自制力，并能对症下药，引导儿童在特别兴奋的状态下用合宜的方式调节亢奋的情绪，推动儿童自制力的发展，则有可能从根源上有效地解决儿童的问题行为。

（三）儿童渴望获得关注和认同

获得父母、教师或同伴的关注和认同也是儿童问题行为的一大诱因。有些儿童可能在日常生活中长时间地遭受他人的忽视。而对儿童来说，获得父母的关注和肯定具有重要的奖赏意义，有时甚至比得到物质奖励更为重要。

因此，这些被忽视的儿童会想方设法地赢得父母的关注，即便这种关注建立在责骂的基础上。于是，当他们发现，自己乖张的行为总会被父母注意到并招致责骂时，便会以此作为赢得父母关注的手段。对于这类问题行为，如果父母能注意到儿童的"小心思"，平时给予他们足够的关注和关爱，并在儿童出现积极行为时及时表扬，而不仅仅是在儿童出现消极行为时才责骂他们，长此以往，儿童问题行为的动机便会被瓦解，问题行为自然能得到纠正。

与之类似，在同伴关系的情境中，儿童也有可能因为想得到同伴的关注而出现问题行为。例如，儿童可能特别想和班上的一个同学做好朋友，然而他的想法并没有得到回应。于是，儿童可能会采用"另类"的方式来吸引同伴的注意，如不停地在同伴周围制造噪声，推、打同伴等，而这些"另类"的方式通常会适得其反，使同伴产生抵触心理。对于这类问题行为，如果父母、教师能从提高儿童的社交技能的角度入手，帮助儿童掌握更合宜、更能被同伴接受的方式来唤起同伴的注意、赢得同伴的好感，便能从根源上解决儿童的问题行为。

（四）儿童的失望和沮丧

失望和沮丧也有可能成为儿童的问题行为的驱动力。

例如，有些父母仅会在儿童出现不当言行的时候责骂他们，却很少会在儿童出现积极言行的时候鼓励和赞扬他们。久而久之，儿童会觉得无论自己多么努力，都没有办法赢得父母的肯定，并对此感到失望，对自己感到失望。这种失望的情绪会进一步催生儿童的自我否定和自我排斥，由此失去相应的动机去表现出合宜的社会行为。

此外，沮丧也有可能催生儿童的问题行为。这一类儿童通常成长在压力性环境中，接受消极的父母教养方式。来自环境的压力可能使儿童毫无招架之力，因缺乏掌控感而觉得沮丧。由此，他们可能会出于掌控感的需要而表现出问题行为。

纠正这类问题行为通常需要从儿童的家庭环境和父母的教养方式着手，帮助儿童和其父母建立积极、良性的互动，让儿童从父母处得到更多的鼓励和肯定，让儿童的生活环境更加稳定，从而帮助儿童摆脱失望和沮丧，纠正其问题行为。

（五）父母和师长不当的"贴标签"行为

另一个常见的问题行为的诱因是父母、教师无意中的"贴标签"行为。

例如，有些父母在责骂儿童的时候经常会脱口而出一些笼统的、极具标签意味的描述，如"你真笨""你真是一个坏孩子"等。这类描述在父母看来只是无心之言，但它们会在潜移默化中对儿童产生巨大影响。这是因为年幼儿童的自我认知和自我概念还处于发展之中，父母、教师等成人对他们的评价构成了儿童构建自我认知的重要素材。一旦儿童认可并接纳了父母和教师给予的这些负性标签，他们便更有可能表现出相应的问题行为来实现这些负性标签。

因此，父母和教师在日常和儿童的互动中应当尽量避免使用此类具有标签意味的语句，以免"说者无心，听者有意"，间接诱发儿童的问题行为。纠正此类问题行为，可以从纠正父母、教师的"贴标签"行为着手，帮助父母、教师在与儿童互动的过程中用更积极的描述鼓励和肯定儿童，逐步帮助儿童构建积极的自我概念。

（六）其他生理和心理因素

最后，儿童的问题行为也有可能是由其他的生理、心理因素驱使的，如无聊、疲劳或过度刺激等，都有可能成为儿童问题行为的温床。举个例子，在疲劳的状态下，儿童本就薄弱的自制力更有可能全面崩溃，使他们出现情绪和行为上的失控，表现出攻击性行为、忤逆父母的指令等其他不恰当的行为。类似的其他生理方面的不利因素，如饥饿、觉得不舒服或疼痛等肌体不适，也有可能引发儿童的问题行为。内在生理因素对儿童问题行为的推动通常会在潜意识的层面发生，儿童（特别是婴幼儿）自己都未必能意识到，让自己焦躁不安、脾气暴躁的根本原因。

因此，父母若能敏感地体察到儿童的不适，及时帮助儿童解决让其不适的根源，便能有效地缓解儿童的问题行为。否则，针对儿童问题行为本身的管教并不能收到标本兼治的成效。

本章小结

本章节以儿童早期行为发展为主题，从儿童发展规律的角度，对儿童早期发展的三个阶段（婴儿期、幼儿期和学龄前期）中一些有代表性的行为进行了解读。具体来说，在婴儿期，我们解读了婴儿是否会蓄意大哭，婴儿为什么喜欢黏人，婴儿是否能读懂父母的身体语言，以及什么是婴儿的习得性无助。在幼儿期，我们解读了幼儿是否能控制他们的情绪和行为，幼儿的占有欲为什么那么强烈，如何与生性害羞的幼儿互动，以及为什么幼儿会对一些物件产生特殊的情感联结。而在学龄前期，我们解读了学龄前儿童是否有自我概念和责任的概念，为什么热衷于玩"过家家"的游戏，以及如何引导学龄前儿童进行恰当的情绪表达等。

在本章的第二节，我们解读了儿童早期问题行为背后的一些常见诱因，例如父母对儿童不切实际的期望、儿童不成熟的自制力、儿童渴望获得他人的关注和认同、父母和教师不恰当的"贴标签"行为，以及儿童其他的内在生理、心理因素等。

值得一提的是，儿童的问题行为可能是由一种或多种因素驱动的，在实际情境中，这些因素可能相互促进、相互强化，从而共同推动了儿童问题行为的发展。因此，对于儿童问题行为成因的解析需要具体问题具体分析。另外，本章并不能穷尽所有可能导致儿童问题行为的诱因，对所提及的这些诱因，也不应简单、盲目地一一对号入座。对于儿童问题行为成因的解读，还需要父母、教师对儿童的个人特质、情境因素、家庭环境、教养方式等各个方面有综合、全面的考量，才有可能真正锁定问题行为的根源。因此，以上探讨只希望能起到抛砖引玉的作用，引起大家对儿童早期行为发展的关注和对儿童问题行为的思考。

第十章
儿童情绪发展课程设计

　　除了良好的家庭成长环境，合理的课程设置是儿童早期教育最核心的要素之一。课程设置的科学、恰当与否直接决定了课程能否促进儿童全面、和谐的发展。

　　一套科学、合理、有效的儿童发展课程需要建立在理论的基础上，兼具指导性和灵活性：一方面，课程设置需要建立在科学的儿童发展规律的基础之上，应对儿童的发展具有普遍的指导意义；另一方面，课程设置应充分考虑儿童不同的情况和发展状况，鼓励幼儿教师在实施课程的过程中因材施教，灵活选取和组织课程。

第一节
课程设计的要素

目前，我国的幼儿园在课程设置和实施方面普遍存在以下问题：首先，课程设置缺乏灵活性，没有真正考虑到每个幼儿的实际需求，从而使课程的有效性大打折扣。其次，课程内容的设置过于偏重对幼儿早期认知能力的开发，而缺少对幼儿情绪发展领域的关注，但情绪发展恰恰是儿童早期发展的一大核心领域。从长远来说，健康的情绪发展是儿童社会交往技能以及健全人格发展的关键所在，其对儿童毕生发展的重要性绝不亚于早期认知能力的开发。最后，在课程实施上，常流于形式上的模仿和借鉴。比如，目标的设置过于空洞和笼统，目标与课程联系不紧密，方法和活动的运用不能反映幼儿的发展需求等。因此，设计一套科学合理的幼儿课程是促进幼儿健康、快乐发展的重要措施。

接下来将以儿童情绪发展课程为例，提出以培养、促进儿童早期情绪发展为核心目标的课程设计理念，帮助儿童以积极、健康的方式理解情绪，推动儿童自我调节能力的发展，并运用情绪激励的手法达到更好的教学效果。

课程设计理念具有以下特点：第一，课程内容设置以发展心理学为依托，以幼儿情绪发展理论为基础，使课程内容、课程目标等的设置与儿童发展规律相契合。第二，本课程以促进儿童早期的情绪发展为核心目标，旨在引导儿童以积极、健康的方式理解情绪，进行自我情绪调节。健康的情绪发展不仅能促进儿童健康的自我认知和健全人格的发展，而且对儿童的社会交往能力、智力的发展等具有不可替代的积极作用。第三，本课程设计充分了解并尊重儿童独特的发展模式，应用自然的教学方法让儿童在快乐的氛围中健康发展。

课程设计主要包含课程目标、课程内容和教学方法等要素。值得一提的是，课程设计应建立在适当的理论基础之上。不同的理论基础会对课程要素产生不同影响。具体来说，幼儿课程设计的三大要素如下所述。

一、课程目标

课程目标受理论基础的影响而各有侧重，但总的来说，西方的主要幼儿课程，如蒙台梭利模式和河滨街模式等，均包含两个倾向：（1）倾向于社会化的目的，即旨在帮助幼儿更好地融入社会，成长为有责任感的社会成员；（2）倾向于学业的目的，即旨在为儿童幼升小后小学阶段的学习打下相应的基础。

本情绪发展课程注重儿童早期的情绪发展，以推动儿童的情绪社会化为目标。

二、课程内容

课程内容与课程目标息息相关。当前的幼儿课程按照内容的灵活性大致可分为三种基本类型：第一种类型是事先设计好且不能改变的固定型内容，缺点是通常不能很好地贯彻因材施教的方针，不能照顾儿童的个体特质；第二种类型是从学生的角度出发决定学习的内容，因此没有固定的内容设置，例如蒙台梭利模式的课程内容；第三种类型是由教师设置一个学习的范围，在这个范围内儿童可以根据自己的喜好来选择内容。

除了按灵活性对课程内容进行划分外，还可以对内容本身进行划分。例如，一类是认知倾向或社会情绪倾向的内容，另一类是偏重认知能力培养的内容，如探索、归纳和解决问题的技巧等。但归根结底，课程内容要解决的最核心的问题是教学内容，即"要教给儿童什么"，以及教学内容安排，即"如何安排要教授的内容"。"要教给儿童什么"涉及课程范围，而"如何安排要教授的内容"涉及课程的组织原则。

本情绪发展课程设计在内容上围绕目前国内幼儿园较为欠缺，却对儿童发展有重要意义的情绪发展展开。在课程的组织上具有灵活性：一方面，由教师设定教学的内容框架；另一方面，鼓励儿童根据自身的兴趣和能力进行探索和学习。

三、教学方法

教学方法服务于课程目标和课程内容。根据课程目标和内容，选取恰当的教学方法对于取得教学效果尤为重要。教学方法还应当充分考虑儿童的发展情况，只有充分尊重儿童发展规律和发展特点的教学方法才能实现教学效果的最优化。

从教学目的的角度出发，教学方法可以分为讲述法、讨论法、实验法和角色扮演法等。鉴于学龄前儿童的发展规律，讲述法并不是一个值得推崇的教学方法。让儿童亲身参与到教学当中，通过自己的实践和探索获得知识，才是更符合学龄前儿童发展规律的教学方法。

因此，本情绪发展课程在教学方法上主张采用实验法、角色扮演法、讨论法等生动活泼的教学方法，激发儿童的积极性和参与性，从而达到让儿童通过自身的实践和探索进行学习的目的。这种教学方法从短期来说能激发儿童参与教学活动的主动性和积极性；从长期来说能培养儿童的实践能力、独立自主性以及分析问题、解决问题的能力。

第二节
课程概述

一、情绪发展课程的核心要素

具体来说，情绪发展课程应包含以下核心要素：儿童的参与和投入、良好的师生关系、鼓励情绪表达的氛围、感受他人情绪的能力以及与之相配套的课堂活动（Hyson，2004）。

（一）儿童的参与和投入

一套科学的情绪发展课程的一个关键之处是，它能否激发儿童参与的热情和投入的意愿。这里的参与和投入并不是指表面上被动地卷入，而是指儿童发自内心地想要参与课堂活动，并且在参与中切实地感受到相应的情绪。

不过，开心与快乐虽然是不可或缺的积极情绪体验，但课程的目的并不在于让每个儿童全程都露出笑容。让儿童在课程中有不同的情绪体验，并学会如何正确、有效地通过自我调节来疏导不同强度、不同类型的情绪体验，才是课程的最终目的。

这是因为和积极的情绪体验相比，儿童更有可能在面对他们的消极情绪体验（如生气、伤心等）时不知所措。在消极情绪爆发的时候，他们可能不知道如何疏导这些负性情绪，或者会采用一些不恰当的方式表达情绪。例如，有的儿童在生气时会通过欺负同伴来宣泄自己的愤怒情绪。如果这种有问题的情绪调节方式没有得到及时、有效的引导，会为儿童未来的人际交往和社会性发展埋下隐患。

因此，让儿童主动地参与到课程中，获得不同的情绪体验，并通过这些情绪体验习得正确、有效的情绪调节策略，是一套科学的情绪发展课程的核心要素之一。

（二）良好的师生互动

作为课程的直接执行者，教师的个人魅力和感召力在很大程度上关系着课程的教学效果。如果教师和儿童有良好、融洽的师生关系，儿童就更有可能信赖教师，欣然接受教师的指令，也更有可能直接、开放地表达情绪，从而为情绪的疏导创造条件。

教师独特的人格魅力是营造良好的师生关系的关键所在。一个让儿童信赖的教师会让儿童感受到关心、支持和肯定；会在与儿童交往的过程中，捕捉到儿童细微的情绪变化并相应地作出调整；会理解并支持儿童的积极情绪和消极情绪的表达，并耐心地帮助儿童理解情绪、疏导情绪，而这些点点滴滴的良性师生互动为情绪发展课程的实施提供了可能。

（三）鼓励情绪表达的课堂氛围

情绪发展课程应鼓励并支持儿童直接、开放的情绪表达。当儿童体会到某种情绪时，他应该通过表情、语言或其他的身体动作把情绪表达出来，而不是压制情绪的正常表达和宣泄。一方面，这种情绪的直接表达能让儿童理解任何情绪都是正常的，没有好坏之分，他们的情绪体验和情绪表达是被尊重和理解的；另一方面，情绪的直接表达也使疏导儿童情绪体验、对儿童不当的情绪表达进行引导成为可能。

（四）感受他人情绪的能力

社会性是人的一大基本特征。在现代社会中，人际交往能力是一项不可或缺的关键技能。优秀的人际交往能力要靠从小培养。其中，塑造儿童感受他人情绪的意愿和能力便是培养人际交往能力的一个重要环节。

具体来说，情绪发展课程的一大目标是让儿童懂得要理解和尊重他人的情绪体验和情绪表达，并体悟到每个人的情绪体验和情绪表达是不相同的。这种体察他人情绪的能力能为儿童的社会交往和自我的情绪体验带来积极的影响。例如，在同伴体验到悲伤情绪的时候，能抚慰同伴的儿童更有可能得到同伴的好感，从而进一步得到同伴的认同和接纳。这种良性的同伴互动能让儿童觉得快乐和满足。对儿童来说，这种积极的情绪体验是一种无形却巨大的奖励。日积月累，它会内化成一种鼓励和鞭策，让儿童自觉地在日后的人际交往中去理解和尊重他人。

（五）配套的课堂活动

以情绪为主的课堂活动也是情绪发展课程的一大要素。

归根结底，所有的课程目标都要以课堂活动为载体。需要澄清的是，以情绪为主的课堂活动并不意味着课堂活动中只涉及情绪的内容。相反，课堂活动的内容可以丰富多彩。其特色在于，重视儿童的情绪体验，包括鼓励教师营造良好的师生关系；鼓励儿童体验并直接地表达情绪，以及帮助儿童学会用正确的方式疏导情绪等。

二、情绪发展课程的目标

情绪发展课程应当包含以下六大目标：

（1）营造一个让儿童能自由感受、表达情绪的氛围。这样的氛围能让儿童更积极主动地参与到课程中，从而鼓励他们进行探索和学习。

（2）帮助儿童更好地理解不同的情绪。对于情绪的良好认知能使儿童在日常生活和人际交往中更好地理解自己和他人的情绪，从而促进儿童的社会交往能力的提升。

（3）让儿童模拟、学习恰当的情绪反应。在课程中，教师对于不同情绪的真实、正确的反应将为儿童提供宝贵的范例，教会儿童如何应对、疏导不同的情绪体验。

（4）促进儿童情绪自我调节机制的发展。健康而有效的情绪自我调节机制将使儿童受益终身，使其在未来的学习、人际交往以及面对困难和挫折时，都能更好地应对。

（5）能够体察并鼓励儿童独特的情绪表达方式。每一个儿童都是独一无二的，他们的情绪表达方式充满了鲜明的个人特色。因此，本课程的另一大目标是尊重、支持并鼓励儿童独特的情绪表达方式。这种来自外界环境的积极回应会增强儿童的自信心和自我认同感，鼓励儿童个体特质的表达和释放。

（6）用积极的情绪促进教学效果。恰当地运用积极的情绪体验能促进教学效果的提升。因此，本课程的另一大目标是充分、合理地在课堂中诱发儿童的积极情绪，让儿童体会到克服困难的乐趣和成就感，从而鼓励他们进一步参与课堂活动。

第三节
课程大纲

一、营造良好、融洽的课堂氛围

我们需要营造一个让儿童觉得安全、舒适的氛围。氛围的营造需要通过两部分来实现，即营造良好的课堂环境和营造良好的沟通与交流方式。

（一）营造良好的课堂环境

对儿童来说，一个安全的环境意味着一个他们觉得熟悉，有固定的安排设置，会接受他们，并对他们的喜怒哀乐有回应的环境。

首先，教师可以打造一个儿童觉得熟悉的环境。这可以通过制定固定的每日、每周，甚至每个月的计划表来实现。例如，每天早上的点心时间后都是课外活动的时间，每天下午会有故事会；每周会有一个小朋友担任值日生；每个月有一天是地球日，会举行以了解地球、爱护地球为主题的活动等。类似的固定时间的例行活动会让儿童觉得环境是可以预测的，从而增加他们的安全感。

其次，营造课堂环境还意味着营造一个让儿童觉得被接受、被关爱的环境。教师会微笑着聆听并耐心地和每个儿童对话。在儿童发生情绪波动的时候，教师会第一时间去关心、了解并提供必要的帮助。此类师生互动有助于打造一个让儿童觉得安全、舒适的课堂氛围，让儿童觉得他们的情绪是被关注和尊重的，从而鼓励他们更多地表达情绪。

另外，教师还可以在教室的墙上开辟专栏介绍儿童的家庭和课外生活。例如，儿童和父母的合影、儿童在节假日的活动、儿童最爱的宠物和玩具等。每个儿童都能随时更新自己的"专栏"，将他们愿意和同伴分享的照片贴出来。还可以让儿童根据照片分享自己和家人的故事。

（二）营造良好的沟通与交流方式

课堂的软环境，如教师和儿童的沟通与交流方式，也极其重要。教师可以通过他们的表情、肢体语言和声音构筑一个让儿童觉得安全、舒适的软环境。具体地说，教师的微笑、温暖的注视、和儿童的肢体接触以及鼓励性的话语等，都能让儿童觉得被关注和理解。

（1）微笑和注视。当教师温暖地、发自内心地向幼儿微笑时，儿童会觉得很安全。这些年幼的儿童已经能清楚地分辨出表面的、假装的微笑和发自内心的、充满情感的微笑。因此，儿童能感觉到教师的真诚微笑，会受这种微笑的感召。另外，教师的注视对儿童也很重要，因为它传达出教师对儿童的情绪、思想的关注和关心。

（2）接触。儿童需要教师的鼓励和支持。教师坐在儿童的边上，不时给予鼓励的眼神、微笑和话语会让儿童产生安全感，从而提高他们探索和学习的意愿。另外，教师适当的肢体接触也会让儿童产生安全感。当他们不开心或觉得委屈的时候，把他们抱起来，给予安慰，能有效地帮助儿童舒缓情绪。当然，每个儿童有不同的特点，有的儿童可能会特别敏感，比同伴需要更多、更久的抚慰。教师需要充分考虑每个儿童的特点和需求，给予相应的安慰。

（3）交流。儿童喜欢和教师交流，因此教师耐心的聆听、合宜的回应对儿童有非常重要的意义。和教师的交流不仅有助于提高儿童的语言表达能力和沟通能力，还对儿童的情绪发展有积极作用。教师鼓励、支持的话语以及温暖的语调都会对儿童产生巨大的感染力，增强儿童的自信心和自我认同感，使他们觉得安全、舒适和被尊重，从而更有可能主动、积极地参与课堂活动。

二、帮助儿童理解情绪

（一） 儿童的情绪认知

儿童需要了解的有关情绪的基本知识主要包括以下四个部分（Sarrni，1990）：

（1）每个人都有情绪，而且情绪是会变化的。例如，我今天早上觉得很开心，我的好朋友小明也觉得很开心。我的老师也会有情绪，她有时会很兴奋、很开心，有时会生气或闷闷不乐。

（2）不同的境况会催生不同的情绪。例如，很多事可以让我开心：妈妈做了我最喜欢吃的红烧排骨；老师表扬我；我顺利地用积木搭出一个看起来很棒的城堡。可是，当别的小朋友抢走我的玩具，或吃完午饭觉得很困的时候，我会生气或不开心。

（3）情绪的表达方式可以有很多种，每个人的情绪表达方式会不相同。例如，当小朋友没能得到他们喜欢的玩具时，他们的表现各不相同。田田经常会因为不能玩他想玩的玩具而发脾气、生闷气；小天会从别的小朋友那里抢走他想要的玩具并到处乱扔；甜甜会走过来用别的玩具交换别的小朋友正在玩而她也想玩的玩具。

（4）情绪是可以被改变的。例如，当我不开心的时候，只要老师抱抱我，或是让我听我最喜欢的儿歌，我就会变得开心一点。有时，当田田生闷气的时候，我会试着对他做鬼脸，他就不那么生气了。

（二） 如何帮助儿童理解情绪

以下几个策略可以帮助儿童更好地理解情绪。

策略一：帮助儿童搭建情绪的概念框架。就像理解时间、空间和数字一样，儿童对情绪的理解也需要建立在理解概念的基础上（Scholnick，

Nelson, Gelman, & Miller, 1999）。通过帮助儿童搭建概念框架，教师能促进儿童更好地理解情绪。

策略二：促进儿童间的交流和互动。除了学习有关情绪的概念外，实践也不可或缺。从某种程度上说，为儿童提供体会、观察和表达情绪的机会，比了解情绪的概念更能有效地促进儿童的情绪发展。例如，儿童间的交流和互动就是一个很好的实践机会。一方面，在和其他儿童互动的时候，儿童有机会体会到各种积极、消极的情绪，并且能在互动中观察自己的行为对他人的情绪造成的影响；另一方面，这也为教师提供了一个绝好的机会，去观察、了解每个儿童情绪表达的方法和特色，并在适当的时候给予帮助，从而使教师的情绪干预和疏导成为可能。

策略三：组织相关的课堂活动。举例来说，情景假设游戏就是一个对促进儿童的情绪发展颇有裨益的课堂活动。这是因为在此类游戏中儿童会频繁地使用大量有关情绪的词汇，并体验到各种不同的情绪（Dunn & Brown，1991）。在游戏的过程中，教师应当以旁观者的身份，静静地观察儿童在游戏中的表现和反应。儿童才是情景假设游戏的主角，有百分百的自主权：从选择谁来做玩伴，选择哪些道具，直至游戏场景的设计等，都应该由儿童来完成。这种游戏不仅能锻炼和提高儿童的想象力、表达能力，其与他人交流和协调的能力等也得到了锻炼和提升，而且能最大限度地激发儿童不同的情绪体验。

除了情景假设游戏，还有一些课堂活动和教具也能为儿童理解情绪提供帮助。比如，介绍情绪的图画书和视频会让儿童理解自己和他人的情绪。另外，教师也可以组织儿童将不同的情绪或不同的面部表情画出来，并让儿童相互交流。

实 践 专 栏

促进儿童理解情绪的几个课堂活动 (Hyson, 2004)

- 掷色子。教师找到6个同样大小的小盒子，按从1到6的顺序排列好。每个盒子贴上一个不同的表情。每个儿童掷色子，说出色子数所对应的盒子上的表情，并和大家分享自己体会到同样情绪的一次经历。

- 传帽子。在一个大帽子中放上很多有关情绪的图片。当音乐响起的时候，儿童要把帽子传给旁边的同伴。音乐停止时，手里有帽子的儿童要从帽子里抽出一张图片，说出图片上展示的情绪，并分享自己体会到同样情绪的一次经历。
- 照镜子。每两个儿童组成一个小组，并给他们一面小镜子。当教师说，"让我看看你生气（或开心、伤心等）时是什么表情"，儿童对着镜子作出相应的表情并和同组的同伴分享。
- 情绪图示。这个课堂活动旨在让儿童理解人的情绪是会变化的。从周一到周五的每天早上，儿童会画一幅画来记录他们当时的心情。儿童可以在图画的背面记录下产生不同情绪的原因。到周五的时候，每个儿童把自己这一周来的心情图画按顺序排列好，并和大家分享自己的心情是如何变化的。

策略四：回应儿童的情绪。情绪有其社会性背景，它可以理解为人与人之间一种独特的用于交流的"无声语言"。儿童的情绪表达，包括面部表情、肢体动作等，是儿童与他人交流的重要方式，传递着他们的心情和感受。因此，教师应当有目的地观察、体会每个儿童的情绪变化，以便有针对性地作出回应。如此一来，儿童会认识到：他们的情绪是被尊重、被重视的；他们的情绪不仅会对自己，而且会对他人产生影响，是有效果的；他们在体验负性情绪时，是可以依赖教师、父母帮助他们舒缓情绪的。

策略五：为儿童的情绪命名。儿童也会有丰富的情绪经历，他们也会体验到形形色色的或正面或负面的情绪。但是，有限的知识贮备和语言表达能力限制了儿童对情绪的认知。比如，他们可能无法准确地用语言表达当下感受到的情绪。因此，教师在儿童体会到某种情绪的时候，协助儿童为情绪命名是很有帮助的。比如，在儿童开心的时候，教师可以说："你现在一定很开心吧！"在儿童觉得害怕的时候，教师可以说："不要害怕，老师会和你在一起，老师会支持你。"类似的表达可以帮助儿童把当下感受到的情绪和特定的语言符号联系起来，从而提高他们对情绪的理解和表达。

策略六：讲解情绪可能引起的后果。正如前面提到过的，情绪是一种社会性的产物。作为一种"无声语言"，情绪不仅会影响当事人，更会产生涟漪效应，影响其他人，情绪是有后果的。儿童在很大程度上还处于以自我为中心的认知阶段，对于情绪的后果知之甚少。因此，教师应当和儿童交流，用儿童能够理解的方式让他们知道不同的情绪会有不同的后果，不同的人可能会对同一件事情有不同的情绪反应。这种讲解可以帮助儿童更好地理解情绪，逐渐摆脱以自我为中心的视角，开始理解并接受他人的不同视角和情绪反应，从而为儿童尊重他人、发展良好的社会交往能力打下基础。

三、促进幼儿的情绪调节

健康有效的情绪调节机制的发展是儿童发展的一个重要里程碑，也对儿童未来的发展有着举足轻重的作用。在这一时期，儿童经历着从依靠外部的情绪调节到发展并完善情绪自我调节机制的重要转折。因此，帮助儿童顺利地发展出一套健康、有效的情绪调节机制是这一时期教师的一项重要任务。当然，情绪调节远远不止消灭负性情绪那么简单，它还包括通过保持和提升正性情绪来降低负性情绪等。

什么是儿童应当掌握的情绪调节的关键技巧呢？一般来说，如果儿童能做到以下六点，他就可以被认为已经发展出一套健康、有效的情绪调节机制（Denham，1998；Dunn & Brown，1991；Saarni，1999）：

（1）儿童能监控并意识到自己的情绪反应；

（2）当产生强烈的正性或负性的情绪时，儿童能自我克制，不会表现出不恰当的言行；

（3）当感受到强烈的情绪时，儿童能通过自我舒缓、自我安慰或分散注意力等方式进行自我调节；

（4）儿童能有效地协调自己的情绪、想法和行动，以达到既定目的；

（5）儿童能使用情绪来影响他人的情绪和行动；

（6）儿童能按照社会、文化所约定俗成的方式恰当地表现自己的情绪。

那么，如何促进儿童的情绪调节机制的发展呢？应当从以下三个方面着手，包括营造良好的人际氛围、增进儿童的互动与交流以及组织课堂活动。

（一）营造良好的人际氛围

积极、良好的人际氛围有助于促进儿童情绪调节机制的发展。在这样的氛围中，儿童通常会有更好的心情，也更愿意与同伴互动，从而在互动中感受和理解他人的情绪。因此，教师应该为儿童营造一个感到舒服、快乐的氛围，从而为儿童的情绪调节机制的发展创造条件。

积极、良好的人际氛围还会让儿童在交流过程中更愿意向同伴表达自己的情绪。在以前的篇章中，我们提到过有关情绪的交谈能够帮助幼儿更有效地理解情绪，将抽象的概念和鲜活的感受联系起来。如果儿童不能够有效地向他人表达自己的情绪，他就有可能产生情绪交流和情绪理解方面的障碍。积极、良好的人际氛围还会鼓励幼儿在互动中关注他人的情绪。只有在这样的氛围中，儿童才会愿意敞开自我，在关注自我情绪的同时，关注他人的喜怒哀乐，从心底里愿意去关心他人，促进自身共情能力的发展。

（二）增进儿童的互动与交流

除了为儿童营造一个积极、良好的人际氛围，教师还应当鼓励儿童间的互动和交流。在与同伴的互动中，儿童会更愿意采纳同伴的想法、模仿同伴的行为举止等。但与此同时，儿童对于同伴的包容度较低。一些过于专注自我或不善于调节负性情绪的儿童，很有可能因而遭到同伴的排斥和拒绝。因此，在组织儿童自由活动时，教师应当做一个活跃的旁观者，在必要的时候协助调节儿童间的互动，鼓励"不受欢迎"的儿童寻找合适的玩伴。只有这样，这些"不受欢迎"的儿童才能有机会加入正常的同伴互动，也才能在互动中不断改善自我的情绪调节能力，锻炼和提高人际交往能力。

（三）组织课堂活动

课堂活动有利于增加儿童的互动，给儿童提供实践情绪调节功能的机会，从而促进儿童的情绪调节机制的发展。情景假设游戏就是一种很好的课堂活动。在以前的篇章中，我们提到过情景假设游戏能够帮助儿童更好地理解情绪。同样，情景假设游戏还能帮助儿童提高情绪调节能力（Bodrova & Leong，2003；Galyer & Evans，2001）。这是因为在情景假设游戏中，儿童可以实践、感受和表达各种情绪。他们可以随意地想象场景，感受和表达相应的情绪。和相对平凡的日常生活相比，儿童在情景假设游戏中能得到极大的自由和丰富的体验，获得日常生活难以提供的多种情绪体验，进而为情绪体验和情绪调节能力的发展提供契机。

除了情景假设游戏，教师还可以组织绘画等其他创造性活动。与之类似，这些课堂活动为儿童的想象力找到了发挥的空间，使他们在一个想象的空间中感受和表达不同的情绪。总之，通过情景假设游戏、绘画、舞蹈、搭积木等或抽象或具体的课堂活动，儿童极大地丰富了他们的情绪体验，提高了他们对不同情绪的认知和感受，增进了他们表达和调节不同情绪的能力。这些能力将为儿童未来人际交往能力的发展打下坚实的、不可或缺的基础。

四、利用积极情绪促进教学

积极情绪可以提高儿童的学习效果。例如，兴趣就被认为是一种非常重要的能够促进儿童探索和解决问题的情绪（Izard，1991；Renninger，Hidi, & Krapp, 1992）。首先，兴趣是使儿童主动、自愿地参与到学习过程中的必要因素。只有产生了兴趣，儿童才能真正地参与学习过程，从中获益。同时，对一个问题的强烈兴趣会激发儿童的好奇心，使他们更专注问题本身，也更愿意克服困难、解决问题。

因此，兴趣是一种可以提高儿童学习效果的积极情绪。这种由内而外的动力会让儿童在面对问题和困难的时候更有可能坚持下去，而不是遇到问题就丢盔弃甲。兴趣还能提高儿童大脑活动的兴奋度，使他们的记忆力、理解力和选择性注意力都得到极大的提高（Renninger，Hidi, & Krapp, 1992）。

与兴趣类似，快乐也是一种有益于提高学习效果的积极情绪。当人们觉得快乐的时候，他们的创造力就会更强。快乐还能让人更有自信、更有精神地投入到认知活动中。

对儿童来说，玩耍是最有可能激发快乐情绪的活动，也是一种最好的学习方式（Piaget, 1986）。通过玩耍，儿童能用他们的行动改变周围的物体和环境，去直接探索和感受外部世界。通过玩耍，儿童还实践着外部世界的规则和运行方式。例如，他们会按照自己去医院就诊的经历扮演医生为玩偶看病；他们会以父母在家的言行为模板，玩"过家家"的游戏；他们会回想在超市购物的经历，和同伴一起假装挑选物品、付钱结账……除此之外，玩耍的重要性还在于，它能激发儿童快乐的情绪。这种积极、快乐的情绪能够提高儿童的注意力、记忆力和创造性解决问题的能力。这些都有助于儿童的学习效果的提升。

相反，消极的负性情绪会对儿童的学习效果产生损害。较少体会到学习乐趣的儿童，自然会缺乏对学习的兴趣，也会缺乏好奇心和解决问题的内在动力。一旦遇到难题，他们便更有可能放弃。他们还有可能出于避免被责罚的心态被动地完成作业，但从长远来说，这种心态不利于自主学习能力的发展。另外，紧张也是一种损害学习效果的负性情绪。当儿童觉得紧张时，他们的注意力和记忆力都会下降。

因此，在课堂教学的过程中，应当激发儿童的积极情绪反应，如兴趣和快乐，以此达到提高教学效果的目的。那么，如何激发并利用儿童的积极情绪提高教学效果呢？具体包括以下三个策略，即变化、活动和掌握。

（一）变化

变化能吸引儿童的注意力，使他们产生兴趣。比如，教师可以经常地稍微改动教室的装饰、教具的摆放，让儿童来幼儿园时对变化充满期待和好奇。与之类似，这种空间的小小变化也可以衍生出其他的方面。例如，教师可以把教室的一角设置为角色扮演游戏的专用场所。每个星期都会有不同的主题，如餐馆、医院、学校等。这些看似微小的变化往往能达到意想不到的吸引注意力、激发好奇心的效果。

（二）活动

处于活动、变化中的事物对儿童也充满了吸引力。在课堂的装饰中，教师可以适当地选择一些活动的而非静止不变的物件。比如，水族箱就是一个很好的课堂装饰。除了课堂装饰，教师还应当组织一些让儿童投入活动的课堂项目。比如，教师可以组织儿童表演课堂短剧，让儿童选择一个场景进行模拟表演等。另外，还可以让儿童在传统节日进行相应的传统活动，组织儿童观察和记录不同的物体落地的时间和声音等。这些课堂活动都有助于吸引儿童的注意力，激发他们的兴趣。

（三）掌握

在学习的过程中，让儿童体会到解决问题的成就感和满足感非常重要。因此，在儿童解决了某个问题或掌握了课堂内容后，教师应当适时地给予赞许和鼓励。来自教师的赞许和鼓励往往是儿童产生成就感和满足感的重要源泉之一（Kelley，Brownell，& Campbell，2000；Redding，Morgan，& Harmon, 1988）。

另外，教师在教学的过程中应考虑每个儿童的实际情况和特点，并据此组织相应的指导方法和学习内容。如果教师的教学方法不适合儿童的学习方式，或者教授的内容远远超出了儿童能够理解和掌握的范围，儿童就无法顺利地掌握课堂内容，而这还有可能使儿童产生挫败感，长此以往，势必会打击儿童的自信心和学习的积极性。

如果教师能够使用儿童最易接受的方式进行教学，而且教授的内容刚刚超出儿童原有的知识贮备，却又在儿童能够理解的范围之内，便能收到最好的学习效果。在使儿童掌握课堂内容的同时，激发他们的成就感和满足感，增强他们的自信心。

因此，教师应当充分尊重每个儿童的实际情况和发展水平，并相应地组织教学方法和内容，以便让每个儿童都能在学习的过程中充分体会到掌握内容和解决问题的快感。

本章小结

　　良好的情绪发展是儿童早期社会性发展的重中之重。它包括儿童对自我和他人的情绪体验和情绪表达的理解，以及对自我情绪体验的调节。促进儿童的情绪发展有多方面的积极作用。良好的情绪发展可以使儿童产生积极的自我认知，增强他们的自信心，从而帮助他们形成正面、积极的自我评价。良好的情绪发展还可以为儿童的社会能力、人际交往能力的发展打下坚实基础。然而，幼儿园普遍存在着重认知、轻情绪的倾向。在课程的设置上，着重强调儿童早期认知能力的发展，而忽视儿童情绪发展的重要性。从儿童发展的角度而言，这类课程的设置失之偏颇，和推动儿童全面发展的理念格格不入。从长远而言，情绪发展的滞后和欠缺势必会为儿童的社会交往和人际关系蒙上阴影。

　　因此，本章以儿童情绪发展课程为例，提出了一套以培养、促进儿童早期情绪发展为核心目标的课程设计理念，通过帮助儿童以积极、健康的方式理解情绪，推动儿童情绪自我调节机制的发展，并运用情绪激励的手法达到更好的教学效果。该课程设计理念涵盖了课程设计要素、情绪发展课程目标，以及营造良好融洽的课堂氛围、促进儿童对于情绪的理解、组织相关的课堂活动、积极回应儿童的情绪表达、为儿童的情绪表达命名等促进儿童情绪发展的策略。

　　本章的目的在于通过提出这样一套以情绪发展为核心的课程设计理念，呼吁幼儿园、广大幼儿教育工作者一起关注儿童早期的情绪发展，并切实地将推动儿童的情绪发展、增进儿童的情绪调节能力列为幼教工作的目标。如果本课程设计中所涉及的课程理念和具体教学策略能为相关的幼儿教育工作者提供些许启发和帮助，就起到了它的作用。

参考文献

Abe, J. A. (2015). Differential emotions theory as a theory of personality development. *Emotion Review, 7*(2), 126–130.

Ackerman, B. P., Abe, J. A. A., & Izard, C. E. (1998). Differential emotions theory and emotional development: Mindful of modularity. In M. F. Mascolo & S. Griffin (Eds.), *What develops in emotional development?* (pp. 85–106). New York: Plenum Press.

Ainsworth, M. D. S., Blehar, M., Waters, E., & Wall, S. (1978). *Patterns of attachment.* Hillsdale, NJ: Erlbaum.

Aksan, N., & Kochanska, G. (2004). Heterogeneity of joy in infancy. *Infancy, 6,* 79–94.

Aksan, N., Kochanska, G., & Ortmann, M. R. (2006). Mutually responsive orientation between parents and their young children: Toward methodological advances in the science of relationships. *Developmental Psychology, 42*(5), 833–848.

Alessandri, S. M., & Lewis, M. (1993). Parental evaluation and its relation to shame and pride in young children. *Sex Roles, 29*(5–6), 335–343.

Alessandri, S. M., Sullivan, M. W., & Lewis, M. (1990). Violation of expectancy and frustration in early infancy. *Developmental Psychology, 26*(5), 738–744.

Alexander, K. W., Goodman, G. S., Schaaf, J. M., Edelstein, R. S., Quas, J. A., & Shaver, P. R. (2002). The role of attachment and cognitive inhibition in children's memory and suggestibility for a stressful event. *Journal of Experimental Child Psychology, 83*(4), 262–290.

Allen, B. (2011). The use and abuse of attachment theory in clinical practice with maltreated children, part I: diagnosis and assessment. *Trauma, Violence and Abuse, 12,* 3–12.

Amsterdam, B. (1972). Mirror self-image reactions before age two. *Developmental Psychobiology, 5,* 297–305.

Anderson, K. E., Lytton, H., & Romney, D. M. (1986). Mothers' interactions with normal and conduct-disordered boys: Who affects whom? *Developmental Psychology, 22*(5), 604—609.

Baker, E. R., Tisak, M. S., & Tisak, J. (2016). What can boys and girls do? Preschoolers' perspectives regarding gender roles across domains of behavior. *Social Psychology of Education, 19*(1), 23—39.

Bandura, A. (1977). *Social learning theory.* Englewood Cliffs, NJ: Prentice-Hall.

Bard, K. A., Todd, B. K., Bernier, C., Love, J., & Leavens, D. A. (2006). Self-awareness in human and chimpanzee infants: What is measured and what is meant by the mark and mirror test? *Infancy, 9*(2), 191—219.

Barrett, K. C. (2005). The origins of social emotions and self-regulation in toddlerhood: New evidence. *Cognition and Emotion, 19*(7), 953—979.

Bartsch, K., & Wellman, H. M. (1995). *Children talk about the mind.* New York: Oxford University Press.

Bates, J., Pettit, G., & Dodge, K. (1995). Family and child factors in stability and change in children's aggressiveness in elementary school. In J. McCord (Ed.), *Coercion and punishment in long-term perspectives* (pp. 124—138). New York: Cambridge University Press.

Beck, A. T., Steer, R. A., Ball, R., & Ranieri, W. F. (1996). Comparison of Beck Depression Inventories—IA and—II in psychiatric outpatients. *Journal of Personality Assessment, 67*(3), 588—597.

Beck, A. T., Steer, R. A., & Brown, G. K. (1996). *Mannual for Beck Depression Inventory-II.* San Antonio, TX: Psychological Corporation.

Bell, M. A., & Deater-Deckard, K. (2007). Biological systems and the development of self-regulation: Integrating behavior, genetics, and psychophysiology. *Journal of Developmental and Behavioral Pediatrics, 28*, 409—420.

Bell, R. Q. (1971). Stimulus control of parent or caretaker behavior by offspring. *Developmental Psychology, 4*(1, Pt.1), 63—72.

Belsky, J. (1984). The determinants of parenting: A process model. *Child Development, 55*(1), 83—96.

Belsky, J. (2005). Differential susceptibility to rearing influences: An evolutionary hypothesis and some evidence. In B. Ellis & D. Bjorklund (Eds.), *Origins of the social mind: Evolutionary psychology and child development* (pp. 139—163). New York: Guildford.

Belsky, J., & Domitrovich, C. (1997). Temperament and parenting antecedents of individual difference in three-year-old boys' pride and shame reactions. *Child Development, 68*(3), 456−466.

Belsky, J., & Jaffee, S. R. (2006). The multiple determinants of parenting. In D. Cicchetti & D. J. Cohen (Eds.), *Developmental psychopathology, Vol. 3: Risk, disorder, and adaptation* (2nd ed. , pp. 38−85). Hoboken, NJ: John Wiley & Sons Inc.

Belsky, J., & Pluess, M. (2009). Beyond diathesis stress: Differential susceptibility to environmental influences. *Psychological Bulletin, 135*(6), 885−908.

Belsky, J., Bakermans-Kranenburg, M. J., & van IJzendoorn, M. H. (2007). For better and for worse: Differential susceptibility to environmental influences. *Current Directions in Psychological Science, 16*(6), 300−304.

Benner, A. D., & Mistry, R. S. (2007). Congruence of mother and teacher educational expectations and low-income youth's academic competence. *Journal of Educational Psychology, 99*(1), 140−153.

Berensen, C. K. (1996). Anxiety and the developing child. *American Psychiatric Press Review of Psychiatry, 15,* 383−404.

Berk, L. E. (2012). *Child Development* (9th Ed.). Boston: Pearson.

Biederman, J., Faraone, S. V., Hirshfeld-Becker, D. R., Friedman, D., Robin, J. A., & Rosenbaum, J. F. (2001). Patterns of psychopathology and dysfunction in high-risk children of parents with panic disorder and major depression. *The American Journal of Psychiatry, 158*(1), 49−57.

Billings, A., & Moos, R. (1982). Psychosocial theory and research on depression: An integrative framework and review. *Clinical Psychology Review, 2*(2), 213−237.

Bodrva, E., & Leong, D. J. (2003). Chopsticks and counting chips: Do play and foundational skills need to complete for the teacher's attention in an early childhood classroom? *Young Children, 58*(3), 10−17.

Bornstein, M. H. (2014). Children's parents. In M. H. Bornstein, T. Leventhal, & R. M. Lerner (Eds.), *Handbook of child psychology and development sciences* (7th ed., pp.55−132). New Jersey: Wiley.

Bornstein, M. H. (1995). Parenting infants. In M. H. Bornstein (Ed.), *Handbook of parenting* (pp.3−39). Mahwah, NJ: Lawrence Erlbaum Associates Inc.

Bouchard, T. J., & McGue, M. (1981). Familial studies of intelligence: A review. *Science, 212*(4498), 1055−1059.

Bowlby, J. (1969). *Attachment and loss: Vol. 1.* New York: Basic Books.

Bransford, J., Brown, A. L., & Cocking, R. R. (Eds.). (2000). *How people learn: Brain, mind, experience, and school.* Washington, DC: National Academy Press.

Braungart-Rieker, J. M., Garwood, M. M., Powers, B. P., & Notaro, P. C. (1998). Infant affect and affect regulation during the still-face paradigm with mothers and fathers: The role of infant characteristics and parental sensitivity. *Developmental Psychology, 34,* 1428−1437.

Braungart-Rieker, J. M., Hill-Soderlund, A. L., & Karrass, J. (2010). Fear and anger reactivity trajectories from 4 to 16 months: The roles of temperament, regulation, and maternal sensitivity. *Developmental Psychology, 46*(4), 791−804.

Brennan, P. A., Hammen, C., Katz, A. R., & Le Brocque, R. M. (2002). Maternal depression, paternal psychopathology, and adolescent diagnostic outcomes. *Journal of Consulting and Clinical Psychology, 70*(5), 1075−1085.

Bridgett, D. J., Gartstein, M. A., Putnam, S. P., McKay, T., Iddins, E., Robertson, C., & ... Rittmueller, A. (2009). Maternal and contextual influences and the effect of temperament development during infancy on parenting in toddlerhood. *Infant Behavior & Development, 32*(1), 103−116.

Bronfenbrenner, U. (1994). Ecological models of human development. In T. Husen & T. N. Postlethwaite (Eds.), *The international encyclopedia of education* (2nd ed., pp. 1643−1647). New York: Elsevier Sciences.

Bronfenbrenner, U., & Morris, P. (1998). The ecology of developmental processes. In W. Damon & R. M. Lerner (Eds.), *Handbook of child psychology* (pp. 993−1028). New York: Wiley.

Bronstein, P., Fox, B. J., Kamon, J. L., & Knolls, M. L. (2007). Parenting and gender as predictors of moral courage in late adolescence: A longitudinal study. *Sex Roles, 56*(9−10), 661−674.

Calkins, S. D., & Bell, K. L. (1999). Developmental transitions as windows to parental socialization of emotion. *Psychological Inquiry,*

10(4), 368−372.

Campbell, S. B. (2002). *Behavior problems in preschool children: Clinical and developmental issues.* New York: Guilford Press.

Campbell, S. B., Matestic, P., von Stauffenberg, C., Mohan, R., & Kirchner, T. (2007). Trajectories of maternal depressive symptoms, maternal sensitivity, and children's functioning at school entry. *Developmental Psychology, 43*(5), 1202−1215.

Campos, J. J., Anderson, D. I., Barbu-Roth, M. A., Hubbard, E. M., & Hertenstein, M. J. (2000). Travel broadens the mind. *Infancy, 1*, 149−219.

Carlo, G., Mestre, M. V., Samper, P., Tur, A., & Armenta, B. E. (2011). The longitudinal relations among dimensions of parenting styles, sympathy, prosocial moral reasoning, and prosocial behaviors. *International Journal of Behavioral Development, 35*(2), 116−124.

Caspi, A., McClay, J., Moffitt, T., Mill, J., Martin, J., Craig, I. W., & ... Poulton, R. (2002). Role of genotype in the cycle of violence in maltreated children. *Science, 297*(5582), 851−854.

Chae, Y., Goodman, G. S., Larson, R. P., Augusti, E., Alley, D., VanMeenen, K. M., & ... Coulter, K. P. (2014). Children's memory and suggestibility about a distressing event: The role of children's and parents' attachment. *Journal of Experimental Child Psychology, 123*, 90−111.

Chang, H., Shaw, D. S., Dishion, T. J., Gardner, F., & Wilson, M. N. (2015). Proactive parenting and children's effortful control: Mediating role of language and indirect intervention effects. *Social Development, 24*(1), 206−223.

Chess, S., & Thomas, R. (1984). *Origins and evolution of behavior disorders.* New York: Brunner/Mazel.

Choe, D. E., Olson, S. L., & Sameroff, A. J. (2014). Effortful control moderates bidirectional effects between children's externalizing behavior and their mothers' depressive symptoms. *Child Development, 85*(2), 643−658.

Cipriano, E. A., & Stifter, C. A. (2010). Predicting preschool effortful control from toddler temperament and parenting behavior. *Journal of Applied Developmental Psychology, 31*(3), 221−230.

Cohn, J. F., Matias, R., Tronick, E. Z., Connell, D., & Lyons-Ruth,

K. (1986). Face-to-face interaction between depressed mothers and their infants. *New Directions for Child Development ,34*, 31—44.

Cole, P. M., Armstrong, L. M., & Pemberton, C. K. (2010). The role of language in the development of emotion regulation. In S. D. Calkins & M. A. Bell (Eds.), *Child development at the intersection of emotion and cognition* (pp. 59—77). Washington, DC: American Psychological Association.

Collins, W. A., Maccoby, E. E., Steinberg, L., Hetherington, E. M., & Bornstein, M. H. (2000). Contemporary research on parenting: The case for nature and nurture. *American Psychologist, 55*(2), 218—232.

Cornell, A. H., & Frick, P. J. (2007). The moderating effects of parenting styles in the association between behavioral inhibition and parent-reported guilt and empathy in preschool children. *Journal of Clinical Child and Adolescent Psychology, 36*(3), 305—318.

Corriveau, K. H., Fusaro, M., & Harris, P. L. (2009). Going with the flow: Preschoolers prefer nondissenters as informants. *Psychological Science, 20*(3), 372—377.

Cowan, P. A. (1997). Beyond meta-analysis: A plea for a family systems view of attachment. *Child Development, 68*, 601—603.

Crick, N. R., & Dodge, K. A. (1994). A review and reformulation of social information-processing mechanisms in children's social adjustment. *Psychological Bulletin, 115*(1), 74—101.

Crockenberg, S. C., & Leerkes, E. (2003). Infant negative emotionality, caregiving, and family relationships. In A. C. Crouter & A. Booth (Eds.), *Children's influence on family dynamics* (pp. 57—78). Mahwah, NJ: Erlbaum.

Cummings, E. M., & Davies, P. T. (1994). Maternal depression and child development. *Child Psychology & Psychiatry & Allied Disciplines, 35*(1), 73—112.

Cummings, E. M., Keller, P. S., & Davies, P. T. (2005). Towards a family process model of maternal and paternal depressive symptoms: Exploring multiple relations with child and family functioning. *Journal of Child Psychology and Psychiatry, 46*(5), 479—489.

Cunningham, W. A., & Zelazo, P. D. (2010). The development of iterative reprocessing: Implications for affect and its regulation. In W. A. Cunningham & P. D. Zelazo (Eds.), *Developmental social cognitive neuroscience* (pp. 81−98). New York: Worth.

Davidov, M., & Grusec, J. E. (2006). Untangling the links of parental responsiveness to distress and warmth to child outcomes. *Child Development*, *77*(1), 44−58.

Davis, S., Votruba-Drzal, E., & Silk, J. S. (2015). Trajectories of internalizing symptoms from early childhood to adolescence: Associations with temperament and parenting. *Social Development*, *24*(3), 501−520.

Deater-Deckard, K., & O'Connor, T. G. (2000). Parent-child mutuality in early childhood: Two behavioral genetic studies. *Developmental Psychology*, *36*(5), 561−570.

Del Giudice, M. (2016). Differential susceptibility to the environment: Are developmental models compatible with the evidence from twin studies? *Developmental Psychology*, *52*(8), 1330−1339.

Demakakos, P., Pillas, D., Marmot, M., & Steptoe, A. (2016). Parenting style in childhood and mortality risk at older ages: A longitudinal cohort study. *The British Journal of Psychiatry*, *209*(2), 135−141.

Denham, S. (1998). *Emotional development in young children*. New York: Guilford Press.

Denham, S. A., Lehman, E. B., Moser, M. H., & Reeves, S. L. (1995). Continuity and change in emotional components of infant temperament. *Child Study Journal*, *25*(4), 289−308.

Denham, S. A., Workman, E., Cole, P. M., Weissbrod, C., Kendziora, K. T., & Zahn-Waxler, C. (2000). Prediction of externalizing behavior problems from early to middle childhood: The role of parental socialization and emotion expression. *Development and Psychopathology*, *12*(1), 23−45.

Denham, S., Mason, T., Caverly, S., Schmidt, M., Hackney, R., Caswell, C., & DeMulder, E. (2001). Preschoolers at play: Co-socialisers of emotional and social competence. *International Journal of Behavioral Development*, *25*(4), 290−301.

Derakshan, N., & Eysenck, M. W. (2009). Anxiety, processing efficiency, and cognitive performance: New developments from attentional control theory. *European Psychologist*, *14*(2), 168−176.

Diamond, L. M., Fagundes, C. P., & Butterworth, M. R. (2012).

Attachment style, vagal tone, and empathy during mother-adolescent interactions. *Journal of Research on Adolescence, 22*(1), 165–184.

Diego, M. A., Jones, N. A., & Field, T. (2010). EEG in 1-week, 1-month and 3-month-old infants of depressed and non-depressed mothers. *Biological Psychology, 83*(1), 7–14.

Dietz, L. J., Jennings, K. D., Kelley, S. A., & Marshal, M. (2009). Maternal depression, paternal psychopathology, and toddlers' behavior problems. *Journal of Clinical Child and Adolescent Psychology, 38*(1), 48–61.

Dix, T., & Meunier, L. N. (2009). Depressive symptoms and parenting competence: An analysis of 13 regulatory processes. *Developmental Review, 29*(1), 45–68.

Dix, T., & Yan, N. (2014). Mothers' depressive symptoms and infant negative emotionality in the prediction of child adjustment at age 3: Testing the maternal reactivity and child vulnerability hypotheses. *Development and Psychopathology, 26*(1), 111–124.

Dix, T., Moed, A., & Anderson, E. R. (2014). Mothers' depressive symptoms predict both increased and reduced negative reactivity: Aversion sensitivity and the regulation of emotion. *Psychological Science, 25*(7), 1353–1361.

Dix, T., Stewart, A. D., Gershoff, E. T., & Day, W. H. (2007). Autonomy and children's reactions to being controlled: Evidence that both compliance and defiance may be positive markers in early development. *Child Development, 78*(4), 1204–1221.

Dodge, K. A., & Godwin, J. (2013). Social-information-processing patterns mediate the impact of preventive intervention on adolescent antisocial behavior. *Psychological Science, 24*(4), 456–465.

Dodge, K. A., & Newman, J. P. (1981). Biased decision-making processes in aggressive boys. *Journal of Abnormal Psychology, 90*(4), 375–379.

Dodge, K. A., & Pettit, G. S. (2003). A biopsychosocial model of the development of chronic conduct problems in adolescence. *Developmental Psychology, 39*(2), 349–371.

Dodge, K. A., Malone, P. S., Lansford, J. E., Sorbring, E., Skinner, A. T., Tapanya, S., & ... Pastorelli, C. (2015). Hostile attributional bias and aggressive behavior in global context. *PNAS Proceedings of the*

National Academy of Sciences of the United States of America, 112(30), 9310—9315.

Dunn, J., & Brown, J. (1991). Relationships, talk about feelings, and the development of affect regulation in early childhood. In J. Garber & K. A. Dodge (Eds.), *The development of emotion regulation and dysregulation* (pp. 89—108). New York: Cambridge University Press.

Eisenberg, N. (2010). Empathy-related responding: Links with self-regulation, moral judgment, and moral behavior. In N. Eisenberg (Ed.), *Prosocial motives, emotions, and behavior: The better angles of our nature* (pp.129—148). Washington, DC: American Psychological Association.

Eisenberg, N., & Fabes, R. A. (1998). Prosocial development. In N. Eisenberg (Ed.), *Handbook of child psychology, Vol 3: Social, emotional, and personality development* (5th ed., pp 701—778). New York: Wiley.

Eisenberg, N., & Spinrad, T. L. (2004). Emotion-related regulation: Sharpening the definition. *Child Development, 75*(2), 334—339.

Eisenberg, N., Cumberland, A., & Spinrad, T. L. (1998). Parental socialization of emotion. *Psychological Inquiry, 9*(4), 241—273.

Eisenberg, N., Fabes, R. A., & Murphy, B. C. (1996). Parents' reactions to children's negative emotions: Relations to children's social competence and comforting behavior. *Child Development, 67*(5), 2227—2247.

Eisenberg, N., Spinrad, T. L., & Eggum, N. D. (2010). Emotion-related self-regulation and its relation to children's maladjustment. *Annual Review of Clinical Psychology, 6*, 495—525.

Eisenberg, N., Spinrad, T. L., & Knafo-Noam, A. (2015). Prosocial development. In M. E. Lamb & R. M. Lerner (Eds.), *Handbook of child psychology and developmental science, Vol. 3: Socioemotional processes* (7th ed., pp. 610—656). Hoboken, NJ: John Wiley & Sons Inc.

Eisenberg, N., Spinrad, T. L., Eggum, N. D., Silva, K. M., Reiser, M., Hofer, C., & ... Michalik, N. (2010). Relations among maternal socialization, effortful control, and maladjustment in early childhood. *Development and Psychopathology, 22*(3), 507—525.

Eisenberg, N., Sulik, M. J., Spinrad, T. L., Edwards, A., Eggum,

N. D., Liew, J., & ... Hart, D. (2012). Differential susceptibility and the early development of aggression: Interactive effects of respiratory sinus arrhythmia and environmental quality. *Developmental Psychology*, *48*(3), 755–768.

Eisenberg, N., Zhou, Q., Spinrad, T. L., Valiente, C., Fabes, R. A., & Liew, J. (2005). Relations among positive parenting, children's effortful control, and externalizing problems: A three-wave longitudinal study. *Child Development*, *76*(5), 1055–1071.

Ekman, P. (2007).*Emotions revealed* (2nd ed.). New York:Holt Paperbacks.

Ellis, B. J., & Boyce, W. T. (2008). Biological sensitivity to context. *Current Directions in Psychological Science*, *17*(3), 183–187.

Farrant, B. M., Devine, T. J., Maybery, M. T., & Fletcher, J. (2012). Empathy, perspective taking and prosocial behaviour: The importance of parenting practices. *Infant and Child Development*, *21*(2), 175–188.

Feinfield, K. A., Lee, P. P., Flavell, E. R., Green, F. L., & Flavell, J. H. (1999). Young children's understanding of intention. *Cognitive Development*, *14*(3), 463–486.

Feng, X., Shaw, D. S., Kovacs, M., Lane, T., O'Rourke, F. E., & Alarcon, J. H. (2008). Emotion regulation in preschoolers: The roles of behavioral inhibition, maternal affective behavior, and maternal depression. *Journal of Child Psychology and Psychiatry*, *49*(2), 132–141.

Ferguson, T. J., & Stegge, H. (1995). Emotional states and traits in children: The case of guilt and shame. In J. Tangney & K. Fischer (Eds.), *Self-conscious emotions: Shame, guilt, embarrassment, and pride* (pp. 174–197). New York: Guilford Press.

Field, T. (1979). Differential behavioral and cardiac responses of 3-month-old infants to a mirror and peer. *Infant Behavior & Development*, *2*(2), 179–184.

Field, T. (1992). Infants of depressed mothers. *Development and Psychopathology*, *4*(1), 49–66.

Field, T. (2002). Early interactions between infants and their postpartum depressed mothers. *Infant Behavior & Development*, *25*(1), 25–29.

Field, T. (2010). Postpartum depression effects on early

interactions, parenting, and safety practices: A review. *Infant Behavior & Development*, *33*(1), 1–6.

Field, T., & Diego, M. (2008). Maternal depression effects on infant frontal EEG asymmetry. *International Journal of Neuroscience*, *118*(8), 1081–1108.

Field, T., Pickens, J., Fox, N. A., Gonzalez, J., & Nawrocki, T. (1998). Facial expression and EEG responses to happy and sad faces/ voices by 3-month-old infants of depressed mothers. *British Journal of Developmental Psychology*, *16*(4), 485–494.

Fischer, K. W., & Bidell, T. R. (2006). Dynamic development of action and thought. In R. M. Lerner, W. Damon (Eds.), *Handbook of child psychology,Vol. 1: Theoretical models of human development* (6th ed., pp. 313–399). Hoboken, NJ: Wiley.

Flavell, J. H. (1986). The development of children's knowledge about the appearance-reality distinction. *American Psychologist*, *41*(4), 418–425.

Flykt, M., Kanninen, K., Sinkkonen, J., & Punamäki, R. (2010). Maternal depression and dyadic interaction: The role of maternal attachment style. *Infant & Child Development*, *19*(5), 530–550.

Fontaine, R. G., & Dodge, K. A. (2009). Social information processing and aggressive behavior: A transactional perspective. In A. Sameroff (Ed.), *The transactional model of development: How children and contexts shape each other* (pp. 117–135). Washington, DC: American Psychological Association.

Forbes, E. E., Shaw, D. S., Silk, J. S., Feng, X., Cohn, J. F., Fox, N. A., & Kovacs, M. (2008). Children's affect expression and frontal EEG asymmetry: Transactional associations with mothers' depressive symptoms. *Journal of Abnormal Child Psychology*, *36*(2), 207–221.

Fox, N. A., & Rutter, M. (2010). Introduction to the special section on the effects of early experience on development. *Child Development*, *81*(1), 23–27.

Fox, S. E., Levitt, P., & Nelson, C. I. (2010). How the timing and quality of early experiences influence the development of brain architecture. *Child Development*, *81*(1), 28–40.

Fraley, R. C., Roisman, G. I., & Haltigan, J. D. (2013). The legacy of early experiences in development: Formalizing alternative models of how early experiences are carried forward over time. *Developmental*

Psychology, 49(1), 109−126.

Friederici, A. D. (2006). The neural basis of language development and its impairment. *Neuron, 52,* 941−952.

Gallup, G. G. (1970). Chimpanzees: Self-recognition. *Science, 167*(3914), 86−87.

Galobardes, B., Smith, G. D., Jeffreys, M., & McCarron, P. (2006). Childhood socioeconomic circumstances predict specific causes of death in adulthood: The Glasgow student cohort study. *Journal of Epidemiology and Community Health, 60*(6), 527−529.

Galyer, K. T., & Evans, I. M. (2001). Pretend play and the development of emotion regulation in preschool children. *Early Child Development and Care, 166,* 93−108.

Garner, P. W. (2003). Child and family correlates of toddlers' emotional and behavioral responses to a mishap. *Infant Mental Health Journal, 24*(6), 580−596.

Garner, P. W. (2012). Children's emotional responsiveness and sociomoral understanding and associations with mothers' and fathers' socialization practices. *Infant Mental Health Journal, 33*(1), 95−106.

Gartstein, M. A., Bridgett, D. J., Rothbart, M. K., Robertson, C., Iddins, E., Ramsay, K., & Schlect, S. (2010). A latent growth examination of fear development in infancy: Contributions of maternal depression and the risk for toddler anxiety. *Developmental Psychology, 46*(3), 651−668.

Gartstein, M. A., Bridgett, D. J., Young, B. N., Panksepp, J., & Power, T. (2013). Origins of effortful control: Infant and parent contributions. *Infancy, 18*(2), 149−183.

Gibson, E. J., & Walk, R. D. (1960). The "visual cliff." *Scientific American, 202,* 64−71.

Goodman, S. H. (2007). Depression in mothers. *Annual Review of Clinical Psychology, 3,* 107−135.

Goodman, S. H., & Garber, J. (2017). Evidence-based interventions for depressed mothers and their young children. *Child Development, 88*(2):368−377.

Goodman, S. H., & Gotlib, I. H. (1999). Risk for psychopathology in the children of depressed mothers: A developmental model for understanding mechanisms of transmission. *Psychological Review, 106*(3), 458−490.

Goodman, S. H., & Tully, E. (2006). Depression in women who are mothers: An integrative model of risk for the development of psychopathology in their sons and daughters. In C. M. Keyes & S. H. Goodman (Eds.), *Women and depression: A handbook for the social, behavioral, and biomedical sciences* (pp. 241–280). New York: Cambridge University Press.

Goodman, S. H., & Tully, E. (2008). Children of depressed mothers: Implications for the etiology, treatment, and prevention of depression in children and adolescents. In J. Z. Abela & B. L. Hankin (Eds.), *Handbook of depression in children and adolescents* (pp. 415–440). New York: Guilford Press.

Goodman, S. H., Adamson, L. B., Riniti, J., & Cole, S. (1994). Mothers' expressed attitudes: Associations with maternal depression and children's self-esteem and psychopathology. *Journal of the American Academy of Child & Adolescent Psychiatry*, *33*(9), 1265–1274.

Goodman, S. H., Rouse, M. H., Connell, A. M., Broth, M. R., Hall, C. M., & Heyward, D.(2011). Maternal depression and child psychopathology: A meta-analytic review. *Clinical Child and Family Psychology Review*, *14*(1), 1–27.

Gotlib, I. H., & Beach, S. R. H. (1995). A marital/family discord model of depression: Implications for therapeutic intervention. In N. S. Jacobson & A. S. Gurman (Eds.), *Clinical handbook of couple therapy* (pp. 411–436). New York: Guilford Press.

Gotlib, I. H., & Hammen, C. L. (1992). *Psychological aspects of depression:Toward a cognitive-interpersonal integration.* Chichester, England: Wiley.

Gottman, J. M., & Katz, L. F. (2002). Children's emotional reactions to stressful parent-child interactions: The link between emotion regulation and vagal tone. *Marriage & Family Review*, *34*(3–4), 265–283.

Gottman, J. M., Katz, L. F., & Hooven, C. (1996). Parental meta-emotion philosophy and the emotional life of families: Theoretical models and preliminary data. *Journal of Family Psychology*, *10*(3), 243–268.

Granat, A., Gadassi, R., Gilboa-Schechtman, E., & Feldman, R. (2017). Maternal depression and anxiety, social synchrony, and infant regulation of negative and positive emotions. *Emotion, 17*(1), 11–27.

Granger, B., Tekaia, F., Le Sourd, A. M., Rakic, P., & Bourgeois, J. P. (1995). Tempo of neurogenesis and synaptogenesis in the primate cingulate mesocortex: Comparison with the neocortex. *Journal of Comparative Neurology, 360*, 363–376.

Granic, I., & Patterson, G. R. (2006). Toward a comprehensive model of antisocial development: A dynamic systems approach. *Psychological Review, 113*(1), 101–131.

Greenough, W. T., Black, J. E., & Wallace, C. S. (1987). Experience and brain development. *Child Development, 58*, 539–559.

Gross, H. E., Shaw, D. S., & Moilanen, K. L. (2008). Reciprocal associations between boys' externalizing problems and mothers' depressive symptoms. *Journal of Abnormal Child Psychology, 36*(5), 693–709.

Gross, H. E., Shaw, D. S., Burwell, R. A., & Nagin, D. S. (2009). Transactional processes in child disruptive behavior and maternal depression: A longitudinal study from early childhood to adolescence. *Development and Psychopathology, 21*(1), 139–156.

Gross, H. E., Shaw, D. S., Moilanen, K. L., Dishion, T. J., & Wilson, M. N. (2008). Reciprocal models of child behavior and depressive symptoms in mothers and fathers in a sample of children at risk for early conduct problems. *Journal of Family Psychology, 22*(5), 742–751.

Grossman, A. W., Churchill, J., McKinney, B. C., Kodish, I. M., Otte, S. L., & Greenough, W. T. (2003). Experience effects on brain development: Possible contributions to psychopathology. *Journal of Child Psychology and Psychiatry, 44*, 33–63.

Hagan, M. J., Luecken, L. J., Modecki, K. L., Sandler, I. N., & Wolchik, S. A. (2016). Childhood negative emotionality predicts biobehavioral dysregulation fifteen years later. *Emotion, 16*(6), 877–885.

Haley, D. W., & Stansbury, K. (2003). Infant stress and parent responsiveness: Regulation of physiology and behavior during still-face and reunion. *Child Development, 74*, 1534–1546.

Harris, P. L. (2006). Socialcognition. In D. Kuhn, R. S. Siegler, W. Damon, & R. M. Lerner (Eds.), *Handbook of child psychology, Vol. 2: Cognition, perception, and language* (6th ed., pp. 811–858). Hoboken,

NJ: John Wiley & Sons Inc.

Harris, P. L., & Corriveau, K. H. (2014). Learning from testimony about religion and science. In E. J. Robinson & S. Einav (Eds.), *Trust and skepticism: Children's selective learning from testimony* (pp. 28–41). New York: Psychology Press.

Harter, S., & Pike, R. (1984). The pictorial scale of perceived competence and social acceptance for young children. *Child Development, 55*(6), 1969–1982.

Hartz, K., & Williford, A. (2015). Child negative emotionality and caregiver sensitivity across context: Links with children's kindergarten behaviour problems. *Infant and Child Development, 24*(2), 107–129.

Hay, D. F., & Cook, K. V. (2007). The transformation of prosocial behavior from infancy to childhood. In C. E. Brownell & C. B. Kopp (Eds.), *Socioemotional development in toddler years: Transitions and transformations* (pp.100–131). New York: Guilford Press.

Hensch, T. K. (2005). Critical period mechanisms in developing visual cortex. *Current Topics in Developmental Biology, 69*, 215–237.

Hentges, R. F., Davies, P. T., & Cicchetti, D. (2015). Temperament and interparental conflict: The role of negative emotionality in predicting child behavioral problems. *Child Development, 86*(5), 1333–1350.

Hepach, R., Vaish, A., & Tomasello, M. (2013). Young children sympathize less in response to unjustified emotional distress. *Developmental Psychology, 49*(6), 1132–1138.

Hertsgaard, L., Gunnar, M., Erickson, M. F., & Nachmias, M. (1995). Adrenocortical responses to the Strange Situation in infants with disorganized/disoriented attachment relationships. *Child Development, 66*(4), 1100–1106.

Hess, E. H. (1964). Imprinting in birds: Research has borne out the concept of imprinting as a type of learning different from association learning. *Science, 146*, 1128–1146.

Hipwell, A. E., Murray, L., Ducournau, P., & Stein, A. (2005). The effects of maternal depression and parental conflict on children's peer play. *Child: Care, Health and Development, 31*(1), 11–23.

Hoffman, M. L. (2000). *Empathy and moral development: Implications for caring and justice*. New York: Cambridge University Press.

Honig, A. S. (1986). Stress and coping in children: II. Interpersonal family relationships. *Young Children, 41*(5), 47–59.

Honig, A. S., & Wittmer, D. S. (1992). *Prosocial development in children: Caring, helping, and cooperating: A bibliographic resource guide.* New York: Garland Publishing.

Horn, G. (2004). Pathways of the past: The imprint of memory. *Nature Reviews Neuroscience, 5*, 108–120.

House, B. R., Silk, J. B., Henrich, J., Barrett, H. C., Scelza, B. A., Boyette, A. H., & ... Laurence, S. (2013). Ontogeny of prosocial behavior across diverse societies. *PNAS Proceedings of the National Academy of Sciences of the United States of America, 110*(36), 14586–14591.

Hubel, D. H., & Wiesel, T. N. (1970). The period of susceptibility to the physiological effects of unilateral eye closure in kittens. *Journal of Physiology (London), 206*, 419–436.

Hur, Y. M., & Rushton, J. P. (2007). Genetic and environmental contributions to prosocial behavior in 2- to 9-year-old South Korean twins. *Biology Letters, 3,* 664–666.

Huttenlocher, P. R., & Dabholkar, A. S. (1997). Regional differences in synaptogenesis inhuman cerebral cortex. *Journal of Comparative Neurology, 387*, 167–178.

Hygen, B. W., Belsky, J., Stenseng, F., Lydersen, S., Guzey, I. C., & Wichstrøm, L. (2015). Child exposure to serious life events, COMT, and aggression: Testing differential susceptibility theory. *Developmental Psychology, 51*(8), 1098–1104.

Hyson, M. (2004). *The emotional development of young children: Building an emotion-centered curriculum* (2nd ed.). New York: Teachers College, Columbia University.

Izard, C. E. (1971). *The face of emotion.* New York: Appleton-Century-Crofts.

Izard, C. E. (1977). *Human emotions.* New York: Plenum Press.

Izard, C. E. (1991). *The psychology of emotions.* New York: Plenum Press.

Izard, C. E., Woodburn, E. M., & Finlon, K. J. (2010). Extending emotion science to the study of discrete emotions in infants. *Emotion Review, 2*, 134–136.

Jahromi, L. B., Putnam, S. P., & Stifter, C. A. (2004). Maternal regulation of infant reactivity from 2 to 6 months. *Developmental Psychology, 40,* 477−487.

Keenan, K., Jacob, S., Grace, D., & Gunthorpe, D. (2009). Context matters: Exploring definitions of a poorly modulated stress response. In S. L. Olson & A. J. Sameroff (Eds.) , *Biopsychosocial regulatory processes in the development of childhood behavioral problems* (pp. 38−56). New York: Cambridge University Press.

Keller, H., Yovsi, R., Borke, J., Kärtner, J., Jensen, H., & Papaligoura, Z. (2004). Developmental consequences of early parenting experiences: Self-recognition and self-regulation in three cultural communities. *Child Development, 75*(6), 1745−1760.

Kelley, S. A., Brownell, C. A., & Campbell, S. B. (2000). Mastery motivation and self-evaluative affect in toddlers: Longitudinal relations with maternal behavior. *Child Development, 71*(4), 1061−1071.

Kessler, R. C. (2006). The epidemiology of depression among women.In C. L. M. Keyes & S. H. Goodman (Eds.), *Women and depression: A handbook for the social, behavior, and biomendical sciences* (pp. 22−40). New York: Cambridge University Press.

Kestenbaum, R., Farber, E. A., & Sroufe, L. A. (1989). Individual differences in empathy among preschoolers: Relation to attachment history. *New Directions for Child Development, 44*, 51−64.

Kiang, L., Moreno, A. J., & Robinson, J. L. (2004). Maternal preconceptions about parenting predict child temperament, maternal sensitivity, and children's empathy. *Developmental Psychology, 40*(6), 1081−1092.

Kim, G., Walden, T., Harris, V., Karrass, J., & Catron, T. (2007). Positive emotion, negative emotion, and emotion control in the externalizing problems of school-aged children. *Child Psychiatry and Human Development, 37*(3), 221−239.

Kinzler, K. D., Corriveau, K. H., & Harris, P. L. (2011). Children's selective trust in native-accented speakers. *Developmental Science, 14*(1), 106−111.

Kiss, M., Fechete, G., Pop, M., & Susa, G. (2014). Early childhood self-regulation in context: Parental and familial environmental influences. *Cognition, Brain, Behavior: An Interdisciplinary Journal, 18*(1), 55−85.

Knafo, A., & Uzefovsky, F. (2013). Variation in empathy: The interplay of genetic and environmental factors. In M. Legerstee, D. W. Haley, & M. H. Bornstein (Eds.), *The infant mind: Origins of the social brain* (pp. 97−120). New York: Guilford Press.

Knafo, A., Israel, S., & Ebstein, R. P. (2011). Heritability of children's prosocial behavior and differential susceptibility to parenting by variation in the dopamine receptor D4 gene. *Development and Psychopathology, 23*(1), 53−67.

Knafo, A., Israel, S., Darvasi, A., Bachner-Melman, R., Uzefovsky, F., Cohen, L., & ... Ebstein, R. P. (2008). Individual differences in allocation of funds in the dictator game associated with length of the arginine vasopressin 1a receptor RS3 promoter region and correlation between RS3 length and hippocampal mRNA. *Genes, Brain & Behavior, 7*(3), 266−275.

Knafo, A., Zahn-Waxler, C., Davidov, M., Hulle, C. V., Robinson, J. L., & Rhee, S. H. (2009). Empathy in early childhood: Genetic, environmental, and affective contributions. In O. Vilarroya, S. Altran, A. Navarro, K. Ochsner, & A. Tobeña (Eds.) , *Values, empathy, and fairness across social barriers* (pp.103−114). New York: New York Academy of Sciences.

Kobiella, A., Grossmann, T., Reid, V. M., & Striano, T. (2008). The discrimination of angry and fearful facial expressions in 7-month-old infants: An event-related potential study. *Cognition & Emotion, 22*(1), 134−146.

Kochanska, G. (1997). Mutually responsive orientation between mothers and their young children: Implications for early socialization. *Child Development, 68*(1), 94−112.

Kochanska, G. (2002). Mutually responsive orientation between mothers and their young children: A context for the early development of conscience. *Current Directions in Psychological Science, 11*(6), 191−195.

Kochanska, G., & Aksan, N. (1995). Mother-child mutually positive affect, the quality of child compliance to requests and prohibitions, and maternal control as correlates of early internalization. *Child Development, 66*(1), 236−254.

Kochanska, G., & Aksan, N. (2006). Children's conscience and self-regulation. *Journal of Personality, 74*(6), 1587−1617.

Kochanska, G., Forman, D. R., Aksan, N., & Dunbar, S. B. (2005). Pathways to conscience: Early mother-child mutually responsive orientation and children's moral emotion, conduct, and cognition. *Journal of Child Psychology and Psychiatry*, *46*(1), 19–34.

Kochanska, G., Murray, K. T., & Harlan, E. T. (2000). Effortful control in early childhood: Continuity and change, antecedents, and implications for social development. *Developmental Psychology*, *36*(2), 220–232.

Kohlberg, L. (1966). A cognitive-developmental analysis of children's sex role concepts and attitudes. In E. E. Maccoby (Ed.), *The development of sex differences.* Palo Alto, CA: Standford University Press.

Kopp, C. B., & Neufeld, S. J. (2003). Emotional development during infancy. In R. Davidson, K. R. Scherer, & H. H. Goldsmith (Eds.), *Handbook of affective sciences* (pp. 347–374). Oxford, UK: Oxford University Press.

Kuppens, S., Grietens, H., Onghena, P., & Michiels, D. (2009). Measuring parenting dimensions in middle childhood: Multitrait-multimethod analysis of child, mother, and father ratings. *European Journal of Psychological Assessment*, *25*(3), 133–140.

Labella, M. H., Narayan, A. J., & Masten, A. S. (2016). Emotional climate in families experiencing homelessness: Associations with child affect and socioemotional adjustment in school. *Social Development*, *25*(2), 304–321.

Laible, D., Eye, J., & Carlo, G. (2008). Dimensions of conscience in mid-adolescence: Links with social behavior, parenting, and temperament. *Journal of Youth and Adolescence*, *37*(7), 875–887.

Lamb, M. E., & Ahnert, L. (2006). Nonparental child care: Context, concepts, correlates, and consequences. In K. A. Renninger, I. E. Sigel, W. Damon, & R. M. Lerner (Eds.), *Handbook of child psychology,Vol. 4 : Child psychology in practice* (6th ed., pp. 950–1016). Hoboken, NJ: John Wiley & Sons Inc.

Lavelli, M., & Fogel, A. (2005). Developmental changes in the relationship between the infant's attention and emotion during early face-to-face communication: The 2–month transition. *Developmental Psychology*, *41*(1), 265–280.

Leckman-Westin, E., Cohen, P. R., & Stueve, A. (2009). Maternal depression and mother child interaction patterns: Association with toddler problems and continuity of effects to late childhood. *Journal of Child Psychology and Psychiatry, 50*(9), 1176−1184.

Lecuyer, E., & Houck, G. M. (2006). Maternal limit-setting in toddlerhood: Socialization strategies for the development of self-regulation. *Infant Mental Health Journal, 27*(4), 344−370.

Lefkovics, E., Baji, I., & Rigó, J. (2014). Impact of maternal depression on pregnancies and on early attachment. *Infant Mental Health Journal, 35*(4), 354−365.

Legerstee, M., Anderson, D., & Schaffer, A. (1998). Five-and eight-month-old infants recognize their faces and voices as familiar and social stimuli. *Child Development, 69*(1), 37−50.

Lengua, L. J. (2002). The contribution of emotionality and self-regulation to the understanding of children's response to multiple risk. *Child Development, 73*(1), 144−161.

Lengua, L. J., Wolchik, S. A., Sandler, I. N., & West, S. G. (2000). The additive and interactive effects of parenting and temperament in predicting problems of children of divorce. *Journal of Clinical Child Psychology, 29*(2), 232−244.

Leung, D. W., & Slep, A. S. (2006). Predicting inept discipline: The role of parental depressive symptoms, anger, and attributions. *Journal of Consulting and Clinical Psychology, 74*(3), 524−534.

Levy, G. D., Sadovsky, A. L., & Troseth, G. L. (2000). Aspects of young children's perceptions of gender-typed occupations. *Sex Roles, 42*(11−12), 993−1006.

Lewis, M. (1992). *Shame, the exposed self.* New York: Free Press.

Lewis, M., Alessandri, S. M., & Sullivan, M. W. (1992). Differences in shame and pride as a function of children's gender and task difficulty. *Child Development, 63*(3), 630−638.

Lewis, M., Sullivan, M. W., Ramsay, D. S., & Alessandri, S. M. (1992). Individual differences in anger and sad expressions during extinction: Antecedents and consequences. *Infant Behavior & Development, 15*(4), 443−452.

Lightfoot, C., Cole, M., & Cole, S. R. (2013). *The development of children* (7th ed.). New York: Worth Publishers.

Lindsey, E. W. (2016). Same-gender peer interaction and preschoolers' gender-typed emotional expressiveness. *Sex Roles*, *75*(5–6), 231–242.

Lipscomb, S. T., Leve, L. D., Harold, G. T., Neiderhiser, J. M., Shaw, D. S., Ge, X., & Reiss, D. (2011). Trajectories of parenting and child negative emotionality during infancy and toddlerhood: A longitudinal analysis. *Child Development*, *82*(5), 1661–1675.

Loehlin, J. C. (1985). Fitting heredity-environment models jointly to twin and adoption data from the California Psychological Inventory. *Behavior Genetics*, *15*(3), 199–221.

Lopez, N. L. (2006). *Individual differences in the activation and regulation of the limbic-hypothalamic-pituitary-adrenal axis after stress: Implications for emotion regulation.* Ann Arbor, MI: Proquest Information and Learning.

Lovejoy, M. C., Graczyk, P. A., O'Hare, E., & Neuman, G. (2000). Maternal depression and parenting behavior: A meta-analytic review. *Clinical Psychology Review*, *20*(5), 561–592.

Luebbe, A. M., & Bell, D. J. (2014). Positive and negative family emotional climate differentially predict youth anxiety and depression via distinct affective pathways. *Journal of Abnormal Child Psychology*, *42*(6), 897–911.

Lunkenheimer, E. S., Olson, S. L., Kaciroti, N., & Sameroff, A. J. (2007). *Parent-child coregulation of affect in early childhood and children's behavior problems across the transition to school.* Paper presented at the Biennial Meeting of the Society for Research in Child Development, Boston.

Luoma, I., Tamminen, T., Kaukonen, P., Laippala, P., Puura, K., Salmelin, R., & Almqvist, F. (2001). Longitudinal study of maternal depressive symptoms and child well-being. *Journal of the American Academy of Child & Adolescent Psychiatry*, *40*(12), 1367–1374.

Malatesta, C. Z., & Haviland, J. M. (1982). Learning Display Rules: The Socialization of Emotion Expression in Infancy. *Child Development*, *53*(4), 991.

Malcarne, V. L., Hamilton, N. A., Ingram, R. E., & Taylor, L. (2000). Correlates of distress in children at risk for affective disorder: Exploring predictors in the offspring of depressed and nondepressed mothers. *Journal of Affective Disorders*, *59*(3), 243–251.

Martin, C. L., & Ruble, D. N. (2010). Patterns of gender development. *Annual Review of Psychology*, *61,* 353–381.

Mascolo, M. F., & Fischer, K. W. (2007). The codevelopment of self and sociomoral emotions during the toddler years. In C. A. Brownell & C. B. Kopp (Eds.), *Socioemotional development in the toddler years: Transitions and transformations* (pp. 66–99). New York: Guilford.

Maslow, A. H. (1943). A theory of human motivation. *Psychological Review, 50(4)*, 370–96.

Maslow, A. H. (1970). *Motivation and personality*. New York: Harper & Row.

Maughan, A., Cicchetti, D., Toth, S. L., & Rogosch, F. A. (2007). Early-occurring maternal depression and maternal negativity in predicting young children's emotion regulation and socioemotional difficulties. *Journal of Abnormal Child Psychology*, *35*(5), 685–703.

McElwain, N. L. & Booth-LaForce, C. (2006). Maternal sensitivity to infant distress and nondistress as predictors of infant-mother attachment security. *Journal of Family Psychology, 20*(2), 247–255.

Messinger, D. S. (2002). Positive andnegative: Infant facial expressions and emotions. *Current Directions in Psychological Science*, *11*(1), 1.

Miklikowska, M., Duriez, B., & Soenens, B. (2011). Family roots of empathy-related characteristics: The role of perceived maternal and paternal need support in adolescence. *Developmental Psychology*, *47*(5), 1342–1352.

Miller, D. F. (2007). *Positive child guidance* (5th ed.). Clifton Park, NY: Thomson Delmar Learning.

Montague, D., & Walker-Andrews, A. (2002). Mothers, fathers, and infants: The role of person familiarity and parental involvement in infants' perception of emotion expressions. *Child Development*, *73*(5), 1339–1352.

Moreno, A. J., Klute, M. M., & Robinson, J. L. (2008). Relational and individual resources as predictors of empathy in early childhood. *Social Development*, *17*(3), 613–637.

Morris, A. S., Silk, J. S., Steinberg, L., Sessa, F. M., Avenevoli, S., & Essex, M. J. (2002). Temperamental vulnerability and negative parenting as interacting of child adjustment.*Journal of Marriage and Family*, *64*(2), 461−471.

Murray, L., & Trevarthen, C. (1986). The infant's role in mother-infant communications. *Journal of Child Language*, *13*(1), 15−29.

Murray, L., Arteche, A., Fearon, P., Halligan, S., Goodyer, I., & Cooper, P. (2011). Maternal postnatal depression and the development of depression in offspring up to 16 years of age. *Journal of the American Academy of Child & Adolescent Psychiatry*, *50*(5), 460−470.

Murray, L., Stanley, C., Hooper, R., King, F., & Fiori-Cowley, A. (1996). The role of infant factors in postnatal depression and mother-infant interactions. *Developmental Medicine & Child Neurology*, *38*(2), 109−119.

Najman, J. M., Plotnikova, M., Williams, G. M., Alati, R., Mamun, A. A., Scott, J., & ... Clavarino, A. M. (2017). Trajectories of maternal depression: A 27−year population-based prospective study. *Epidemiology and Psychiatric Sciences*, *26*(1), 79−88.

Nelson, C. A., & Bloom, F. E. (1997). Child development and neuroscience. *Child Development, 68*(5), 970−987.

Newton, E. K., Laible, D., Carlo, G., Steele, J. S., & McGinley, M. (2014). Do sensitive parents foster kind children, or vice versa? Bidirectional influences between children's prosocial behavior and parental sensitivity. *Developmental Psychology*, *50*(6), 1808−1816.

Nicholson, J. S., Deboeck, P. R., Farris, J. R., Boker, S. M., & Borkowski, J. G. (2011). Maternal depressive symptomatology and child behavior: Transactional relationship with simultaneous bidirectional coupling. *Developmental Psychology*, *47*(5), 1312−1323.

Nielsen, M., Suddendorf, T., & Slaughter, V. (2006). Mirrorself-recognition beyond the face. *Child Development*, *77*(1), 176−185.

Olson, S. L. (1992). Development of conduct problems and peer rejection in preschool children: A social systems analysis. *Journal of Abnormal Child Psychology*, *20*(3), 327−350.

Olson, S. L., & Lunkenheimer, E. S. (2009). Expanding concepts of self-regulation to social relationships: Transactional processes in the development of early behavioral adjustment. In A. Sameroff(Ed.), *The transactional model of development: How children and contexts shape each other* (pp. 55−76). Washington, DC: American Psychological

Association.

Oster, H. (2005). The repertoire of infant facial expressions: An ontogenetic perspective. In J. Nadel & D. Muir (Eds.), *Emotional development*. Oxford, England: Oxford University Press.

Overton, W. F., & Reese, H. W. (1973). Models of development: Methodological implications. In J. R. Nesselroade (Ed.), *Life-span developmental psychology: Methodological issues* (pp. 65−86). Oxford, England: Academic Press.

Padilla-Walker, L. M., Harper, J. M., & Jensen, A. C. (2010). Self-regulation as a mediator between sibling relationship quality and early adolescents' positive and negative outcomes. *Journal of Family Psychology, 24*(4), 419−428.

Pasquini, E. S., Corriveau, K. H., Koenig, M., & Harris, P. L. (2007). Preschoolers monitor the relative accuracy of informants. *Developmental Psychology, 43*(5), 1216−1226.

Pastorelli, C., Lansford, J. E., Luengo Kanacri, B. P., Malone, P. S., Di Giunta, L., Bacchini, D., & ... Sorbring, E. (2016). Positive parenting and children's prosocial behavior in eight countries. *Journal of Child Psychology and Psychiatry, 57*(7), 824−834.

Patterson, G. R. (1982). *Coercive family process.* Eugene, OR: Castilla Press.

Patterson, G. R., & Bank, C. L. (1989). Some amplifying mechanisms for pathologic processes in families. In M. R. Gunnar & E. Thelen (Eds.), *Systems and development* (pp. 167−209). Hillsdale, NJ: Lawrence Erlbaum Associates, Inc.

Paulussen-Hoogeboom, M. C., Stams, G. M., Hermanns, J. A., & Peetsma, T. D. (2007). Child negative emotionality and parenting from infancy to preschool: A meta-analytic review. *Developmental Psychology, 43*(2), 438−453.

Paulussen-Hoogeboom, M. C., Stams, G. M., Hermanns, J. A., Peetsma, T. D., & van den Wittenboer, G. H. (2008). Parenting style as a mediator between children's negative emotionality and problematic behavior in early childhood. *The Journal of Genetic Psychology: Research and Theory on Human Development, 169*(3), 209−226.

Perner, J., Leekam, S. R., & Wimmer, H. (1987). Three-year-olds' difficulty with false belief: The case for a conceptual deficit. *British*

Journal of Developmental Psychology, 5(2), 125–137.

Pesonen, A., Räikkönen, K., Heinonen, K., Komsi, N., Järvenpää, A., & Strandberg, T. (2008). A transactional model of temperamental development: Evidence of a relationship between child temperament and maternal stress over five years. *Social Development, 17*(2), 326–340.

Piaget, J. (1986). *The construction of reality in the child*. New York: Ballantine Books.

Pipp, S., Easterbrooks, M. A., & Harmon, R. J. (1992). The relation between attachment and knowledge of self and mother in one-to three-year-old infants. *Child Development, 63*(3), 738–750.

Plomin, R., & Rutter, M. (1998). Child development, molecular genetics, and what to do with genes once they are found. *Child Development, 69*(4), 1223–1242.

Pluess, M., & Belsky, J. (2010). Differential susceptibility to parenting and quality child care. *Developmental Psychology, 46*(2), 379–390.

Porter, C. L., & Hsu, H. (2003). First-time mothers' perceptions of efficacy during the transition to motherhood: Links to infant temperament. *Journal of Family Psychology, 17,* 54–64.

Posner, M. I., & Rothbart, M. K. (2000). Developing mechanisms of self-regulation. *Development and Psychopathology, 12*(3), 427–441.

Pudasainee-Kapri, S., & Razza, R. (2015). Associations among supportive coparenting, father engagement and attachment: The role of race/ethnicity. *Journal of Child & Family Studies, 24*(12), 3793–3804.

Pylypa, J. (2016). The social construction of attachment, attachment disorders and attachment parenting in international adoption discourse and parent education. *Children & Society, 30*(6), 434–444.

Radloff, L. S. (1977). The CES–D Scale: A self-report depression scale for research in the general population. *Applied Psychological Measurement, 1*(3), 385–401.

Redding, R. E., Morgan, G. A., & Harmon, R. J. (1988). Mastery motivation in infants and toddlers: Is it greatest when tasks are moderately challenging? *Infant Behavior & Development, 11*(4), 419–430.

Renninger, K. A., Hidi, S., & Krapp, A. (Eds.). (1992). *The role of interest in learning and development*. Hillsdale, NJ: Erlbaum.

Robinson, J. L., Zahn-Waxler, C., & Emde, R. N. (1994). Patterns of development in early empathic behavior: Environmental and child constitutional influences. *Social Development, 3*, 125—145.

Robinson, J. L., Zahn-Waxler, C., & Emde, R. N. (2001). Relationship context as a moderator of sources of individual differences in empathic development. In R. N. Emde & J. K. Hewitt (Eds.), *Infancy to early childhood: Genetic and environmental influences on development change* (pp. 257—268). London: Oxford University Press.

Rochat, P., & Striano, T. (2002). Who's in the mirror? Self-other discrimination in specular images by four-and nine-month-old infants. *Child Development, 73*(1), 35—46.

Roisman, G. I., & Fraley, R. C. (2013). Developmental mechanisms underlying the legacy of childhood experiences. *Child Development Perspectives, 7*(3), 149—154.

Roisman, G. I., Collins, W. A., Sroufe, L. A., & Egeland, B. (2005). Predictors of young adults' representations of and behavior in their current romantic relationship: Prospective tests of the prototype hypothesis. *Attachment & Human Development, 7*(2), 105—121.

Rothbart, M. K. (2007). Temperament, development, and personality. *Current Directions in Psychological Science, 16*(4), 207—212.

Rothbart, M. K., & Bates, J. E. (1998). Temperament. In W. Damon, R. M. Lerner (Series Ed.), & N. Eisenberg (Vol. Ed.), *Handbook of child psychology, Vol. 3: Social, emotional, and personality development* (5th ed., pp. 105—176). New York: Wiley.

Rothbart, M. K., & Bates, J. E. (2006). Temperament. In W. Damon, R. M. Lerner (Series Eds.), & N. Eisenberg(Vol. Ed.), *Handbook of child psychology, Vol. 3: Social,emotional, and personality development* (6th ed., pp.99—106). New York: Wiley.

Rothbart, M. K., Posner, M. I., & Kieras, J.(2006). Temperament, attention, and the development of self-regulation. In K. McCartney & D. Phillips (Eds.), *Blackwell handbook of early childhood development* (pp. 338—357). Malden, MA:Blackwell.

Rothbart, M. K., Sheese, B. E., Rueda, M. R., & Posner, M. I. (2011). Developing mechanisms of self-regulation in early life. *Emotion Review, 3*(2), 207—213.

Rowe, D. C. (1994). *The limits of family influence: Genes,experience, and behavior.* New York: Guilford.

Rowe, D. C., & Plomin, R. (1981). The importance of nonshared (E1) environmental influences in behavioral development. *Developmental Psychology, 17,* 517–531.

Rubin, K. H., Burgess, K. B., Dwyer, K. M., & Hastings,P. D. (2003). Predicting preschoolers' externalizing behaviors from toddler temperament, conflict, and material negativity. *Developmental Psychology, 39,* 164–176.

Rueda, M. R., Posner, M. I., & Rothbart, M. K. (2005). The development of executive attention: Contributions to the emergence of self-regulation. *Developmental Neuropsychology, 28*(2), 573–594.

Rust, J., Golombok, S., Hines, M., Johnston, K., & Golding, J. (2000). The role of brothers and sisters in the gender development of preschool children. *Journal of Experimental Child Psychology, 77*(4), 292–303.

Saarni, C. (1999). *The development of emotional competence.* New York: Guilford Press.

Saarni, C. (2007). The development of emotional competence: Pathways for helping children to become emotionally intelligent. In R. Bar-On, J. G. Maree, & M. J. Elias (Eds.), *Educating people to be emotionally intelligent* (pp.15–35). Westport, CT: Praeger Publishers / Greenwood Publishing Group.

Saarni, C., Campos, J. J., Camras, L. A., & Witherington, D. (2006). Emotional development: Action, communication, and understanding. In W. Damon, R. M. Lerner (Series Eds.), & N. Eisenberg (Vol. Ed.), *Handbook of child psychology,Vol 3: Social, emotional, and personality development* (6th ed., pp.226–299). Hoboken, NJ: John Wiley & Sons Inc.

Sameroff, A. J. (2009). The transactional model. In A. Sameroff (Ed.), *The transactional model of development: How children and contexts shape each other* (pp.3–21). Washington, DC: American Psychological Association.

Sameroff, A. J., & Chandler, M. J. (1975). Reproductive risk and the continuum of caretaking casualty. In F. D. Horowitz, M. Hetherington, S. Scarr-Salapatek, & G. Siegel (Eds.), *Review of child development research* (Vol. 4, pp.187–244). Chicago: The University of Chicago Press.

Sameroff, A. J., & Emde, R. N. (1989). *Relationship disturbances in early childhood.* New York: Basic Books.

Sarrni, C. (1990). Emotional competence: How emotions and relationships become integrated. In R. A. Thompson (Ed.), *Socioemotional development* (pp. 115–182). Lincoln: University of Nebraska Press.

Scarr, S., & McCartney, K. (1983). How people make their own environments: A theory of genotype environment effects. *Child Development, 54*(2), 424–435.

Scholnick, E. K., Nelson, K., Gelman, S. A., & Miller, P. H. (Eds.). (1999). *Conceptual development: Piaget's legacy.* Mahwah, NJ: Erlbaum.

Shaffer, D. R., & Kipp, K. (2007). *Developmental psychology: Childhood & adolescence* (8th ed.). Belmont, CA: Wadsworth, Cengage Learning.

Shaver, P. & Cassidy, J. (2008). *Handbook of attachment: Theory, research, and clinical applications.* New York: Guilford Press.

Shaw, D. S., & Winslow, E. B. (1997). Precursors and correlates of antisocial behavior from infancy to preschool. In D. M. Stoff, J. Breiling, & J. D. Maser (Eds.), *Handbook of antisocial behavior* (pp. 148–158). Hoboken, NJ: John Wiley & Sons Inc.

Shaw, D. S., Gross, H. E., & Moilanen, K. L. (2009). Developmental transactions between boys' conduct problems and mothers' depressive symptoms. In A. Sameroff (Ed.), *The transactional model of development: How children and contexts shape each other* (pp. 77–96). Washington, DC: American Psychological Association.

Slaby, R. G., & Guerra, N. G. (1988). Cognitive mediators of aggression in adolescent offenders: I. Assessment. *Developmental Psychology, 24*(4), 580–588.

Slagt, M., Dubas, J. S., Deković, M., & van Aken, M. G. (2016). Differences in sensitivity to parenting depending on child temperament: A meta-analysis. *Psychological Bulletin, 142*(10), 1068–1110.

Slagt, M., Semon Dubas, J., & Aken, M. G. (2016). Differential susceptibility to parenting in middle childhood: Do impulsivity, effortful control and negative emotionality indicate susceptibility or vulnerability? *Infant and Child Development*, *25*(4), 302–324.

Soken, N. H., & Pick, A. D. (1999). Infants' perception of dynamic affective expressions: Do infants distinguish specific expressions? *Child Development*, *70*(6), 1275.

Spencer, M. B., Swanson, D. P., & Harpalani, V. (2015). Development of the self. In M. E.Lamb & R. M. Lerner (Eds.), *Handbook of child psychology and developmental science,Vol. 3: Socioemotional processes* (7th ed,pp. 750–793). Hoboken, NJ: John Wiley & Sons Inc.

Spinrad, T. L., & Stifter, C. A. (2006). Toddlers' empathy-related responding to distress: Predictions from negative emotionality and maternal behavior in infancy. *Infancy*, *10*(2), 97–121.

Srofe, L. A., & Waters, E. (1976). The ontogenesis of smiling and laughter: A perspective on the organization of development in infancy. *Psychological Review*, *83*(3), 173–189.

Sroufe, L. A. (1996). *Emotional development: The organization of emotional life in the early years*. New York, NY: Cambridge University Press.

Striano, T., & Rochat, P. (2000). Emergence of selective social referencing in infancy. *Infancy, 1*(2), 253–264.

Striano, T., Vaish, A., & Benigno, J. P. (2006). The meaning of infants' looks: Information seeking and comfort seeking? *British Journal of Developmental Psychology*, *24*(3), 615–630.

Svetlova, M., Nichols, S. R., & Brownell, C. A. (2010). Toddlers prosocial behavior: From instrumental to empathic to altruistic helping. *Child Development*, *81*(6), 1814–1827.

Szkrybalo, J., & Ruble, D. N. (1999). 'God made me a girl': Sex-category constancy judgments and explanations revisited. *Developmental Psychology*, *35*(2), 392–402.

Tager-Flusverg, H. (1993). What language reveals about the understanding of minds in children with autism. In S. Baron-Cohen, H. Tager-Flusverg, & D. J. Cohen (Eds.), *Understanding other minds: Perspectives from autism* (pp.138–157). Oxford, England: Oxford University Press.

Tardif, T., & Wellman, H. M. (2000). Acquisition of mental state language in Mandarin-and Cantonese-speaking children. *Developmental Psychology, 36*(1), 25—43.

Teti, D. M., Gelfand, D. M., Messinger, D. S., & Isabella, R. (1995). Maternal depression and the quality of early attachment: An examination of infants, preschoolers, and their mothers. *Developmental Psychology, 31*(3), 364—376.

Thomas, A., & Chess, S.(1977). *Temperament and development.* New York: Brunner/Mazel.

Thompson, R. A., & Goodvin, R. (2007). Taming the tempest in the teapot. In C. A. Brownell & C. B. Kopp (Eds.), *Socioemotional development in the toddler years: Transitions and transformations* (pp. 320—341). New York: Guilford.

Thompson, R. A., & Newton, E. K. (2010). Emotion in early conscience. In R. A. Thompson & E. K. Newton (Eds.), *Emotions, aggression, and morality in children: Bridging development and psychopathology* (pp.13—31). Washington, DC: American Psychological Association.

Tiberio, S. S., Capaldi, D. M., Kerr, D. R., Bertrand, M., Pears, K. C., & Owen, L. (2016). Parenting and the development of effortful control from early childhood to early adolescence: A transactional developmental model. *Development and Psychopathology, 28*(3), 837—853.

Tremblay, R. E. (2015). Developmental origins of chronic physical aggression: An international perspective on using singletons, twins and epigenetics. *European Journal of Criminology, 12*(5), 551—561.

Tremblay, R. E., Nagin, D. S., Séguin, J. R., Zoccolillo, M., Zelazo, P. D., Boivin, M., & ... Japel, C. (2005). Physical aggression during early childhood: Trajectories and predictors. *Canadian Child and Adolescent Psychiatry Review, 14*(1), 3—9.

Trevarthen, C., & Aitken, K. J. (2001). Infant intersubjectivity: Research, theory, and clinical applications. *Journal of Child Psychology and Psychiatry, 42*(1), 3—48.

Trevathen, C. (1998). The concept and foundations of infant intersubjectivity. In S. Braten (Ed.), *Intersubjectivity communication and emotion in early ontogeny* (pp.15—46). New York: Cambridge University Press.

Tronick, E. (2005). Why is connection with others so critical? The formation of dyadic states of consciousness and the expansion of individuals' states of consciousness: Coherence governed selection and the concretion of meaning out of messy meaning making. In J. Nadel & D. Muir (Eds.), *Emotional development* (pp. 293–315). Oxford, England: Oxford University Press.

Tronick, E. (2007).*The neurobehavioral and social-emotional development of infants and children.* New York: W. W. Norton.

Tronick, E., & Reck, C. (2009). Infants of depressed mothers. *Harvard Review of Psychiatry, 17*(2), 147–156.

Vaillancourt, T., Haltigan, J. D., Smith, I., Zwaigenbaum, L., Szatmari, P., Fombonne, E., & ... Bryson, S. (2017). Joint trajectories of internalizing and externalizing problems in preschool children with autism spectrum disorder. *Development and Psychopathology, 29*(1), 203–214.

Vaish, A., & Striano, T. (2004). Is visual reference necessary? Contributions of facial versus vocal cues in 12–month-olds' social referencing behavior. *Developmental Science, 7*(3), 261–269.

van Aken, C., Junger, M., Verhoeven, M., van Aken, M. G., & Deković, M. (2007). The interactive effects of temperament and maternal parenting on toddlers' externalizing behaviours. *Infant and Child Development, 16*(5), 553–572.

van den Bloom, D. C., & Hoeksma, J. B. (1994). The effect of infant irritability on mother-infant interaction: A growth-curve analysis. *Developmental Psychology, 30*(4), 581–590.

van der Bruggen, C. O., Stams, G. M., Bögels, S. M., & Paulussen-Hoogeboom, M. C. (2010). Parenting behaviour as a mediator between young children's negative emotionality and their anxiety/depression. *Infant and Child Development, 19*(4), 354–365.

van der Mark, I. L., van Ijzendoorn, M. H., & Bakermans-Kranenburg, M. J. (2002). Development of empathy in girls during the second year of life: Associations with parenting, attachment, and temperament. *Social Development, 11*(4), 451–468.

van Ijzendoorn, M. H., Bakermans-Kranenburg, M. J., Pannebakker, F., & Out, D. (2010). In defence of situational morality: Genetic, dispositional and situational determinants of children's donating to charity. *Journal of Moral Education*, *39*(1), 1–20.

Vaughn, B. E., Vollenweider, M., Bost, K. K., Azria-Evans, M. R., & Snider, J. B. (2003). Negative interactions and social competence for preschool children in two samples: Reconsidering the interpretation of aggressive behavior for young children. *Merrill-Palmer Quarterly*, *49*(3), 245–278.

Venezia, M., Messinger, D. S., Thorp, D., & Mundy, P. (2004). The development of anticipatory smiling. *Infancy*, *6*(3), 397–406.

Wang, M., Armour, C., Wu, Y., Ren, F., Zhu, X., & Yao, S. (2013). Factor structure of the CES–D and measurement invariance across gender in mainland Chinese adolescents. *Journal of Clinical Psychology*, *69*(9), 966–979.

Wang, Y., & Dix, T. (2013). Patterns of depressive parenting: Why they occur and their role in early developmental risk. *Journal of Family Psychology*, *27*(6), 884–895.

Wang, Y., & Dix, T. (2015). Mothers' early depressive symptoms predict children's low social competence in first grade: Mediation by children's social cognition. *Journal of Child Psychology and Psychiatry*, *56*(2), 183–192.

Wang, Y., & Dix, T. (2017). Mothers' depressive symptoms and children's externalizing behavior: Children's negative emotionality in the development of hostile attributions. *Journal of Family Psychology*, *31*(2), 214–223.

Wang, Y., Deng, C., & Yang, X. (2016). Family economic status and parental involvement: Influences of parental expectation and perceived barriers. *School Psychology International, 37*(5), 536–553.

Weller, D., & Lagattuta, K. H. (2013). Helping the in-group feels better: Children's judgments and emotion attributions in response to prosocial dilemmas. *Child Development*, *84*(1), 253–268.

Weller, D., & Lagattuta, K. H. (2014). Children's judgments about prosocial decisions and emotions: Gender of the helper and recipient matters. *Child Development*, *85*(5), 2011–2028.

Wellman, H. M., Cross, D., & Watson, J. (2001). Meta-analysis of theory-of-mind development: The truth about false belief. *Child Development*, *72*(3), 655–684.

Wimmer, H., & Perner, J. (1983). Beliefs about beliefs:

Representation and constraining function of wrong beliefs in young children's understanding of deception. *Cognition*, *13*(1), 103−128.

Witherington, D. C., & Crichton, J. A. (2007). Frameworks for understanding emotions and their development: Functionalist and dynamic systems approaches. *Emotion*, *7*(3), 628−637.

Yan, N., & Dix, T. (2014). Mothers' early depressive symptoms and children's first-grade adjustment: A transactional analysis of child withdrawal as a mediator. *Journal of Child Psychology and Psychiatry*, *55*(5), 495−504.

Yan, N., & Dix, T. (2016). Mothers' depressive symptoms and children's cognitive and social agency: Predicting first-grade cognitive functioning. *Developmental Psychology*, *52*(8), 1291−1298.

Yang, W., Wu, D., & Peng, F. (2012). Application of Chinese Version of Beck Depression Inventory−II to Chinese first-year college students. *Chinese Journal of Clinical Psychology*, *20*(6), 762−764.

Yoo, H., Feng, X., & Day, R. D. (2013). Adolescents' empathy and prosocial behavior in the family context: A longitudinal study. *Journal of Youth and Adolescence*, *42*(12), 1858−1872.

Young, S. K., Fox, N. A., & Zahn-Waxler, C. (1999). The relations between temperament and empathy in 2-year-olds. *Developmental Psychology*, *35*(5), 1189−1197.

Zahn-Waxler, C., & Radke-Yarrow, M. (1990). The origins of empathic concern. *Motivation and Emotion*, *14*(2), 107−130.

Zahn-Waxler, C., Radke-Yarrow, M., Wagner, E., & Chapman, M. (1992). Development of concern for others. *Developmental Psychology*, *28*(1), 126−136.

Zahn-Waxler, C., Robinson, J. L., & Emde, R. N. (1992). The development of empathy in twins. *Developmental Psychology*, *28*(6), 1038−1047.

Zilioli, S., Slatcher, R. B., Chi, P., Li, X., Zhao, J., & Zhao, G. (2016). Childhood adversity, self-esteem, and diurnal cortisol profiles across the life span. *Psychological Science*, *27*(9), 1249−1265.

图书在版编目(CIP)数据

家庭与儿童早期社会性发展：交互发展理论的视角 / 王一
集著. —上海：上海教育出版社,2017.8
(发展科学与应用发展科学系列/邓赐平主编)
ISBN 978-7-5444-7806-9

Ⅰ.①家...　Ⅱ.①王...　Ⅲ.①儿童教育—社会教育—家庭
教育　Ⅳ.①G781

中国版本图书馆CIP数据核字(2017)第220656号

责任编辑　金亚静　　王佳悦
装帧设计　王　捷

发展科学与应用发展科学系列

家庭与儿童早期社会性发展
——交互发展理论的视角

王一集　著

———————————————————————————

出　　版　上海世纪出版股份有限公司
　　　　　上 海 教 育 出 版 社
　　　　　官　网　www.seph.com.cn
　　　　　易文网　www.ewen.co
地　　址　上海市永福路 123 号
邮　　编　200031
发　　行　上海世纪出版股份有限公司发行中心
印　　刷　昆山市亭林印刷有限责任公司
开　　本　700×1000　1/16　印张 17.25
版　　次　2017 年 8 月第 1 版
印　　次　2017 年 8 月第 1 次印刷
书　　号　ISBN 978-7-5444-7806-9/B·0128
定　　价　39.80 元

———————————————————————————

如发现质量问题，请向本社调换　电话 021-64377165